REIHE ALTMEISTER

2. Auflage

Umschlaggestaltung:
Zeichnung – Peter Geitner
Typographie – Michael Zimmermann
Druck: Grafischer Betrieb Bercker
Printed in Germany

ISBN 3-88268-002-4

HEINRICH HEINE

DIE WAHL-ESEL

Ein satirisches Lesebuch

zusammengestellt
von Lutz Görner
Einführung: Otto Schönfeldt

Satire Verlag

INHALT

Dieses Buch ist meinem kleinen Sohn, Florian, gewidmet

Es wächst heran ein neues Geschlecht,
Ganz ohne Schminke und Sünden,
Mit freien Gedanken, mit freier Lust —
Dem werde ich alles verkünden.

Zueignung für die Verleger dieses Buches

Warnung

Solche Bücher läßt du drucken!
Teurer Freund, du bist verloren!
Willst du Geld und Ehre haben,
Mußt du dich gehörig ducken.

Nimmer hätt ich dir geraten
So zu sprechen vor dem Volke,
So zu sprechen von den Pfaffen
Und von hohen Potentaten!

Teurer Freund, du bist verloren!
Fürsten haben lange Arme,
Pfaffen haben lange Zungen,
Und das Volk hat lange Ohren!

VORANGESTELLTES

I.

Wie heftig wurde ich einst, als ein niedliches Gräfchen, mein bester Freund, während wir auf der Terrasse eines Schlosses spazieren gingen, die Besserblütigkeit des Adels zu beweisen suchte! Indem wir noch disputierten, beging sein Bedienter ein kleines Versehen, und der hochgeborene Herr schlug dem niedriggeborenen Knechte ins Gesicht, daß das unedle Blut hervorschoß, und stieß ihn noch obendrein die Terrasse hinab. Ich war damals zehn Jahre jünger, und warf den edlen Grafen sogleich ebenfalls die Terrasse hinab — es war mein bester Freund und er brach ein Bein. Als ich ihn nach seiner Genesung wiedersah — er hinkte nur noch ein bißchen — war er doch noch immer von seinem Adelstolze nicht kuriert, und behauptete frischweg: der Adel sei als Vermittler zwischen Volk und König eingesetzt, nach dem Beispiele Gottes, der zwischen sich und den Menschen die Engel gesetzt hat, die seinem Throne zunächst stehen, gleichsam ein Adel des Himmels. „Holder Engel", antwortete ich, „gehe mal einige Schritte auf und ab" — er tat es — und der Vergleich hinkte.

II.

Verzeih, lieber Leser, daß diese Zeilen dem Ernste der Zeit nicht ganz angemessen sind. Aber meine Feinde sind gar zu lächerlich! Ich sage Feinde, ich gebe ihnen aus Höflichkeit diesen Titel, obgleich sie meistens nur meine Verleumder sind. Es sind kleine Leute, deren Haß nicht einmal bis an meine Waden reicht. Mit stumpfen Zähnen nagen sie an meinen Stiefeln. Das bellt sich müd da unten.

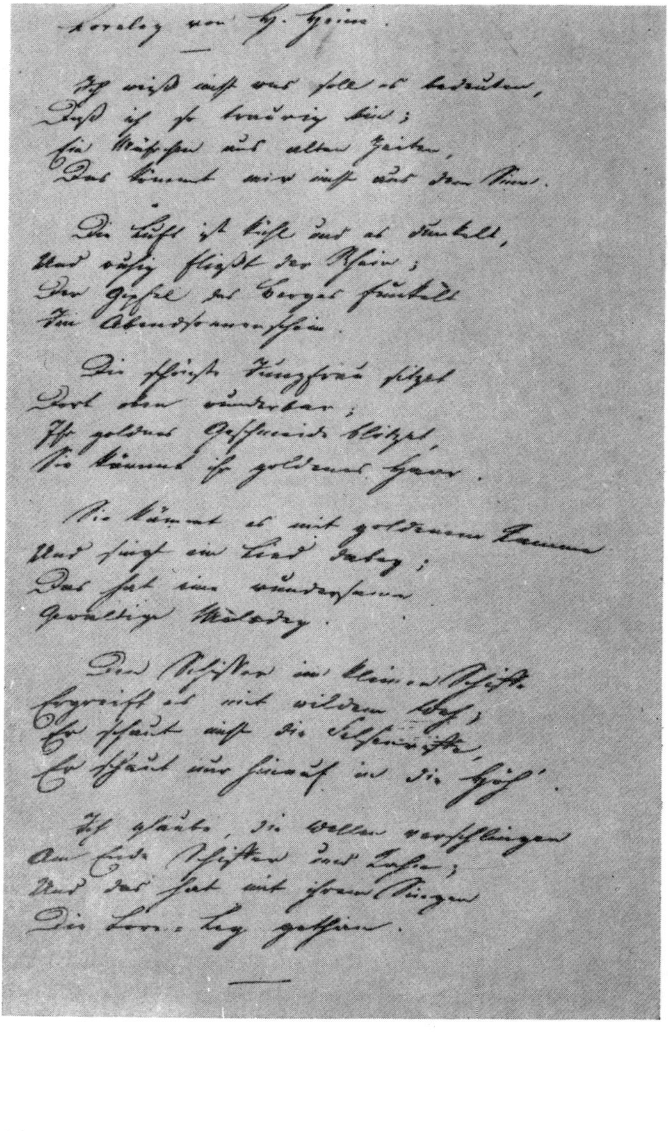

Loreley von H. Heine.

Ich weiß nicht was soll es bedeuten,
Daß ich so traurig bin;
Ein Mährchen aus alten Zeiten,
Das kommt mir nicht aus dem Sinn.

Die Luft ist kühl und es dunkelt,
Und ruhig fließt der Rhein;
Der Gipfel des Berges funkelt
Im Abendsonnenschein.

Die schönste Jungfrau sitzet
Dort oben wunderbar;
Ihr goldnes Geschmeide blitzet,
Sie kämmt ihr goldenes Haar.

Sie kämmt es mit goldenem Kamme
Und singt ein Lied dabey;
Das hat eine wundersame
Gewaltige Melodey.

Den Schiffer im kleinen Schiffe
ergreift es mit wildem Weh;
Er schaut nicht die Felsenriffe,
Er schaut nur hinauf in die Höh.

Ich glaube, die Wellen verschlingen
Am Ende Schiffer und Kahn;
Und das hat mit ihrem Singen
Die Lore-ley gethan.

III.

Ich weiß nicht was soll es bedeuten,
Daß ich so traurig bin;
Ein Märchen aus alten Zeiten,
Das kommt mir nicht aus dem Sinn.

Die Luft ist kühl und es dunkelt,
Und ruhig fließt der Rhein;
Der Gipfel des Berges funkelt
Im Abendsonnenschein.

Die schönste Jungfrau sitzet
Dort oben wunderbar;
Ihr goldnes Geschmeide blitzet,
Sie kämmt ihr goldenes Haar.

Sie kämmt es mit goldenem Kamme
Und singt ein Lied dabei;
Das hat eine wundersame,
Gewaltige Melodei.

Den Schiffer im kleinen Schiffe
Ergreift es mit wildem Weh;
Er schaut nicht die Felsenriffe,
Er schaut nur hinauf in die Höh.

Ich glaube, die Wellen verschlingen
Am Ende Schiffer und Kahn;
Und das hat mit ihrem Singen
Die Lore-Ley getan.

IV.

Doktrin

Schlage die Trommel und fürchte dich nicht,
Und küsse die Marketenderin!
Das ist die ganze Wissenschaft,
Das ist der Bücher tiefster Sinn.

Trommle die Leute aus dem Schlaf,
Trommle Reveille mit Jugendkraft,
Marschiere trommelnd immer voran,
Das ist die ganze Wissenschaft.

Das ist die Hegelsche Philosophie,
Das ist der Bücher tiefster Sinn!
Ich hab sie begriffen, weil ich gescheit,
Und weil ich ein guter Tambour bin.

V.

„Es wird ein schöner Tag werden!" rief mein Reisegefährte aus dem Wagen mir zu. Ja, es wird ein schöner Tag werden, wiederholte leise mein betendes Herz, und zitterte vor Wehmut und Freude. Ja, es wird ein schöner Tag werden, die Freiheitssonne wird die Erde glücklicher wärmen, als die Aristokratie sämtlicher Sterne; emporblühen wird ein neues Geschlecht, das erzeugt worden in freier Wahlumarmung, nicht im Zwangsbette und unter der Kontrolle geistlicher Zöllner; mit der freien Geburt werden auch in den Menschen freie Gedanken und Gefühle zur Welt kommen, wovon wir geborenen Knechte keine Ahnung haben — O! Sie werden eben so wenig ahnen, wie entsetzlich die Nacht war, in deren Dunkel wir leben mußten, und wie grauenhaft wir zu kämpfen hatten, mit häßlichen Gespenstern, dumpfen Eulen und scheinheiligen Sündern! O wir armen Kämpfer! die wir unsre Lebenszeit in solchem Kampfe vergeuden mußten, und müde und bleich sind, wenn der Siegestag hervorstrahlt! Die Glut des Sonnenaufgangs wird unsre Wangen nicht mehr töten und unsre Herzen nicht mehr wärmen können, wir sterben dahin wie der scheidende Mond — allzu kurz gemessen ist des Menschen Wanderbahn, an deren Ende das unerbittliche Grab.

Ich weiß wirklich nicht, ob ich es verdiene, daß man mir einst mit einem Lorbeerkranze den Sarg verziere. Die Poesie, wie sehr ich sie auch liebte, war mir immer nur heiliges Spielzeug, oder geweihtes Mittel für himmlische Zwecke. Ich habe nie großen Wert gelegt auf Dichter-Ruhm, und ob man meine Lieder preiset oder tadelt, es kümmert mich wenig. Aber ein Schwert sollt Ihr mir auf den Sarg legen; denn ich war ein braver Soldat im Befreiungskriege der Menschheit.

EINFÜHRUNG

Heinrich Heine. Ein Frühlingsmärchen

Von Otto Schönfeldt

„Die Grundlage der menschlichen Gesellschaft wird einst eine bessere sein,
und alle großen Herzen Europas sind
schmerzhaft beschäftigt, diese neue
Basis zu entdecken."
(„Die Romantische Schule", 1835)

Heinrich Heine (1797—1856), der berühmteste deutsche Dichter nach Goethe, volkstümlicher Lyriker, entschiedener Vorkämpfer für die „Emanzipation des Volkes" und den sozialen Fortschritt, ist weiten Bevölkerungskreisen in der Bundesrepublik Deutschland so gut wie unbekannt, bestenfalls kennt man aus seinem „Buch der Lieder" die „Loreley" oder „Belsazar". Diese hartnäckige Unkenntnis hat ihre Wurzeln in der gegenwärtigen politischen Situation und in der deutschen Vergangenheit. Bei der Bücherverbrennung 1933 wurden Heines Werke und die gesamte demokratische deutsche Literatur ins Feuer geworfen. Von der Mehrheit der bürgerlichen Germanisten grundsätzlich unterstützt, konnte der „Literaturwissenschaftler" Adolf Bartels schreiben:

„Nun wird er vom Parnasse fortgewiesen,
Wo kein Bedürfnis herrscht nach Dichteraffen,

Und Deutschland lernt, was ihm schon längst geziemte."
Doch ist Heines „Loreley" so populär, daß man sie selbst in den Nazi-Lesebüchern stehen lassen mußte — mit dem Vermerk „Dichter unbekannt".

Das vorliegende Lesebuch will eine Handreichung sein, die Gegenwart aus der historischen Dimension heraus zu verstehen, so wie Heine sie als „tapferer Soldat im Befreiungskampf der Menschheit" verstand. Es rückt Texte aus den Prosaschriften und hauptsächlich Gedichte mit politischem Akzent des Gesellschaftskritikers Heine in den Blickpunkt. Dem Leser, dem Heine bisher vorenthalten wurde, soll die Möglichkeit geboten werden, sich selbständig mit seinen Texten auseinanderzusetzen.

Wenn immer wieder selbstgefällig festgestellt wird, Heinrich Heine habe „nichts von seiner Aktualität und Modernität eingebüßt" (Heine-Jahrbuch '77), so ist das ein Wunschdenken hinsichtlich der politischen Wirklichkeit in der BRD. Mit dieser Floskel wird Heine ein verbales Zeugnis ausgestellt, während der politische Widerstand gegen ihn und gegen die mit seinem Namen verbundenen demokratischen Traditionen unvermindert andauert.

Wie es um die behauptete Aktualität in Wahrheit bestellt ist, demonstriert in anschaulicher Weise der jüngste Fall der umstrittenen Benennung eines Gymnasiums nach Heine in der schwäbischen Stadt Ostfildern bei Stuttgart, mit dem sich Presse, Rundfunk und Fernsehen befaßten. Die Schulkonferenz des neuen Gymnasiums II (Lehrerkonferenz, Schülervertretung und Elternbeirat) bekundete einmütig ihren Willen, ihre Bildungsstätte „Heinrich-Heine-Gymnasium" zu nennen. Dem widersetzte sich die CDU-Fraktion (mit Unterstützung der „Parteilosen") mit einem „Rundschreiben" an alle Ratsmitglieder in den Verbandsgemeinden (Ostfildern, Denkendorf und Neuhausen). Die Anti-Heine-Schrift, die sich dem 100jährigen Berg von Hetzschriften „rühmlich" zugesellt, soll hier im Wortlaut wiedergegeben werden: „Zu dem Vorschlag des Lehrerkollegiums „Heinrich-Heine-Gymnasium Ostfildern-Nellingen" merken wir an: Heinrich Heine hat als Dichter Rang und Namen, doch zeigt auch die neueste Heine-Forschung erhebliche Schwächen und Mängel in seinem Persönlichkeitsbild auf. Der als Anlage beigefügte Artikel von Klaus Fischer aus der Stuttgarter Zeitung vom 2. 4. 1977 nennt Heines ‚böse Freude am Boxen ohne Handschuhe, am Zuschlagen unterhalb der Gürtellinie, am Hochnehmen argloser Widersacher, an despektierlicher Fopperei‘, oder ‚Heine macht sich die Usancen der Pariser ‚petite presse‘, bestimmte Opfer erst zu erpressen, dann zu meucheln und schließlich der Lächerlichkeit anheimzugeben, mit Wollust zu eigen‘. In seinen Briefen und Schriftstücken machte Heine verletztende Äußerungen über religiöse Grundwerte in Judentum und Christentum. Er proklamierte einen ‚sinnenfreudigen Hellenismus‘ im Gegensatz zum ‚Nazarenertum‘. In einem Brief an Heinrich Laube vom 13. 10. 1850 spricht er von einer ‚neuen Dreieinigkeit von Bacchus, Christus und Amor‘. Nach unserer Meinung ist ein Mann dieser zynisch-sarkastischen Grundhaltung zu Lebens- und Glaubensfragen und mit so erheblichen Charaktermängeln als Vorbild für unsere Jugend nicht geeignet. Wir lehnen daher diesen Namensvorschlag ab.“ Die „Stuttgarter Zeitung“ verwahrte sich mit einer längeren Erwiderung („Des Trauerspiels jüngster Akt“, 25. 4. 1977) ausdrücklich dagegen, daß ihr Blatt von einer ganzen Fraktion „christlich denkender Menschen“ dazu mißbraucht wird, Stimmung gegen Heine zu machen und „derart total, daß der Name des Loreley-Dichters nicht einmal mehr mit anderen Persönlichkeiten konkurrieren darf“. Diese „christlich denkenden Menschen“ empfehlen „als Vorbild für unsere Jugend“ die Schwabenkaiser: „Im Staufer-Jahr 1977 wird die Bedeutung des Herrschergeschlechts der Staufer für den süddeutschen Raum und darüber hinaus für den Gedanken der europäischen Integration besonders sichtbar“ (!). Sie plädierten bei der Abstimmung im Gemeinderat „traditionsbewußt“ für „Staufer-Gymnasium“ und auf diese Weise für die „Einigung Europas“ unter dem Kreuzzügler Kaiser Friedrich I. Barbarossa, der im „Wunderberg“ (Kyffhäuser) schläft und dessen Wiederkehr Heine im Wintermärchen verkündete:

„Ich warte, bis die Zahl komplett,
Dann schlag ich los und befreie
Mein Vaterland, mein deutsches Volk,
Das meiner harret mit Treue."
So sprach der Kaiser, ich aber rief:
„Schlag los, du alter Geselle.
Schlag los, und hast du nicht Pferde genug,
Nimm Esel an ihre Stelle."

Die Schulkonferenz sah sich genötigt, eine lange Rechtfertigung für Heine einzubringen: „a) Meister der deutschen Sprache, b) bedingungsloser Kampf für Menschen- und Bürgerrechte, seiner Zeit weit voraus, c) hat die Ränkespiele der Feinde der Demokratie vereitelt, d) Verfemung durch die Nazis („Judensau"), großer Nachholbedarf an Heine-Lektüre, e) Stellungnahme der Religionslehrer zum Namen Heine, unrühmliche Rolle der Kirchen schon zu Lebzeiten Heines."

Das Dokument wird ergänzt durch eine Würdigung des Dichters und politischen Schriftstellers. Es führt u. a. aus: „Sein „Buch der Lieder" ist das berühmteste deutsche Gedichtbuch. Lyrischer Gehalt und klangreiche Sprache dieses und anderer Werke haben etwa 6000 Vertonungen in aller Welt ermöglicht. Auch seine Schriften über Literatur, Religion, Philosophie, Kunst, Politik und Reisen sind dichterische Werke. Er findet neue literarische Formen, wie etwa in seinen Versepen, die eine Verbindung von politischer Aussage und poetischer Darstellung bilden; bekanntestes Beispiel: ‚Deutschland. Ein Wintermärchen'. Auch seine ‚Reisebilder' geben nicht nur persönliche Eindrücke wieder, sondern beziehen stets die soziale und politische Wirklichkeit ein. Literatur heißt für Heine politisches Engagement, heißt Aufgreifen der drängenden Probleme seiner Zeit, im Gegensatz zur Auffassung der Romantiker, die er ausdrücklich ablehnt, mit denen ihn gleichwohl vieles verbindet. Man hat ihn als den letzten Romantiker und den ersten Realisten der deutschen Literatur bezeichnet."

Zum politischen Schriftsteller Heine wird u. a. ausgeführt:

„Heine kämpft gegen jede Form absolutistischer Herrschaftsstrukturen. Unnachsichtig kritisert er überholte Privilegien bei Adel, Klerus und Bürgertum. Aber er ist weder Anarchist noch Atheist. ‚Eben weil ich ein Freund des Staates und der Religion bin, hasse ich jene Mißgeburt, die man Staatsreligion nennt.' Als einer der ersten erkennt er die wachsenden sozialen Mißstände des heraufkommenden Industriezeitalters. Heine meint, er könne sich nicht der Erkenntnis verschließen, ‚... daß alle Menschen das Recht haben zu essen': auch verbinde ihn mit den Frühsozialisten der gemeinsame Feind: die chauvinistischen Nationalisten. Sein Spott trifft den Heuchler und Frömmler, den kleinbürgerlichen, unpolitischen deutschen Spießer und vor allem den großmäuligen Chauvinisten, ‚deren Vaterlandsliebe nur in einem blödsinnigen Widerwillen gegen das Ausland und die Nachbarvölker besteht'. „Wahrlich, ein Ruhmesblatt dieser Schulkonferenz! Das Leben schreibt die besten Satiren! Man denke, daß Heine kein Schwabe ist und auch kein Dichter der „Schwäbischen Schule", deren Rückfall in das Mittelalter er scharf kritisierte, man denke, daß er auch den großen Schwaben Ludwig Uhland nicht verschonte, während er den Schwaben Friedrich Schiller sehr lobte, und man denke, daß Heine nie ein Gedicht zum Ruhme schwäbischer oder anderer Kaiser schrieb, mit der einzigen Ausnahme seines Gedichtes auf den „Kaiser der Französischen Revolution", Napoleon, der die Bürgerrechte und die Emanzipation der Juden in Deutschland verwirklichte. („Die Grenadiere"). Und ein schwäbisches Gymnasium machte sich abseits einer Großstadt zum Sprecher Heines und setzte seinen Namen gegen den massiven Widerstand der Staufer-Partei durch! (17 Ja-Stimmen zu 15 Nein-Stimmen). Mithin, lieber Leser, 15 Volksvertreter im Gemeinderat der Stadt Ostfildern, die in Kaiser Rotbart ihr „Vorbild" sehen.
„... Das deutsche Mittelalter liegt nicht vermodert im Grabe, es wird vielmehr manchmal von einem bösen Gespenste belebt, und tritt am hellen, lichten Tage in unsere Mitte und saugt uns das rote Leben aus der Brust ..."
(Heine, Die romantische Schule)

Heine hatte hinsichtlich seiner Feinde, die er seine Verleumder nannte, nie Illusionen: „Wer je seine Tage im Exil verbracht hat, die feuchtkalten Tage und schwarzen, langen Nächte, wer die Treppen der Fremde jemals auf- und abgestiegen, der wird begreifen, weshalb ich die Verdächtigung in betreff des Patriotismus mit wortreicherem Unwillen von mir abweise als alle anderen Verleumdungen, die seit Jahren in so reicher Fülle gegen mich zum Vorschein gekommen und die ich mit Geduld und Stolz ertrage. Ich sage mit Stolz; denn ich konnte dadurch auf den hochmütigen Gedanken geraten, daß ich zu der Schar jener Auserwählten des Ruhmes gehörte, deren Angedenken im Menschengeschlechte fortlebt und die überall neben den geheiligten Lichtspuren ihrer Fußtapfen auch die langen, kotigen Schatten der Verleumdung auf Erden zurücklassen." Seine Wahl zum Namenspatron einer schwäbischen Schule würde Heine selbst wohl als besten Schwabenstreich bezeichnet haben.

Die Stadt Düsseldorf, wo der Widerstand einiger Professoren die Taufe der dortigen Hochschule auf den Namen des „größten Sohnes der Stadt" bisher verhinderte, liegt weit hinter der schwäbischen „Provinz" zurück. Anläßlich des 175. Geburtstages Heines erklärte der damalige Bundespräsident Gustav Heinemann in Düsseldorf: „Als sehr fragwürdig erscheint zudem der Begriff von Wissenschaft, der im Widerstand gegen eine „Heinrich-Heine-Universität" zutage tritt. Wissenschaft ist zuallererst Erkenntnis. Kann jungen, nach Erkenntnis strebenden Menschen, auch wenn sie Naturwissenschaften oder Medizin studieren, der kein Vorbild sein, der nach eigenen Worten darunter litt, daß er eine ‚Passion für die Vernunft' besaß, und in den Bereichen, die wir heute Gesellschaftswissenschaften nennen, wesentliche Denkanstöße gab."

Doch der Gründungsrektor der Düsseldorfer Universität unterdrückte das universitäre Votum für Heine in Übereinstimmung mit dem damaligen CDU-Kultusminister und nannte es einen „Schildbürgerstreich" und „Scharlatanerie". Für ihn und seine Parteigänger, die auf dem Boden der

Demokratie die Verketzerung Heines fortsetzen, ist Heines Name „irgendein Name". Sie können Heine bis heute nicht „verzeihen", daß er bereits in seiner ersten Prosaschrift („Die Harzreise") den reaktionären Wissenschaftsbetrieb in Göttingen verspottete. Seine Wissenschaftskritik ist bis heute aktuell geblieben: „Den deutschen Universitäten muß man (...) nachrühmen, daß sie die deutschen Schriftsteller, mehr als jede andere Zunft, mit allerlei Narren versorgen, und besonders Göttingen habe ich immer in dieser Hinsicht zu schätzen gewußt. Dies ist auch der geheime Grund, weshalb ich mich für die Erhaltung der Universitäten erkläre, obgleich ich stets Gewerbefreiheit und Vernichtung des Zunftwesens gepredigt habe." („Die Bäder von Lucca").

Daß der sogenannte Namensstreit politischer Natur ist, zeigt auch der Widerstand der Landesregierung Niedersachsen gegen die Carl-von-Ossietzky-Universität Oldenburg und das in diesem Zusammenhang erfolgte Vorgehen von Polizei und Justiz gegen die Professoren- und Studentenschaft, die geschlossen hinter dem Namen des antifaschistischen politischen Schriftstellers und Friedensnobelpreisträgers steht. Der Vorgang in Düsseldorf und Oldenburg, wo die staatlichen Stellen die Selbstehrungen neugegründeter Universitäten mit Namen, die zu höchsten Symbolen der Demokratie zählen, verhinderten, weitete sich zu einem internationalen Skandal aus. So befaßt sich z. B. die größte italienische Tageszeitung „Corriere della Sera" in einem ausführlichen Artikel mit den Namensverboten in Düsseldorf und Oldenburg unter der Überschrift „Die Kultur in Deutschland unterdrückt — Zwischen Ränken und Heuchelei findet eine kriecherische Bekämpfung statt". Ihr Bonner Korrespondent Vittorio Brunelli schreibt u. a.: „Westdeutschland ist voll von Kasernen, die dem General Feldmarschall Hindenburg und dem General von Lettow-Vorbeck gewidmet wurden, der im Jahre 1920 am Kapp-Putsch teilnahm und der Held des Buches „Afrika zu unseren Füßen" von J. Goebbels ist, oder von Universitäten, die den Namen von Herrschern und Königen tragen (mit Ausnahme der Goethe-Universität in Frankfurt, der Liebig-

Universität in Gießen und der Gutenberg-Universität in Mainz: altbekannte und harmlose Namen, daher unverdächtig.) Es gibt jedoch keine oder fast keine bedeutenden öffentlichen Einrichtungen, die das Andenken von Karl Marx, Bertolt Brecht, Georg Büchner verewigen: man könnte sagen, daß — nach den Regierenden — die Rhetorik beginnt, wenn der zur Diskussion stehende Name zu einer Persönlichkeit gehört, die die Macht in ihren traditionellen repressiven Erscheinungen in der einen oder anderen Weise kritisiert hat." (3. 1. 1976)

Die Widersacher Heines, die sich hinsichtlich seines „Persönlichkeitsbildes" auf *die* Heine-Forschung schlechthin berufen, beziehen sich damit aber uneingestandenermaßen ausschließlich auf die offizielle Heine-Forschung in der Bundesrepublik. Denn nirgendwo sonst in der Welt ist das „Umstrittensein" Heines mit „wissenschaftlichem" Anspruch so kultiviert und konserviert wie hierzulande. So kann man beispielsweise im „Heine-Jahrbuch" 1977 des Heinrich-Heine-Instituts Düsseldorf folgende Experten-Meinung lesen: es sei „nicht leicht, Heines wirkliche Meinung zu finden, weil Heine weder ein Philosoph mit einem festen eindeutigen Gedankensystem ist, noch ein Politiker, der eine klare Zielvorstellung von der nächsten oder späteren politischen Zukunft hatte und den Weg dorthin. Es ist unfair, von Heine eine solche Einheit des Denkens und Wollens zu verlangen." Ist Heine also eine rheinische Sphinx? Seine angebliche Rätselhaftigkeit wird damit erklärt, „daß die Schwierigkeit für eine eindeutige und einheitliche Stellungnahme zu Heine in Heine selbst, (!) in der Widersprüchlichkeit seiner Äußerungen liegt."

Aber die Feinde des Demokraten Heine haben seine klaren politischen Zielvorstellungen durchaus erkannt und sie gerade darum auf das Radikalste zu widerlegen versucht. Der Dichter des „Wintermärchens" und der „Schlesischen Weber", der Altdeutschland den Fußtritt versetzte, die kapitalistische Gesellschaft verurteilte und aus tiefster Lebensbejahung eine neue, bessere soziale Ordnung verkündete, schrieb 1833 aus Paris: „Ich hatte die Wahl zwischen gänzlichem Waffenniederlegen oder lebenslänglichem Kampf, und ich wählte diesen, und wahrlich nicht mit Leichtsinn. Daß ich einst die Waffen ergriff, dazu war ich gezwungen durch fremden Hohn, durch frechen Geburtsdünkel — in meiner Wiege lag schon meine Marschroute für das ganze Leben."

Die mit soviel kleinbürgerlichem und philologischem Eifer herausgefischten „Widersprüche" bei Heine haben weniger „in Heine" als vielmehr in denjenigen der politischen Wirklichkeit von damals und heute ihre Ursachen. Auch das unter Federführung der Heinrich-Heine-Gesellschaft Düsseldorf herausgegebene „Heine-Lesebuch", das kostenlos für den Schulunterricht verteilt wird, enthält Beiträge, in denen von der „offenkundigen Fragwürdigkeit" Heines gesprochen und sein Werk ein „zwielichtiges" und „zwiespältiges" genannt wird. Das muß sich der tote Dichter in der „pluralistischen" Gesellschaft schon gefallen lassen! Der lebende würde sich gewiß nicht darüber gewundert haben, daß der Verfasser dieser „Charakterstudie" mit der „Heine-Plakette" geehrt wurde. Den Wortklaubern seiner und unserer Zeit entgegnet Heine: „Wer sich nur an die Worte hält, wird, wenn er es nur ernstlich darauf anlegt, in meinen Berichten mit Leichtigkeit eine ganze Anzahl von Widersprüchen finden, von Flüchtigkeiten, ja sogar von einem scheinbaren Mangel an aufrichtiger Überzeugung. Wer aber den Geist meiner Worte erfaßt, wird darin überall die strengste Einheitlichkeit des Denkens und eine unwandelbare Anhänglichkeit an die Sache der Menschlichkeit finden, an die demokratischen Ideen der Revolution."

Eine „national" eingefärbte Germanistik und bürgerliche Literaturwissenschaft ist mit dafür verantwortlich, daß der Geist Heines verfälscht und entstellt wurde. Sie ist mitverantwortlich für den sogenannten Namensstreit, der eine Fortsetzung des antisemitischen und chauvinistischen Denkmalstreites ist und die Aufnahme Heines, seine Popularisierung in schlimmster Weise verhindert. Der „Namensstreit" berührt die Grundfragen der Demokratie in der Bundesrepublik. Im Jahre 1893 errichtete ein deutscher

Kaufmann aus Protest gegen die Heine-Verketzerung und die Schande der Verweigerung eines Heine-Denkmals in Düsseldorf in den Urwäldern des Kongo mit Hilfe von „Wilden“ ein Denkmal mit dieser Inschrift:

Heinrich Heine!

Hier hat in einer dunklen Nacht
Ein deutscher Sänger Dein gedacht.
Den Wohlklang Deiner schönen Lieder,
Gab hier des Urwalds Echo wieder.

Hier! hat der Stadtrat keine Macht,
Und da die Welt genug gelacht
Ob diesem kannibalischen Treiben,
Soll Heine hier ein Denkmal bleiben!

Hier, wo die göttliche Natur
Noch nicht nach Christ und Jude frug,
Da sei des Menschen nur gedacht,
Des Sängers, seiner Lieder Pracht.“

An der Düsseldorfer Universität, wo 1973 über einen AStA-Antrag „Heinrich-Heine-Universität Düsseldorf“ im Satzungskonvent „abgestimmt“ wurde (51 Nein-Stimmen der Professoren zu 26 Ja-Stimmen), gibt es seit dem öffentlichen Heine-Hearing des AStA zum 175. Geburtstag Heines zahlreiche neue Initiativen der Studenten für die Selbstehrung der Universität, die von der Düsseldorfer ASten-Konferenz und in der Öffentlichkeit unterstützt werden: „Mag die Gesellschaft menschlichere Züge angenommen haben, Reformen und eine rapide technische Entwicklung haben viel geändert, doch sind die gesellschaftlichen Widersprüche keineswegs aufgehoben. Heinrich Heine hat an einer Universität, wo es emanzipatorische Forschung und Lehre zu erreichen gilt, einen würdigen Platz.“ (AStA)

Heinrich Heine erlebt eine Zeit, die erfüllt ist von den Fortschrittsideen der Französischen Revolution und den von ihr ausgehenden politischen und sozialen Kämpfen. Nach vergeblichen Bemühungen um eine Professur verläßt er 1831

Deutschland, wo das Leben für ihn sinnlos und unerträglich ist, und lebt bis zu seinem Tod in Paris im freiwillig-unfreiwillig gewählten Exil. Die Juli-Revolution 1830 in Paris erfüllt ihn mit großer Begeisterung und Hoffnung für eine Veränderung der politischen Verhältnisse in Europa. Er ist in Paris als Korrespondent der Augsburger „Allgemeinen Zeitung" tätig, schreibt für französische Zeitschriften und gewinnt immer mehr Einfluß als politischer Schriftsteller.

Mit den Autoren des Jungen Deutschland (Börne, Gutzkow, Laube, Mundt und Wienbarg) teilt Heine, der zeitlebens ein Verfechter der Ideen von 1789 — Freiheit, Gleichheit, Brüderlichkeit — bleibt, die Enttäuschung über die restaurative Entwicklung in Deutschland seit dem Wiener Kongreß 1814/15. Alle politischen Freiheiten, die mit den Siegen Napoleons nach Deutschland kamen, wurden in der Metternichschen und preußischen Reaktion rückgängig gemacht. Gegen die Restauration und Entpolitisierung des öffentlichen Lebens führt Heine immer wieder Metaphern des Schlafens und Träumens ins Feld, wie z. B. im „Wintermärchen", wo er von bleierner deutscher Schlafsucht und brutaler Ruhe in Deutschland spricht. Er kämpft mit dem Jungen Deutschland für die Rechte des Volkes gegen die Unterdrückung durch Religion und überholte Moralvorstellungen. Mit seinen Zeitgedichten und besonders mit seiner scharfen Kritik am preußischen Militarismus, mit den Ideen der Junghegelianer, des Frühkommunismus (Saint-Simonismus) und Karl Marx', mit dem er ebenso befreundet ist wie mit Friedrich Engels, trägt Heine zur Vorbereitung der Märzrevolution von 1848 bei. Mit den Autoren des Vormärz (Herwegh, Weerth, Freiligrath und Hoffmann von Fallersleben) steht er in einer Front.

Preußen beantwortet die neue kämpferisch-demokratische Literatur mit der politischen Zensur, die sich gegen das Junge Deutschland, an erster Stelle gegen Heine, richtet und zu dem Bundestagsbeschluß vom 10. Dezember 1835 führt. Darin heißt es: „Sämtliche deutschen Regierungen übernehmen die Verpflichtung, gegen die Verfasser, Verleger, Drucker und Verbreiter der Schriften aus der unter der

Bezeichnung „das junge Deutschland" oder die „junge deutsche Literatur" bekannten literarischen Schule, zu welcher namentlich Heinrich Heine, Karl Gutzkow, Heinrich Laube, Ludolf Wienbarg und Theodor Mundt gehören, die Straf- und Polizeigesetze ihres Landes, sowie die gegen den Mißbrauch der Presse bestehenden Vorschriften, nach ihrer vollen Strenge in Anwendung zu bringen, auch die Verbreitung dieser Schriften, sei es durch den Buchhandel, durch Leihbibliotheken oder auf sonstige Weise, mit allen ihren gesetzlich zu Gebot stehenden Mitteln zu verhindern."

Wie schwer Heine durch diese polizeistaatlichen Maßnahmen in seiner Arbeit und Existenz getroffen wurde und welchen unvorstellbaren Kampf er aus Paris dagegen zu führen hatte, dafür sei hier nur das folgende Zitat aus einem Brief an seinen Verleger angeführt: „Sie kennen, lieber Campe, die bittere Stimmung nicht, worin mich die Notwendigkeit versetzt, jeden Gedanken, den ich denke, im Kopf gleich zu zensieren; zu schreiben, während das Zensurschwert an einem Haare über meinem Kopfe hängt — das ist, um wahrsinnig zu werden."

Vielleicht hängt es mit den späten Nachwirkungen und -Wehen der preußischen Zensur zusammen, daß Heine in der Bundesrepublik unter Ignorierung seiner Prosaschriften, wie z. B. in Schul-Lesebüchern, von unverbesserlichen „Ästheten" als „Romantiker" aufgefaßt wird.

Heines Haltung gegenüber der deutschen Romantik ist jedoch entschieden ablehnend, weil sie, unzeitgemäß geworden, die Volksbefreiung, die politische Mündigkeit des Volkes und den Fortschritt verhindert. Seine Kritik an der Romantischen Schule richtet sich besonders gegen die Wiederbelebung des Mittelalters und den damit verknüpften Literaturbegriff, dem Heine einen modernen Begriff von Literatur entgegensetzt. Er nennt sich selbst einen „entlaufenen Romantiker".

Mit den Schriften Heines findet eine ganz neue Schreibart Eingang in die Literatur. Mit Briefen, Zeitungsberichten und neuartigen Reisebildern setzt sich der politische Schriftsteller Heine als höchstes Ziel, für das Volk verständlich zu schreiben, auch hinsichtlich philosophischer Themen, und besonders die Fragen zu behandeln, die von sozialer Wichtigkeit sind: „Ich werde daher nur von den großen Fragen handeln, die in der deutschen Gottesgelehrtheit und Weltweisheit zur Sprache gekommen, ich werde nur ihre soziale Wichtigkeit beleuchten ..." Er führt seinen Anspruch an Literatur weiter aus: „Was helfen dem Volke die verschlossenen Kornkammern, wozu es keinen Schlüssel hat? Das Volk hungert nach Wissen und dankt mir für das Stückchen Geistesbrot, das ich ehrlich mit ihm teile. Ich glaube, es ist nicht Talentlosigkeit, was die meisten deutschen Gelehrten davon abhält, über Religion und Philosophie sich populär auszusprechen. Ich glaube, es ist Scheu vor den Resultaten ihres eigenen Denkens, die sie nicht wagen, dem Volke mitzuteilen. Ich, ich habe nicht diese Scheu, denn ich bin kein Gelehrter, ich selber bin Volk ..."

Für Heine dient Kunst dem Menschen zur Auseinandersetzung mit sich selbst und seiner Zeit. Aufklärerisches und rational erfaßbares Gedankengut wird durch Literatur vermittelt, die von brennenden Gegenwartsproblemen lebt. Besonders in seiner „Romantischen Schule" zeigt sich die unmittelbare Verknüpfung von Literatur und deren politischem Auftrag, den Heine in der Beförderung der Revolutionsidee sieht. In Luther, „dem religiösen Danton", sieht er schon den Beginn einer neuen Literatur. Eine neue Ordnung werde geschaffen und der Materialismus setze sich gegenüber dem Spiritualismus durch: „... der dritte Stand erhebt sich; die Revolution grollt schon in den Herzen und Köpfen; und was die Zeit fühlt und denkt und bedarf und will, wird ausgesprochen, und das ist der Stoff der modernen Literatur." Das Aussprechen der Lebensinteressen des Volkes, das Wort ist schon Voraussetzung für die Tat, für die Veränderung der Verhältnisse zugunsten des unterdrückten Volkes. Heine entlarvt die Religion als Unterdrückungsmittel und setzt sich zum Ziel, ihre Macht zu neutralisieren. Das Bündnis zwischen Christentum und dem alten Regime in Deutschland hat die Konsequenz, daß das alte Regime unzerstörbar ist, weil das Volk durch das Christentum unter Hinweis auf die

Seligkeit nach dem Tod zum Gehorsam auch in politischer Hinsicht gegenüber den Herrschenden angehalten wird. Was gemeint ist, drückt Heine in einem Brief an Heinrich Laube so aus: „... Die bisherige spiritualistische Religion war heilsam und notwendig, solange der größte Teil der Menschen im Elend lebte und sich mit der himmlischen Seligkeit vertrösten mußte. Seit aber, durch die Fortschritte der Industrie und Ökonomie, es möglich geworden, die Menschen aus ihrem materiellen Elende herauszuziehen und auf Erden zu beseligen, seitdem — Sie verstehen mich. Und die Leute werden uns schon verstehen, wenn wir ihnen sagen, daß sie in der Folge alle Tage Rindfleisch statt Kartoffel essen sollen und weniger arbeiten und mehr tanzen werden. — Verlassen Sie sich darauf, die Menschen sind keine Esel."

Mit seinem „Großen Gedicht", wie er das geniale Versepos „Deutschland. Ein Wintermärchen" nennt, hat Heine das zukunftsweisende Bekentnis seines Lebens geschrieben.* In ihm schlidert er nicht nur das unter der Eisdecke einer alten, vergangenen Welt träumende und leidende Vaterland, er verkündet zugleich eine sich bahnbrechende neue Welt der Menschlichkeit und Lebensfreude:

Ein neues Lied, ein besseres Lied,
O Freunde, will ich euch dichten!
Wir wollen hier auf Erden schon
Das Himmelreich errichten.

Diese optimistische Zukunftsvision erfüllt Leben und Werk Heines. „Denn ich glaube an den Fortschritt", schreibt er schon sehr viel früher, „ich glaube, die Menschheit ist zur Glückseligkeit bestimmt, und ich hege also eine größere Meinung von der Gottheit als jene frommen Leute, die da wähnen, er habe die Menschen nur zum Leiden erschaffen. Schon hier auf Erden möchte ich, durch die Segnungen freier politischer und industrieller Institutionen, jene Seligkeit etablieren, die nach Meinung der Frommen erst am jüngsten Tage, im Himmel, stattfinden soll."

Wenn jemals das Wort von der „nationalen Gesinnung" dem Mißbrauch und Lügengespinst entrissen wurde und ihm seinen rechtmäßigen Platz zurückgegeben wurde, dann geschah dies durch die Geisteshaltung Heines, dem seine Feinde bis heute nicht verzeihen können, daß er als politisch engagierter Dichter im Bündnis mit den „jungen Doktoren der Revolution“ (Marx und Engels) für den Fortschritt der Menschheit unbeirrt kämpfte, bis ihm der Tod die Feder aus der Hand nahm und ihn von den qualvollen Leiden in seiner „Matratzengruft“ erlöste.

Der Name Heinrich Heine wurde zu einem Programm für alle Menschen, die auf dem Weg sind, eine Welt der Humanität und des Friedens aufzubauen. Heinrich Heine wurde zum Inbegriff eines kommenden Frühlings der Menschheit.

* Das „Wintermärchen“ bleibt (— wie auch die „Lutetia“ —) einem gesonderten Band vorbehalten, da ein Auszug dem Werk nicht gerecht werden könnte und ein vollständiger Abdruck den Rahmen dieses Lesebuches gesprengt hätte.

DIE WAHL-ESEL

1

Wenn ich an deinem Hause
Des Morgens vorüber geh,
So freuts mich, du liebe Kleine,
Wenn ich dich am Fenster seh.

Mit deinen schwarzbraunen Augen
Siehst du mich forschend an:
Wer bist du, und was fehlt dir,
Du fremder, kranker Mann?

„Ich bin ein deutscher Dichter,
Bekannt im deutschen Land;
Nennt man die besten Namen,
So wird auch der meine genannt.

Und was mir fehlt, du Kleine,
Fehlt manchem im deutschen Land;
Nennt man die schlimmsten Schmerzen,
So wird auch der meine genannt."

2

Ich habe sie wiedergesehen —
Dem Teufel meine Seele,
Dem Henker sei der Leib,
Doch ich allein erwähle
Für mich das schöne Weib.

Hu! Schauderst Du nicht, Christian? Schaudre nur, ich schaudre auch. — Verbrenn den Brief. Gott sei meiner armen Seele gnädig. — Ich habe diese Worte nicht geschrieben. — Da saß ein bleicher Mensch auf einem Stuhl, der hat sie geschrieben. Das kommt, weil es Mitternacht ist. — O Gott! Wahnsinn sündigt nicht. — Du! Du! hauche nicht zu stark; da habe ich eben ein wunderhübsches Kartenhaus aufgeschichtet, und ganz obenauf steh ich und halte sie im Arm!

Ich bin ein wahnsinniger Schachspieler. Schon beim ersten Stein habe ich die Königin verloren, und doch spiel ich noch und spiele — um die Königin. Soll ich weiterspielen? —
(An Christian Sethe)

3

Ich wollt, meine Schmerzen ergössen
Sich all in ein einziges Wort,
Das gäb ich den lustigen Winden,
Die trügen es lustig fort.

Sie tragen zu dir, Geliebte,
Das schmerzerfüllte Wort;
Du hörst es zu jeder Stunde,
Du hörst es an jedem Ort.

Und hast du zum nächtlichen Schlummer
Geschlossen die Augen kaum,
So wird dich mein Wort verfolgen
Bis in den tiefsten Traum.

4

Im wunderschönen Monat Mai,
Als alle Knospen sprangen,
Da ist in meinem Herzen
Die Liebe aufgegangen.

Im wunderschönen Monat Mai,
Als alle Vögel sangen,
Da hab ich ihr gestanden
Mein Sehnen und Verlangen.

5

Leise zieht durch mein Gemüt
Liebliches Geläute.
Klinge, kleines Frühlingslied,
Kling hinaus ins Weite.

Kling hinaus, bis an das Haus,
Wo die Blumen sprießen.
Wenn du eine Rose schaust,
Sag, ich laß sie grüßen.

6

Es war ein alter König,
Sein Herz war schwer, sein Haupt war grau;
Der arme alte König,
Er nahm eine junge Frau.

Es war ein schöner Page,
Blond war sein Haupt, leicht war sein Sinn;
Er trug die seidne Schleppe
Der jungen Königin.

Kennst du das alte Liedchen?
Es klingt so süß, es klingt so trüb!
Sie mußten beide sterben,
Sie hatten sich viel zu lieb.

7

Ein Jüngling liebt ein Mädchen,
Die hat einen andern erwählt;
Der andre liebt eine andre,
Und hat sich mit dieser vermählt.

Das Mädchen heiratet aus Ärger
Den ersten besten Mann,
Der ihr in den Weg gelaufen;
Der Jüngling ist übel dran.

Es ist eine alte Geschichte,
Doch bleibt sie immer neu;
Und wem sie just passieret,
Dem bricht das Herz entzwei.

8

Anfangs wollt ich fast verzagen,
Und ich glaubt, ich trüg es nie;
Und ich hab es doch getragen —
Aber fragt mich nur nicht, wie?

9

Ich steh auf des Berges Spitze,
Und werde sentimental.
„Wenn ich ein Vöglein wäre!"
Seufz ich viel tausendmal.

Wenn ich eine Schwalbe wäre,
So flög ich zu dir, mein Kind,
Und baute mir mein Nestchen,
Wo deine Fenster sind.

Wenn ich eine Nachtigall wäre,
So flög ich zu dir, mein Kind,
Und sänge dir Nachts meine Lieder
Herab von der grünen Lind.

Wenn ich ein Gimpel wäre,
So flög ich gleich an dein Herz;
Du bist ja hold den Gimpeln,
Und heilest Gimpelschmerz.

10

Himmlisch wars, wenn ich bezwang
Meine sündige Begier,
Aber wenns mir nicht gelang,
Hatt ich doch ein groß Pläsier.

11

Auch ich hab mal (schöner Busen halber) die Musen vernachlässigt. Meine Bestrafung hast Du selbst gesehen, nämlich meine poetische Unfruchtbarkeit vom vorigen Winter, die mich insofern ärgerte, da ich mich auf immer von den Musen verlassen wähnte und nicht einmal ein poetisches Klagelied hierüber zustande bringen konnte. Aber der alte *Schlegel,* der überhaupt mit den Damen umzugehen versteht, hat die zürnenden Schönen wieder mit mir versöhnt; und da er ihrer vielgenossenen Reize satt ist oder sie vielleicht nicht mehr selber bespringen kann, so hat er sie mir gütigst zugekuppelt, und allen neun Schwestern habe ich bereits wieder dicke Bäuche gemacht.
(An F. v. Benghem)

12

Wir haben viel für einander gefühlt,
Und dennoch uns gar vortrefflich vertragen.
Wir haben oft „Mann und Frau" gespielt,
Und dennoch uns nicht gerauft und geschlagen.
Wir haben zusammen gejauchzt und gescherzt,
Und zärtlich uns geküßt und geherzt.
Wir haben am Ende, aus kindischer Lust,
„Verstecken" gespielt in Wäldern und Gründen,
Und haben uns so zu verstecken gewußt,
Daß wir uns nimmermehr wiederfinden.

13

Daß ich dich liebe, o Möpschen,
Das ist dir wohlbekannt.
Wenn ich mit Zucker dich füttre,
So leckst du mir die Hand.

Du willst auch nur ein Hund sein,
Und willst nicht scheinen mehr;
All meine übrigen Freunde
Verstellen sich zu sehr.

14

Ich wollte, meine Lieder
Das wären Blümelein:
Ich schickte sie zu riechen
Der Herzallerliebsten mein.

Ich wollte, meine Lieder
Das wären Küsse fein:
Ich schickt sie heimlich alle
Nach Liebchens Wängelein.

Ich wollte, meine Lieder
Das wären Erbsen klein:
Ich kocht eine Erbsensuppe,
Die sollte köstlich sein.

15

„Teurer Freund! Was soll es nützen,
Stets das alte Lied zu leiern?
Willst du ewig brütend sitzen
Auf den alten Liebes-Eiern?

Ach! das ist ein ewig Gattern,
Aus den Schalen kriechen Küchlein,
Und sie piepsen und sie flattern,
Und du sperrst sie in ein Büchlein."

16

Ich hätte hundert Gründe, Ew. Exzellenz meine Gedichte zu schicken. Ich will nur einen erwähnen: Ich liebe Sie. Ich glaube, das ist ein hinreichender Grund. — Meine Poetereien, ich weiß es, haben noch wenig Wert; nur hier und da wär manches zu finden, woraus man sehen könnte, was ich mal zu geben imstande bin. Ich war lange nicht mit mir einig über das Wesen der Poesie. Die Leute sagten mir: frage Schlegel. Der sagte mir: lese Goethe. Das habe ich ehrlich getan, und wenn mal etwas Rechts aus mir wird, so weiß ich, wem ich es verdanke.

Ich küsse die heilige Hand, die mir und dem ganzen deutschen Volke den Weg zum Himmelreich gezeigt hat, und bin

Ew Exzellenz gehorsamer und ergebener
H. Heine,
Cand. juris.

(An Johann Wolfgang von Goethe)

17

Doch die Kastraten klagten,
Als ich meine Stimm erhob;
Sie klagten und sie sagten:
Ich sänge viel zu grob.

Und lieblich erhoben sie alle
Die kleinen Stimmelein;
Die Trillerchen, wie Kristalle,
Sie klangen so fein und rein.

Sie sangen von Liebessehnen,
Von Liebe und Liebeserguß;
Die Damen schwammen in Tränen
Bei solchem Kunstgenuß.

18

Wahrhaftig

Wenn der Frühling kommt mit dem Sonnenschein,
Dann knospen und blühen die Blümlein auf;
Wenn der Mond beginnt seinen Strahlenlauf,
Dann schwimmen die Sternlein hintendrein;
Wenn der Sänger zwei süße Äuglein sieht,
Dann quellen ihm Lieder aus tiefem Gemüt; —
Doch Lieder und Sterne und Blümelein,
Und Äuglein und Mondglanz und Sonnenschein,
Wie sehr das Zeug auch gefällt,
So machts doch noch lang keine Welt.

19

Haben Sie noch nicht Maria von Webers „Freischütz“ gehört? Nein? Unglücklicher Mann! Aber haben Sie nicht wenigstens aus dieser Oper „das Lied der Brautjungfern“ oder „den Jungfernkranz“ gehört? Nein? Glücklicher Mann!

Wenn Sie vom Hallischen nach dem Oranienburger Tore, und vom Brandenburger nach dem Königs-Tore, ja selbst, wenn Sie vom Unterbaum nach dem Köpnicker Tore gehen, hören Sie jetzt immer und ewig dieselbe Melodie, das Lied aller Lieder — „den Jungfernkranz“.

Ich werde von morgens früh bis spät in die Nacht verfolgt durch das Lied:

„Wir winden dir den Jungfernkranz
Mit veilchenblauer Seide;
Wir führen dich zu Spiel und Tanz,
Zu Lust und Hochzeitfreude.

Chor:

Schöner, schöner, schöner, grüner Jungfernkranz,
Mit veilchenblauer Seide, mit veilchenblauer Seide!
Lavendel, Myrt und Thymian,
Das wächst in meinem Garten;
Wie lange bleibt der Freiersmann,
Ich kann ihn kaum erwarten!

Chor:

Schöner, schöner, schöner usw.

Bin ich mit noch so guter Laune des Morgens aufgestanden, so wird doch gleich alle meine Heiterkeit fortgeärgert, wenn schon früh die Schuljugend, den „Jungfernkranz" zwitschernd, meinem Fenster vorbeizieht. Es dauert keine Stunde, und die Tochter meiner Wirtin steht auf mit ihrem „Jungfernkranz". Ich höre meinen Barbier „den Jungfernkranz" die Treppe heraufsingen. Die kleine Wäscherin kommt „mit Lavendel, Myrt und Thymian". So gehts fort. Mein Kopf dröhnt. Ich kanns nicht aushalten, eile aus dem Hause und werfe mich mit meinem Ärger in eine Droschke. Gut, daß ich durch das Rädergerassel nicht singen höre. Bei ***li steig ich ab. „Ists Fräulein zu sprechen?" Der Diener läuft. „Ja." Die Tür fliegt auf. Die Holde sitzt am Pianoforte, und empfängt mich mit einem süßen:

„Wo bleibt der schmucke Freiersmann,
Ich kann ihn kaum erwarten." —

„Sie singen wie ein Engel!" ruf ich mit krampfhafter Freundlichkeit. „Ich will noch einmal von vorne anfangen", lispelt die Gütige, und sie windet wieder ihren Jungfernkranz, und windet, und windet, bis ich selbst vor unsäglichen Qualen wie ein Wurm mich winde, bis ich vor Seelenangst ausrufe: „Hilf Samiel!"

Und Samiel hilft. Die bestürzte Donna hält plötzlich ein mit dem rädernden Gesange, und lispelt: „Was fehlt Ihnen?" „Es ist pures Entzücken", ächze ich mit forciertem Lächeln. „Sie sind krank", lispelt sie, „gehen Sie nach dem Tiergarten, genießen Sie das schene Wetter und beschauen Sie die schene Welt." Ich greife nach Hut und Stock, küsse der Gnädigen die gnädige Hand, werfe ihr noch einen schmachtenden Passionsblick zu, stürze zur Tür hinaus, steige wieder in die erste beste Droschke, und rolle nach dem Brandenburger Tore. Ich steige aus und laufe hinein in den Tiergarten.

Da erklirren plötzlich schnarrende Harfensaiten, und eine Alteweiberstimme quäkt: „Wir winden dir den Jungfernkranz usw."

Und nun den ganzen Tag verläßt mich nicht das vermaledeite Lied. Die schönsten Momente verbittert es mir. Sogar wenn ich bei Tisch sitze, wird es mir vom Sänger Heinsius als Dessert vorgedudelt. Den ganzen Nachmittag werde ich mit „veilchenblauer Seide" gewürgt. Dort wird der Jungfernkranz von einem Lahmen abgeorgelt, hier wird er von einem Blinden heruntergefiedelt. Am Abend geht der Spuk erst recht los. Das ist ein Flöten, und ein Gröhlen, und ein Fistulieren, und ein Gurgeln, und immer die alte Melodie. Das Kasparlied und der Jägerchor wird wohl dann und wann von einem illuminierten Studenten oder Fähndrich, zur Abwechselung, in das Gesumme hineingebrüllt, aber der Jungfernkranz ist permanent; wenn der eine ihn beendigt hat, fängt ihn der andere wieder von vorn an; aus allen Häusern klingt er mir entgegen; jeder pfeift ihn mit eigenen Variationen; ja, ich glaube fast, die Hunde auf der Straße bellen ihn.

Wie ein zu Tode gehetzter Rehbock lege ich abends mein Haupt auf den Schoß der schönsten Borussin; sie streichelt mir zärtlich das borstige Haar, lispelt mir ins Ohr: „Ich liebe dir, und deine Lawise wird dich ohch immer juht sint", und sie streichelt und hätschelt so lange, bis sie glaubt, daß ich am Einschlummern sei, sie ergreift leise „die Katharre" und die Unglückselige singt: „Wir winden dir den Jungfernkranz" —.

In wahnsinniger Verzweiflung reiße ich mich los aus der lieblichsten Umarmung, eile die enge Treppe hinunter, fliege wie ein Sturmwind nach Hause, werfe mich knirschend ins Bett, höre noch die alte Köchin mit ihrem Jungfernkranze herumtrippeln, und hülle mich tiefer in die Decke.

Sie begreifen jetzt, mein Lieber, warum ich Sie einen

glücklichen Mann nannte, wenn Sie jenes Lied noch nicht gehört haben.

20

Emma, sage mir die Wahrheit:
Ward ich närrisch durch die Liebe?
Oder ist die Liebe selber
Nur die Folge meiner Narrheit?

Ach! mich quälet, teure Emma,
Außer meiner tollen Liebe,
Außer meiner Liebestollheit,
Obendrein noch dies Dilemma.

21

Ich wandle unter Blumen
Und blühe selber mit;
Ich wandle wie im Traume,
Und schwanke bei jedem Schritt.
O, halt mich fest, Geliebte!

Vor Liebestrunkenheit
Fall ich dir sonst zu Füßen,
Und der Garten ist voller Leut.

22

Ich flüstere dem schönen Mädchen ins Ohr: Ich will deinen Mund küssen.

Bei Gott, das ist ein guter Gedanke! war die Antwort, die hastig und mit entzückendem Wohllaut aus dem Herzen hervorklang ...

Aber nein — die ganze Geschichte, die ich hier zu erzählen dachte, will ich jetzt unterdrücken. Ich räche mich dadurch an die Prüden, die dergleichen Geschichten mit Wonne einschlürfen, und bis an den Nabel, ja noch tiefer, davon entzückt sind, und nachher den Erzähler schelten, und in Gesellschaft über ihn die Nase rümpfen, und ihn als unmoralisch verschreien. Es ist eine gute Geschichte, köstlich wie eingemachte Ananas, oder wie frischer Kaviar, oder wie Trüffel in Burgunder, und wäre eine angenehme Lektüre nach der Betstunde; aber aus Rankünе, zur Strafe für frühere Unbill, will ich sie unterdrücken. Ich mache daher hier einen langen Gedankenstrich ——————————

Dieser Strich bedeutet ein schwarzes Sofa, und darauf passierte die Geschichte, die ich nicht erzähle...

Minka lächelte selten, denn sie hatte keine schönen Zähne. Desto schöner aber waren ihre Tränen, wenn sie weinte, und sie weinte bei jedem fremden Unglück und sie war wohltätig über alle Begriffe. Den Armen gab sie ihren letzten Schilling; sie war sogar oft in der Lage wo sie ihr letztes Hemd weggab, wenn man es verlangte. Sie war so seelengut. Sie konnte nichts abschlagen, ausgenommen ihr Wasser.

Wenn ich dich in sogenannte schlechte Gesellschaft gebracht, lieber Leser, so tröste dich damit, daß sie dir wenigstens nicht so viel gekostet wie mir. Doch wird es später in diesem Buche nicht an idealischen Frauenspersonen fehlen, und schon jetzt will ich dir, zur Erholung, zwei Anstandsdamen vorführen, die ich damals kennen und verehren lernte. Es ist Madame Pieper und Madame Schnieper. Erstere war eine schöne Frau in ihren reifsten Jahren, große schwärzliche Augen, eine große weiße Stirne, schwarze falsche Locken, eine kühne altrömische Nase, und ein Maul das eine Guillotine war für jeden guten Namen. In der Tat, für einen guten Namen gab es keine leichtere Hinrichtungsmaschine als Madame Piepers Maul; sie ließ ihn nicht lange zappeln, sie machte keine langwichtige Vorbereitungen; war der beste gute Name zwischen ihre Zähne geraten, so lächelte sie nur — aber dieses Lächeln war wie ein Fallbeil, und die Ehre war abgeschnitten und fiel in den Sack. Sie war immer ein Muster von Anstand, Ehrsamkeit, Frömmigkeit und

Tugend. Von Madame Schnieper ließ sich dasselbe rühmen. Es war eine zarte Frau, kleine ängstliche Brüste, gewöhnlich mit einem wehmütig dünnen Flor umgeben, hellblonde Haare, hellblaue Augen, die entsetzlich klug hervorstachen aus dem weißen Gesichte. Es hieß man könne ihren Tritt nie hören, und wirklich, ehe man sich dessen versah, stand sie oft neben einem, und verschwand dann wieder ebenso geräuschlos. Ihr Lächeln war ebenfalls tödlich für jeden guten Namen, aber minder wie ein Beil, als vielmehr wie jener afrikanische Giftwind, von dessen Hauch schon alle Blumen verwelken; elendiglich verwelken mußte jeder gute Namen, über den sie nur leise hinlächelte. Sie war immer ein Muster von Anstand, Ehrsamkeit, Frömmigkeit und Tugend.

23

Die Launen der Verliebten

(Eine wahre Geschichte, nach ältern Dokumenten wiedererzählt und aufs neue in schöne deutsche Reime gebracht)

Der Käfer saß auf dem Zaun, betrübt;
Er hat sich in eine Fliege verliebt.

Du bist, o Fliege meiner Seele,
Die Gattin, die ich auserwähle.

Heirate mich und sei mir hold!
Ich hab einen Bauch von eitel Gold.

Mein Rücken ist eine wahre Pracht;
Da flammt der Rubin, da glänzt der Smaragd.

O daß ich eine Närrin wär!
Ein'n Käfer nehm ich nimmermehr.

Mich lockt nicht Gold, Rubin und Smaragd;
Ich weiß, daß Reichtum nicht glücklich macht.

Nach Idealen schwärmt mein Sinn,
Weil ich eine stolze Fliege bin.

Der Käfer flog fort mit großem Grämen;
Die Fliege ging ein Bad zu nehmen.

Wo ist denn meine Magd, die Biene,
Daß sie beim Waschen mich bediene;

Daß sie mir streichle die feine Haut,
Denn ich bin eines Käfers Braut.

Wahrhaftig, ich mach eine große Partie;
Viel schöneren Käfer gab es nie.

Sein Rücken ist eine wahre Pracht;
Da flammt der Rubin, da glänzt der Smaragd.

Sein Bauch ist gülden, hat noble Züge;
Vor Neid wird bersten gar manche Schmeißfliege

Spute dich, Bienchen, und frisier mich,
Und schnüre die Taille und parfümier mich;

Reib mich mit Rosenessenzen, und gieße
Lavendelöl auf meine Füße,

Damit ich gar nicht stinken tu,
Wenn ich in des Bräutgams Armen ruh.

Schon flirren heran die blauen Libellen,
Und huldigen mir als Ehrenmamsellen.

Sie winden mir in den Jungfernkranz
Die weiße Blüte der Pomeranz.

Viel Musikanten sind eingeladen,
Auch Sängerinnen, vornehme Zikaden.

Rohrdommel und Horniß, Bremse und Hummel.
Die sollen trompeten und schlagen die Trummel.

Sie sollen aufspielen zum Hochzeitfest —
Schon kommen die bunt beflügelten Gäst,

Schon kommt die Familie, geputzt und munter;
Gemeine Insekten sind viele darunter.

Heuschrecken und Wespen, Muhmen und Basen,
Sie kommen heran — Die Trompeten blasen.

Der Pastor Maulwurf im schwarzen Ornat,
Da kommt er gleichfalls — es ist schon spat.

Die Glocken läuten, bim-bam, bim-bam —
Wo bleibt mein liebster Bräutigam? — —

Bim-bam, bim-bam, klingt Glockengeläute,
Der Bräutigam aber flog fort ins Weite.

Die Glocken läuten, bim-bam, bim-bam —
Wo bleibt mein liebster Bräutigam?

Der Bräutigam hat unterdessen
Auf einem fernen Misthaufen gesessen.

Dort blieb er sitzen sieben Jahr,
Bis daß die Braut verfaulet war.

24

Kleines Volk

In einem Pißpott kam er geschwommen,
Hochzeitlich geputzt, hinab den Rhein.
Und als er nach Rotterdam gekommen,
Da sprach er: „Juffräuken, willst du mich frein?

Ich führe dich, geliebte Schöne,
Nach meinem Schloß, ins Brautgemach;
Die Wände sind eitel Hobelspäne,
Aus Häckerling besteht das Dach.

Da ist es so puppenniedlich und nette,
Da lebst du wie eine Königin!
Die Schale der Walnuß ist unser Bette,
Von Spinnweb sind die Laken drin.

Ameiseneier, gebraten in Butter,
Essen wir täglich, auch Würmchengemüs,
Und später erb ich von meiner Frau Mutter
Drei Nonnenfürzchen, die schmecken so süß.

Ich habe Speck, ich habe Schwarten,
Ich habe Fingerhüte voll Wein,
Auch wächst eine Rübe in meinem Garten,
Du wirst wahrhaftig glücklich sein!"

Das war ein Locken und ein Werben!
Wohl seufzte die Braut: ach Gott! ach Gott!
Sie war wehmütig, wie zum Sterben —
Doch endlich stieg sie hinab in den Pott.

Sind Christenleute oder Mäuse
Die Helden des Lieds? Ich weiß es nicht mehr.
Im Beverland hört ich die schnurrige Weise,
Es sind nun dreißig Jahre her.

25

Tanenbaum, mit grünen Fingern,
Pocht ans niedre Fensterlein,
Und der Mond, der stille Lauscher,
Wirft sein goldnes Licht herein.

Vater, Mutter schnarchen leise
In dem nahen Schlafgemach,
Doch wir beide, selig schwatzend,
Halten uns einander wach.

„Daß du gar zu oft gebetet,
Das zu glauben wird mir schwer,
Jenes Zucken deiner Lippen
Kommt wohl nicht vom Beten her.

Jenes böse, kalte Zucken,
Das erschreckt mich jedesmal,
Doch die dunkle Angst beschwichtigt
Deiner Augen frommer Strahl.

Auch bezweifl ich, daß du glaubest,
Was so rechter Glauben heißt —
Glaubst wohl nicht an Gott den Vater,
An den Sohn und heilgen Geist?"

Ach, mein Kindchen, schon als Knabe,
Als ich saß auf Mutters Schoß,
Glaubte ich an Gott den Vater,
Der da waltet gut und groß;

Der die schöne Erd erschaffen,
Und die schönen Menschen drauf,
Der den Sonnen, Monden, Sternen
Vorgezeichnet ihren Lauf.

Als ich größer wurde, Kindchen,
Noch viel mehr begriff ich schon,
Ich begriff, und ward vernünftig,
Und ich glaub auch an den Sohn;

An den lieben Sohn, der liebend
Uns die Liebe offenbart,
Und zum Lohne, wie gebräuchlich,
Von dem Volk gekreuzigt ward.

Jetzo, da ich ausgewachsen,
Viel gelesen, viel gereist,
Schwillt mein Herz, und ganz von Herzen
Glaub ich an den heilgen Geist.

Dieser tat die größten Wunder,
Und viel größre tut er noch;
Er zerbrach die Zwingherrnburgen,
Und zerbrach des Knechtes Joch.

Alte Todeswunden heilt er,
Und erneut das alte Recht:
Alle Menschen, gleichgeboren,
Sind ein adliges Geschlecht.

Er verscheucht die bösen Nebel
Und das dunkle Hirngespinst,
Das uns Lieb und Lust verleidet,
Tag und Nacht uns angegrinst.

Tausend Ritter. wohlgewappnet,
Hat der heilge Geist erwählt,
Seinen Willen zu erfüllen,
Und er hat sie mutbeseelt.

Ihre teuern Schwerter blitzen,
Ihre guten Banner wehn!
Ei, du möchtest wohl, mein Kindchen,
Solche stolze Ritter sehn?

Nun, so schau mich an, mein Kindchen,
Schau mich an, und küsse dreist;
Denn ich selber bin ein solcher
Ritter von dem heilgen Geist.

26

Der politische Teil Ihres Briefes hat mich sehr erfreut;

es ist mir lieb, daß der künftige Mann meiner Schwester kein Revolutionär ist. Auch finde ich es sehr natürlich, daß ein Mann, der à son aise und glücklicher Bräutigam ist, nicht den Umsturz der bestehenden Formen wünscht und für seine und Europas Ruhe besorgt ist. Bei mir sind andere Verhältnisse obwaltend, und außerdem fühle ich mich ein bißchen seltsam gestimmt, wenn ich zufällig in der Zeitung lese, daß auf den Straßen Londons einige Menschen erfroren und auf den Straßen Neapels einige Menschen verhungert sind.
(An Moritz von Embden)

27

Ich habe Ihnen doch schon den Wahn benommen, daß ich ein Enthusiast für die jüdische Religion sei. Daß ich für die Rechte der Juden und ihre bürgerliche Gleichstellung enthusiastisch sein werde, das gestehe ich, und in schlimmen Zeiten, die unausbleiblich sind, wird der germanische Pöbel meine Stimme hören, daß es in deutschen Bierstuben und Palästen widerhallt.
(An Moses Moser)

28

Die Stadt Göttingen, berühmt durch ihre Würste und Universität, gehört dem Könige von Hannover, und enthält 999 Feuerstellen, diverse Kirchen, eine Entbindungsanstalt, eine Sternwarte, einen Karzer, eine Bibliothek und einen Ratskeller, wo das Bier sehr gut ist. Der vorbeifließende Bach heißt „die Leine" und dient des Sommers zum Baden; das Wasser ist sehr kalt und an einigen Orten so breit, daß Lüder wirklich einen großen Anlauf nehmen mußte, als er hinüber sprang. Die Stadt selbst ist schön und gefällt einem am besten, wenn man sie mit dem Rücken ansieht.

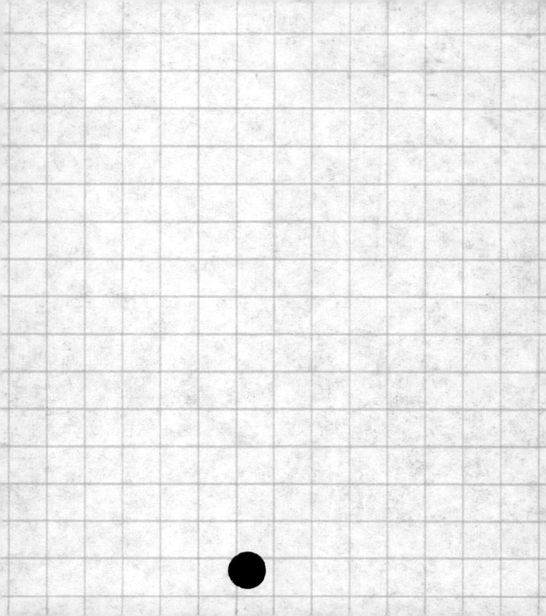

Im allgemeinen werden die Bewohner Göttingens eingeteilt in Studenten, Professoren, Philister und Vieh; welche vier Stände doch nichts weniger als streng geschieden sind. Der Viehstand ist der bedeutendste. Die Namen aller Studenten und aller ordentlichen und unordentlichen Professoren hier herzuzählen, wäre zu weitläuftig; auch sind mir in diesem Augenblick nicht alle Studentennamen im Gedächtnisse, und unter den Professoren sind manche, die noch gar keinen Namen haben. Die Zahl der Göttinger Philister muß sehr groß sein, wie Sand, oder besser gesagt, wie Kot am Meer; wahrlich, wenn ich sie des Morgens, mit ihren schmutzigen Gesichtern und weißen Rechnungen, vor den Pforten des akademischen Gerichtes aufgepflanzt sah, so mochte ich kaum begreifen, wie Gott nur so viel Lumpenpack erschaffen konnte.

Es war noch sehr früh, als ich Göttingen verließ, und der gelehrte ** lag gewiß noch im Bette und träumte wie gewöhnlich: er wandle in einem schönen Garten, auf dessen Beeten lauter weiße, mit Zitaten beschriebene Papierchen wachsen, die im Sonnenlichte lieblich glänzen, und von denen er hier und da mehrere pflückt, und mühsam in ein neues Beet verpflanzt, während die Nachtigallen mit ihren süßesten Tönen sein altes Herz erfreuen.

29

Zu fragmentarisch ist Welt und Leben!
Ich will mich zum deutschen Professor begeben.
Der weiß das Leben zusammenzusetzen,
Und er macht ein verständlich System daraus;
Mit seinen Nachtmützen und Schlafrockfetzen
Stopft er die Lücken des Weltenbaus.

30

...Nachdem ich eine Strecke gewandert, traf ich zusammen mit einem reisenden Handwerksburschen, der von Braunschweig kam und mir als ein dortiges Gerücht erzählte: der junge Herzog sei auf dem Wege nach dem gelobten Lande von den Türken gefangen worden, und könne nur gegen ein großes Lösegeld frei kommen.

Der Erzähler jener Neuigkeit war ein Schneidergesell, ein niedlicher, kleiner junger Mensch, so dünn, daß die Sterne durchschimmern konnten, wie durch Ossians Nebelgeister, und im Ganzen eine volkstümlich barocke Mischung von Laune und Wehmut. Dieses äußerte sich besonders in der drollig rührenden Weise, womit er das wunderbare Volkslied sang: „Ein Käfer auf dem Zaune saß; summ, summ!" Das ist schön bei uns Deutschen; keiner ist so verrückt, daß er nicht einen noch Verrückteren fände, der ihn versteht. Nur ein Deutscher kann jenes Lied nachempfinden, und sich dabei totlachen und totweinen. Wie tief das Goethesche Wort ins Leben des Volks gedrungen, bemerkte ich auch hier. Mein dünner Weggenosse trillerte ebenfalls zuweilen vor sich hin: „Leidvoll und freudvoll, Gedanken sind frei!" Solche Korruption des Textes ist beim Volke etwas Gewöhnliches. Er sang auch ein Lied, wo „Lottchen bei dem Grabe ihres Werthers" trauert. Der Schneider zerfloß vor Sentimentalität bei den Worten: „Einsam wein ich an der Rosenstelle, wo uns oft der späte Mond belauscht! Jammernd irr ich an der Silberquelle, die uns lieblich Wonne zugerauscht." Aber bald darauf ging er in Mutwillen über, und erzählte mir: „Wir haben einen Preußen in der Herberge zu Kassel, der eben solche Lieder selbst macht; er kann keinen seligen Stich nähen; hat er einen Groschen in der Tasche, so hat er für zwei Groschen Durst, und wenn er im Tran ist, hält er den Himmel für ein blaues Kamisol, und weint wie eine Dachtraufe, und singt ein Lied mit der doppelten Poesie!" Von letzterem Ausdruck wünschte ich eine Erklärung, aber mein Schneiderlein, mit seinen Ziegenhainer Beinchen, hüpfte hin und her und rief beständig: „Die doppelte Poesie ist die doppelte Poesie!" Endlich brachte ich es heraus, daß er doppelt gereimte Gedichte, namentlich Stanzen, im Sinn hatte. — Unterdes, durch die große Bewegung und durch den konträren Wind, war der Ritter von der Nadel sehr müde geworden. Er machte freilich noch einige große Anstalten zum Gehen und bramarbasierte: „Jetzt will ich den Weg zwischen die Beine nehmen!“ Doch bald beklagte er, daß er sich Blasen unter die Füße gegangen, und die Welt viel zu weitläufig sei; und endlich, bei einem Baumstamme, ließ er sich sachte niedersinken, bewegte sein zartes Häuptlein wie ein betrübtes Lämmerschwänzchen, und wehmütig lächelnd rief er: „Da bin ich armes Schindluderchen schon wieder marode!“

Wie im Leben überhaupt, gehts uns auch auf dem Harze. Es gibt immer gute Seelen, die uns wieder auf den rechten Weg bringen; sie tun es gern, und finden noch obendrein ein besonderes Vergnügen daran, wenn sie uns mit selbstgefälliger Miene und wohlwollend lauter Stimme bedeuten: welche große Umwege wir gemacht, in welche Abgründe und Sümpfe wir versinken konnten, und welch ein Glück es sei, daß wir so wegkundige Leute, wie sie sind, noch zeitig angetroffen. Einen solchen Berichtiger fand ich unweit der Harzburg. Es war ein wohlgenährter Bürger von Goslar, ein glänzend wampiges, dummkluges Gesicht; er sah aus, als habe er die Viehseuche erfunden. Wir gingen eine Strecke zusammen, und er erzählte mir allerlei Spukgeschichten, die hübsch klingen konnten, wenn sie nicht alle darauf hinaus liefen, daß es doch kein wirklicher Spuk gewesen, sondern, daß die weiße Gestalt ein Wilddieb war, und daß die wimmernden Stimmen von den eben geworfenen Jungen einer Bache (wilden Sau), und das Geräusch auf dem Boden von der Hauskatze herrührte. Nur wenn der Mensch krank ist, setzte er hinzu, glaubt er Gespenster zu sehen; was aber seine Wenigkeit anbelange, so sei er selten krank, nur zuweilen leide er an Hautübeln, und dann kuriere er sich jedesmal mit nüchternem Speichel. Er machte mich auch aufmerksam auf die Zweckmäßigkeit und Nützlichkeit in der Natur. Die Bäume sind grün, weil Grün gut für die Augen ist. Ich gab ihm recht und fügte hinzu, daß Gott das Rindvieh erschaffen, weil Fleischsuppen den Menschen stärken, daß er die Esel erschaffen, damit sie dem Menschen zu Vergleichungen dienen können, und daß er den Menschen selbst erschaffen, damit er Fleischsuppen essen und kein Esel sein soll. Mein Begleiter war entzückt, einen Gleichgestimmten gefunden zu haben, sein Antlitz erglänzte noch freudiger, und bei dem Abschiede war er gerührt.

Die Sonne ging auf. Die Nebel flohen, wie Gespenster beim dritten Hahnenschrei. Ich stieg wieder bergauf und bergab, und vor mir schwebte die schöne Sonne, immer neue Schönheiten beleuchtend. Der Geist des Gebirges begünstigte mich ganz offenbar; er wußte wohl, daß so ein Dichtermensch viel Hübsches wieder erzählen kann, und er ließ mich diesen Morgen seinen Harz sehen, wie ihn gewiß nicht jeder sah.

Nach dem Stand der Sonne war es Mittag, als ich auf eine Herde stieß, und der Hirt, ein freundlich blonder junger Mensch, sagte mir: der große Berg, an dessen Fuß ich stände, sei der alte, weltberühmte Brocken. Fröhlich stieg ich den Berg hinauf.

Der Eintritt in das Brockenhaus erregte bei mir eine etwas ungewöhnliche, märchenhafte Empfindung. Man ist nach einem langen, einsamen Umhersteigen durch Tannen und Klippen plötzlich in ein Wolkenhaus versetzt; Städte, Berge und Wälder blieben unten liegen, und oben findet man eine wunderlich zusammengesetzte, fremde Gesellschaft, von welcher man, wie es an dergleichen Orten natürlich ist, fast wie ein erwarteter Genosse, halb neugierig und halb gleichgültig, empfangen wird. Ich fand das Haus voller Gäste, und wie es einem klugen Manne geziemt, dachte ich schon an die Nacht, an die Unbehaglichkeit eines Strohlagers; mit hinsterbender Stimme verlangte ich gleich Tee, und der Herr Brockenwirt war vernünftig genug, einzusehen, daß ich kranker Mensch für die Nacht ein ordentliches Bett haben müsse. Dieses verschaffte er mir in einem engen Zimmerchen, wo schon ein junger Kaufmann, ein langes Brechpulver in einem braunen Oberrock, sich etabliert hatte.

In der Wirtsstube fand ich lauter Leben und Bewegung. Studenten von verschiedenen Universitäten. Die einen sind kurz vorher angekommen und restaurieren sich, andere bereiten sich zum Abmarsch, schnüren ihre Ranzen, schreiben ihre Namen ins Gedächtnisbuch, erhalten Brockensträuße von den Hausmädchen: da wird in die Wangen gekniffen, gesungen, gesprungen, gejohlt, man fragt, man antwortet, gut Wetter, Fußweg, Prosit, Adieu. Einige der Abgehenden sind auch etwas angesoffen, und diese haben von der schönen Aussicht einen doppelten Genuß, da ein Betrunkener alles doppelt sieht.

Im großen Zimmer wurde eine Abendmahlzeit gehalten. Ein langer Tisch mit zwei Reihen hungriger Studenten. Im Anfange gewöhnliches Universitätsgespräch: Dulle, Duelle und wieder Duelle ...

31

Duelle

Zwei Ochsen disputierten sich
Auf einem Hofe fürchterlich.
Sie waren beide zornigen Blutes,
Und in der Hitze des Disputes
Hat einer von ihnen, zornentbrannt,
Den andern einen Esel genannt.
Da „Esel" ein Tusch ist bei den Ochsen,
So mußten die beiden John Bulle sich boxen.

Auf selbigem Hofe zu selbiger Zeit
Gerieten auch zwei Esel in Streit,
Und heftig stritten die beiden Langohren,
Bis einer so sehr die Geduld verloren,
Daß er ein wildes I-A ausstieß,
Und den andern einen Ochsen hieß.

Ihr wißt, ein Esel fühlt sich tuschiert,
Wenn man ihn „Ochse" tituliert.
Ein Zweikampf, die beiden stießen
Sich mit den Köpfen, mit den Füßen,
Gaben sich manchen Tritt in den Podex,
Wie es gebietet der Ehre Kodex.

Und die Moral? Ich glaub, es gibt Fälle,
Wo unvermeidlich sind die Duelle;
Es muß sich schlagen der Student,
Den man einen dummen Jungen nennt.

32

... Während solcherlei Gespräche hin und her flogen, verlor man doch das Nützliche nicht aus den Augen und den großen Schüsseln, die mit Fleisch, Kartoffeln usw. ehrlich angefüllt waren, wurde fleißig zugesprochen.

An unserem Tische wurde es immer lauter und traulicher, der Wein verdrängte das Bier, die Punschbowlen dampften, es wurde getrunken, smolliert und gesungen. Der alte Landesvater und herrliche Lieder von W. Müller, Rückert, Uhland usw. erschollen. Schöne Methfesselsche Melodien. Am allerbesten erklangen unseres Arndts deutsche Worte: „Der Gott, der Eisen wachsen ließ, der wollte keine Knechte!" Und draußen brauste es, als ob der alte Berg mitsänge, und einige schwankende Freunde behaupteten sogar, er schüttle freudig sein kahles Haupt und unser Zimmer werde dadurch hin und her bewegt. Die Flaschen wurden leerer und die Köpfe voller. Der eine brüllte, der andere fistulierte, ein dritter deklamierte aus der „Schuld", ein vierter sprach Latein, ein fünfter predigte von der Mäßigkeit, und ein sechster stellte sich auf den Stuhl und dozierte: „Meine Herren! Die Erde ist eine runde Walze, die Menschen sind einzelne Stiftchen darauf, scheinbar arglos zerstreut; aber die Walze dreht sich, die Stiftchen stoßen hier und da an und tönen, die einen oft, die andern selten, das gibt eine wunderbare, komplizierte Musik, und diese heißt Weltgeschichte. Wir sprechen also erst von der Musik, dann von der Welt und endlich von der Geschichte; letztere aber teilen wir ein in Positiv und spanische Fliegen —" Und so gings weiter mit Sinn und Unsinn.

Ein gemütlicher Mecklenburger, der seine Nase im Punschglase hatte, und selig lächelnd den Dampf einschnupfte, machte die Bemerkung: es sei ihm zu Mute, als stände er wieder vor dem Theaterbüffet in Schwerin! Ein anderer hielt sein Weinglas wie ein Perspektiv vor die Augen und schien uns aufmerksam damit zu betrachten, während ihm der rote Wein über die Backen ins hervortretende Maul hinablief. Der Greifswalder, plötzlich begeistert, warf sich an meine Brust und jauchzte: „O, verständest Du mich, ich bin ein Liebender, ich bin ein Glücklicher, ich werde wieder geliebt, und, Gott verdamm mich! es ist ein gebildetes Mädchen, denn sie hat volle Brüste, und trägt ein weißes Kleid und spielt Klavier!" — Aber der Schweizer weinte, und küßte zärtlich meine Hand und wimmerte beständig: „O Bäbeli! O Bäbeli!"

Ein wohlbekannter, nicht sehr magerer Freund, der mehr getrunken als gegessen hatte, obgleich er auch heute Abend, wie gewöhnlich, eine Portion Rindfleisch verschlungen, wovon sechs Gardeleutnants und ein unschuldiges Kind satt geworden wären, dieser kam jetzt in allzugutem Humor, d. h. ganz en Schwein, vorbeigerannt, polterte nach der Haustüre, und wirtschaftete draußen ganz mörderisch. Der Lärm im Saal wurde auch immer verworrener und dumpfer. — Aber alles übertobte die wohlbekannte Baßstimme, die draußen vor der Türe, unter Fluchen und Jauchzen, sich gottlästerlich beklagte: daß auf der ganzen dunklen Weenderstraße keine einzige Laterne brenne, und man nicht einmal sehen könne, bei wem man die Fensterscheiben eingeschmissen habe.

Ich kann viel vertragen — die Bescheidenheit erlaubt mir nicht, die Bouteillenzahl zu nennen — und ziemlich gut konditioniert gelangte ich nach meinem Schlafzimmer. Der junge Kaufmann lag schon im Bette, mit seiner kreideweißen Nachtmütze und safrangelben Jacke von Gesundheitsflanell. Er schlief noch nicht und suchte ein Gespräch mit mir anzuknüpfen. Er war ein Frankfurt-am-Mainer, und folglich sprach er gleich von den Juden, die alles Gefühl für das Schöne und Edle verloren haben, und die englischen Waren 25 Prozent unter dem Fabrikpreise verkaufen. Es ergriff mich die Lust, ihn etwas zu mystifizieren; deshalb sagte ich ihm: ich sei ein Nachtwandler, und müsse im Voraus um

Entschuldigung bitten, für den Fall, daß ich ihn etwa im Schlafe stören möchte. Der arme Mensch hat deshalb, wie er mir den andern Tag gestand, die ganze Nacht nicht geschlafen, da er die Besorgnis hegte, ich könnte mit meinen Pistolen, die vor meinem Bette lagen, im Nachtwandlerzustande ein Malheur anrichten. Im Grunde war es mir nicht besser als ihm gegangen, ich hatte sehr schlecht geschlafen.

Der Brockenwirt weckte mich, um den Sonnenaufgang anzusehen. Indessen, meine Sehnsucht nach einem Frühstück war noch größer und ich eilte hinab, um in der warmen Stube Kaffee zu trinken. Es tat Not; in meinem Magen sah es so nüchtern aus, wie in der Goslarschen Stephanskirche. Aber mit dem arabischen Trank rieselte mir auch der warme Orient durch die Glieder, östliche Rosen umdufteten mich, süße Bulbul-Lieder erklangen, die Studenten verwandelten sich in Kamele, die Brockenhausmädchen, mit ihren Congrevischen Blicken, wurden zu Houris, die Philisternasen wurden Minarets usw.

Das Buch, das neben mir lag, war aber nicht der Koran. Unsinn enthielt es freilich genug. Es war das sogenannte Brockenbuch, worin alle Reisende, die den Berg erstiegen, ihre Namen schreiben, und die meisten noch einige Gedanken, und in Ermangelung derselben, ihre Gefühle hinzu notieren. Viele drücken sich sogar in Versen aus. Die Herren Akziseeinnehmer mit ihren verschimmelten Hochgefühlen, die Comptoirjünglinge mit ihren pathetischen Seelenergüssen, die altdeutschen Revolutionsdilettanten mit ihren Turngemeinplätzen, die Berliner Schullehrer mit ihren verunglückten Entzückungsphrasen und Herr Johannes Hagel wollen sich auch mal als Schriftsteller zeigen. Hier wird des Sonnenaufgangs majestätische Pracht beschrieben; dort wird geklagt über schlechtes Wetter, über getäuschte Erwartungen, über den Nebel, der alle Aussicht versperrt. „Benebelt herauf gekommen und benebelt hinunter gegangen!" ist ein stehender Witz, der hier von Hunderten nachgerissen wird.

Das ganze Buch riecht nach Käse, Bier und Tabak; man glaubt einen Roman von Clauren zu lesen.

Während ich nun besagtermaßen Kaffee trank und im Brockenbuche blätterte, trat der Schweizer mit hochroten Wangen herein, und voller Begeisterung erzählte er von dem erhabenen Anblick, den er oben auf dem Turm genossen, als das reine, ruhige Licht der Sonne, Sinnbild der Wahrheit, mit den nächtlichen Nebelmassen gekämpft, daß es ausgesehen habe wie eine Geisterschlacht, wo zürnende Riesen ihre langen Schwerter ausstrecken, geharnischte Ritter, auf bäumenden Rossen, einher jagen, Streitwagen, flatternde Banner, abenteuerliche Tierbildungen aus dem wildesten Gewühle hervor tauchen, bis endlich alles in den wahnsinnigsten Verzerrungen zusammen kräuselt, blasser und blasser zerrinnt, und spurlos verschwindet. Diese demagogische Naturerscheinung hatte ich versäumt, und ich kann, wenn es zur Untersuchung kommt, eidlich versichern: daß ich von nichts weiß, als vom Geschmack des guten braunen Kaffees.

33

**Der Wind zieht seine Hosen an,
Die weißen Wasserhosen!
Er peischt die Wellen, so stark er kann,
Die heulen und brausen und tosen.**

**Aus dunkler Höh, mit wilder Macht,
Die Regengüsse träufen;
Es ist, als wollt die alte Nacht
Das alte Meer ersäufen.**

34

**Das Fräulein stand am Meere
Und seufzte lang und bang,
Es rührte sie so sehre
Der Sonnenuntergang.**

Mein Fräulein! sein Sie munter,
Das ist ein altes Stück;
Hier vorne geht sie unter
Und kehrt von hinten zurück.

35

Wie schändlich du gehandelt,
Ich hab es den Menschen verhehlet,
Und bin hinausgefahren aufs Meer,
Und hab es den Fischen erzählet.

Ich laß dir den guten Namen
Nur auf dem festen Lande;
Aber im ganzen Ozean
Weiß man von deiner Schande.

36

Fragen

Am Meer, am wüsten, nächtlichen Meer
Steht ein Jüngling-Mann,
Die Brust voll Wehmut, das Haupt voll Zweifel,
Und mit düstern Lippen fragt er die Wogen;

„O löst mir das Rätsel des Lebens,
Das qualvoll uralte Rätsel,
Worüber schon manche Häupter gegrübelt,
Häupter in Hieroglyphenmützen,
Häupter in Turban und schwarzem Barett,
Perückenhäupter und tausend andre
Arme, schwitzende Menschenhäupter —
Sagt mir, was bedeutet der Mensch?
Woher ist er kommen? Wo geht er hin?
Wer wohnt dort oben auf goldenen Sternen?“

Es murmeln die Wogen ihr ewges Gemurmel,
Es wehet der Wind, es fliehen die Wolken,
Es blinken die Sterne, gleichgültig und kalt,
Und ein Narr wartet auf Antwort.

37

——— Die Eingeborenen (auf Norderney) sind meistens blutarm und leben vom Fischfang, der erst im nächsten Monat, im Oktober, bei stürmischem Wetter, seinen Anfang nimmt. Viele dieser Insulaner dienen auch als Matrosen auf fremden Kauffahrteischiffen und bleiben jahrelang vom Hause entfernt, ohne ihren Angehörigen irgend eine Nachricht von sich zukommen zu lassen. Nicht selten finden sie den Tod auf dem Wasser. Ich habe einige arme Weiber auf der Insel gefunden, deren ganze männliche Familie solcher Weise umgekommen; was sich leicht ereignet, da der Vater mit seinen Söhnen gewöhnlich auf demselben Schiffe zur See fährt.

Das Seefahren hat für diese Menschen einen großen Reiz; und dennoch, glaube ich, daheim ist ihnen allen am wohlsten zu Mute. Sind sie auch auf ihren Schiffen sogar nach jenen südlichen Ländern gekommen, wo die Sonne blühender und der Mond romantischer leuchtet, so können doch alle Blumen dort nicht den Leck ihres Herzens stopfen, und mitten in der duftigen Heimat des Frühlings sehnen sie sich wieder zurück nach ihrer Sandinsel, nach ihren kleinen Hütten, nach dem flackernden Herde, wo die Ihrigen, wohlverwahrt in wollenen Jacken, herumkauern, und einen Tee trinken, der sich von gekochtem Seewasser nur durch den Namen unterscheidet, und eine Sprache schwatzen, wovon kaum begreiflich scheint, wie es ihnen selber möglich ist, sie zu verstehen.

Was diese Menschen so fest und genügsam zusammenhält, ist nicht so sehr das innig mystische Gefühl der Liebe, als vielmehr die Gewohnheit, das naturgemäße Ineinander-Hinüberleben, die gemeinschaftliche Unmittelbarkeit. Gleiche

Geisteshöhe, oder, besser gesagt, Geistesniedrigkeit, daher gleiche Bedürfnisse und gleiches Streben; gleiche Erfahrungen und Gesinnungen, daher leichtes Verständnis unter einander; und sie sitzen verträglich am Feuer in den kleinen Hütten, rücken zusammen, wenn es kalt wird, an den Augen sehen sie sich ab, was sie denken, die Worte lesen sie sich von den Lippen, ehe sie gesprochen worden, alle gemeinsamen Lebensbeziehungen sind ihnen im Gedächtnisse, und durch einen einzigen Laut, eine einzige Miene, eine einzige stumme Bewegung erregen sie unter einander so viel Lachen, oder Weinen, oder Andacht, wie wir bei unseres Gleichen erst durch lange Expositionen, Expektorationen und Deklamationen hervorbringen können. Denn wir leben im Grunde geistig einsam; durch eine besondere Erziehungsmethode oder zufällig gewählte, besondere Lektüre hat jeder von uns eine verschiedene Charakterrichtung empfangen; jeder von uns, geistig verlarvt, denkt, fühlt und strebt anders als die andern, und des Mißverständnisses wird so viel, und selbst in weiten Häusern wird das Zusammenleben so schwer, und wir sind überall beengt, überall fremd, und überall in der Fremde.

In jenem Zustande der Gedanken- und Gefühlsgleichheit, wie wir ihn bei unseren Insulanern sehen, lebten oft ganze Völker und haben oft ganze Zeitalter gelebt. Die römisch-christliche Kirche im Mittelalter hat vielleicht einen solchen Zustand in den Staaten des ganzen Europa begründen wollen, und nahm deshalb alle Lebensbeziehungen, alle Kräfte und Erscheinungen, den ganzen physischen und moralischen Menschen unter ihre Vormundschaft. Es läßt sich nicht leugnen, daß viel ruhiges Glück dadurch gegründet ward und das Leben warm-inniger blühte, und die Künste, wie still hervorgewachsene Blumen, jene Herrlichkeit entfalteten, die wir noch jetzt anstaunen, und mit all unserem hastigen Wissen nicht nachahmen können. Aber der Geist hat seine ewigen Rechte, er läßt sich nicht eindämmen durch Satzungen und nicht einlullen durch Glockengeläute; er zerbrach seinen Kerker und zerriß das eiserne Gängelband, woran ihn die Mutterkirche leitete, und er jagte im Befreiungstaumel über die ganze Erde, erstieg die höchsten Gipfel der Berge, jauchzte vor Übermut, gedachte wieder uralter Zweifel, grübelte über die Wunder des Tages, und zählte die Sterne der Nacht. Wir kennen noch nicht die Zahl der Sterne, die Wunder des Tages haben wir noch nicht enträtselt, die alten Zweifel sind mächtig geworden in unserer Seele — ist jetzt mehr Glück darin als ehemals? Wir wissen, daß diese Frage, wenn sie den großen Haufen betrifft, nicht leicht bejaht werden kann; aber wir wissen auch, daß ein Glück, das wir der Lüge verdanken, kein wahres Glück ist, und daß wir, in den einzelnen zerrissenen Momenten eines gottgleicheren Zustandes, einer höheren Geisteswürde, mehr Glück empfinden können, als in den lang dahinvegetierenden Jahren eines dumpfen Köhlerglaubens.

Auf jeden Fall war jene Kirchenherrschaft eine Unterjochung der schlimmsten Art. Wer bürgte uns für die gute Absicht, wie ich sie eben ausgesprochen? Wer kann beweisen, daß sich nicht zuweilen eine schlimme Absicht beimischte? Rom wollte immer herrschen, und als seine Legionen fielen, sandte es Dogmen in die Provinzen. Wie eine Riesenspinne saß Rom im Mittelpunkt der lateinischen Welt und überzog sie mit seinem unendlichen Gewebe. Generationen der Völker lebten darunter ein beruhigtes Leben, indem sie das für einen nahen Himmel hielten, was bloß römisches Gewebe war; nur der höherstrebende Geist, der dieses Gewebe durchschaute, fühlte sich beengt und elend, und wenn er hindurch brechen wollte, erhaschte ihn leicht die schlaue Weberin, und sog ihm das kühne Blut aus dem Herzen; — und war das Traumglück der blöden Menge nicht zu teuer erkauft für solches Blut? Die Tage der Geistesknechtschaft sind vorüber; altersschwach, zwischen den gebrochenen Pfeilern ihres Kolosseums sitzt die alte Kreuzspinne, und spinnt noch immer das alte Gewebe, aber es ist matt und morsch, und es verfangen sich darin nur Schmetterlinge und Fledermäuse, und nicht mehr die Steinadler des Nordens.

— Es ist doch wirklich belächelnswert, während ich im Begriff bin, mich so recht wohlwollend über die Absichten der römischen Kirche zu verbreiten, erfaßt mich plötzlich der angewöhnte protestantische Eifer, der ihr immer das Schlimmste zumutet; und eben dieser Meinungszwiespalt in mir selbst gibt mir wieder ein Bild von der Zerrissenheit der Denkweise unserer Zeit. Was wir gestern bewundert, hassen wir heute, und morgen vielleicht verspotten wir es mit Gleichgültigkeit.

Auf einem gewissen Standpunkte ist alles gleich groß und gleich klein, und an die großen europäischen Zeitverwandlungen werde ich erinnert, indem ich den kleinen Zustand unserer armen Insulaner betrachte. Auch diese stehen an der Grenze einer solchen neuen Zeit, und ihre alte Sinneseinheit und Einfalt wird gestört durch das Gedeihen des hiesigen Seebades, indem sie dessen Gästen täglich etwas Neues ablauschen, was sie nicht mit ihrer altherkömmlichen Lebensweise zu vereinen wissen. Stehen sie des Abends vor den erleuchteten Fenstern des Konversationshauses, und betrachten dort die Verhandlungen der Herren und Damen, die verständlichen Blicke, die begehrlichen Grimassen, das lüsterne Tanzen, das vergnügte Schmausen, das habsüchtige Spielen usw., so bleibt das für diese Menschen nicht ohne schlimme Folgen, die von dem Geldgewinn, der ihnen durch die Badeanstalt zufließt, nimmermehr aufgewogen werden. Dieses Geld reicht nicht hin für die eindringenden, neuen Bedürfnisse; daher innere Lebensstörung, schlimmer Anreiz, großer Schmerz. Als ich ein Knabe war, fühlte ich immer eine brennende Sehnsucht, wenn schöngebackene Torten, wovon ich nichts bekommen sollte, duftig-offen, bei mir vorübergetragen wurden; späterhin stachelte mich dasselbe Gefühl, wenn ich modisch entblößte, schöne Damen vorbeispazieren sah; und ich denke jetzt, die armen Insulaner, die noch in einem Kindheitszustande leben, haben hier oft Gelegenheit zu ähnlichen Empfindungen, und es wäre gut, wenn die Eigentümer der schönen Torten und Frauen solche etwas mehr verdeckten. Diese vielen unbedeckten Delikatessen, woran jene Leute nur die Augen weiden können, müssen ihren Appetit sehr stark wecken, und wenn die armen Insulanerinnen, in ihrer Schwangerschaft, allerlei süßgebackene

Gelüste bekommen, und am Ende sogar Kinder zur Welt bringen, die den Badegästen ähnlich sehen, so ist das leicht zu erklären. Ich will hier durchaus auf kein unsittliches Verhältnis anspielen. Die Tugend der Insulanerinnen wird durch ihre Häßlichkeit, und gar besonders durch ihren Fischgeruch, der mir wenigstens unerträglich war, vor der Hand geschützt.

38

Jeder in dieser Welt ist am Ende entbehrlich, ausgenommen etwa die Sonne und ich. Denn ohne diese beiden kann ich mir keinen Frühling denken, und auch keine Frühlingslüfte und keine Grisetten, und keine deutsche Literatur! ... Die ganze Welt wäre ein gähnendes Nichts, der Schatten einer Null, der Traum eines Flohs, ein Gedicht von Karl Streckfuß!

Ja, es ist Frühling und ich kann endlich die Unterjacke ausziehn.

✻

Es ist mir als röche ich den Duft der deutschen Linden. In ihrem Schatten kosen des Abends die Liebenden, sie ist ihr Lieblingsbaum, und vielleicht aus dem Grunde, weil das Lindenblatt die Form eines Menschenherzens zeigt. Diese Bemerkung machte einst ein deutscher Dichter, der mir am liebsten ist, nämlich ich.

✻

Ich sah eine magere Person, deren gelblich weißes, pockennarbiges Gesicht einem alten Matzekuchen glich. Trotz ihrem Äußeren und obgleich ihre Stimme kreischend war, wie eine Türe, die sich auf rostigen Angeln bewegt, so gefiel mir doch alles, was die Person sagte; sie sprach nämlich mit großem Enthusiasmus von meinen Werken.

✻

Er lobt sich so stark, daß die Räucherkerzen im Preise steigen.

39

Nein, ich bin nicht geboren in Indien; das Licht der Welt erblickte ich an den Ufern jenes schönen Stromes, wo auf grünen Bergen die Torheit wächst und im Herbst gepflückt, gekeltert, in Fässer gegossen und ins Ausland geschickt wird — Wahrhaftig, gestern bei Tische hörte ich jemanden eine Torheit sprechen, die Anno 1811 in einer Weintraube gesessen, welche ich damals selbst auf dem Johannisberge wachsen sah. — Viel Torheit wird aber auch im Lande selbst konsumiert, und die Menschen dort sind wie überall: — sie werden geboren, essen, trinken, schlafen, lachen, weinen, verleumden, sind ängstlich besorgt um die Fortpflanzung ihrer Gattung, suchen zu scheinen, was sie nicht sind, und zu tun, was sie nicht können, lassen sich nicht eher rasieren, als bis sie einen Bart haben, und haben oft einen Bart, ehe sie verständig sind, und wenn sie verständig sind, berauschen sie sich wieder mit weißer und roter Torheit.

Mon dieu! wenn ich doch so viel Glauben in mir hätte, daß ich Berge versetzen könnte — der Johannisberg wäre just derjenige Berg, den ich mir überall nachkommen ließe. Aber da mein Glaube nicht so stark ist, muß mir die Phantasie helfen und die versetzt mich selbst nach dem schönen Rhein.

Ja, Madame, dort bin ich geboren, und ich bemerke dieses ausdrücklich für den Fall, daß etwa, nach meinem Tode, sieben Städte — Schilda, Krähwinkel, Polkwitz, Bockum, Dülken, Göttingen und Schöppenstädt — sich um die Ehre streiten, meine Vaterstadt zu sein. Düsseldorf ist eine Stadt am Rhein, es leben da 16 000 Menschen, und viele hunderttausend Menschen liegen noch außerdem da begraben. Und darunter sind manche, von denen meine Mutter sagt, es wäre besser, sie lebten noch, z. B. mein Großvater und mein Oheim, der alte Herr v. Geldern und der junge Herr v. Geldern, die beide so berühmte Doktoren waren, und so viele Menschen vom Tode kuriert, und doch selber sterben mußten. Und die fromme Ursula, die mich als Kind auf den Armen getragen, liegt auch dort begraben, und es wächst ein Rosenstrauch auf ihrem Grab — Rosenduft liebte sie so sehr im Leben und ihr Herz war lauter Rosenduft und Güte. Auch der alte kluge Kanonikus liegt dort begraben. Gott, wie elend sah er aus, als ich ihn zuletzt sah! Er bestand nur noch aus Geist und Pflastern, und studierte dennoch Tag und Nacht, als wenn er besorgte, die Würmer möchten einige Ideen zu wenig in seinem Kopfe finden. Auch der kleine Wilhelm liegt dort, und daran bin ich Schuld. Wir waren Schulkameraden im Franziskanerkloster und spielten auf jener Seite desselben, wo zwischen steinernen Mauern die Düssel fließt, und ich sagte: „Wilhelm, hol doch das Kätzchen, das eben hineingefallen“ — und lustig stieg er hinab auf das Brett, das über dem Bach lag, riß das Kätzchen aus dem Wasser, fiel aber selbst hinein, und als man ihn herauszog, war er naß und tot. Das Kätzchen hat noch lange Zeit gelebt.

Die Stadt Düsseldorf ist sehr schön, und wenn man in der Ferne an sie denkt und zufällig dort geboren ist, wird einem wunderlich zu Mute. Ich bin dort geboren, und es ist mir, als müßte ich gleich nach Hause gehn. Und wenn ich sage nach Hause gehn, so meine ich die Bolkerstraße und das Haus, worin ich geboren bin. Dieses Haus wird einst sehr merkwürdig sein, und der alten Frau, die es besitzt, habe ich sagen lassen, daß sie bei Leibe das Haus nicht verkaufen solle. Für das ganze Haus bekäme sie jetzt doch kaum so viel wie schon allein das Trinkgeld betragen wird, das einst die grünverschleierten, vornehmen Engländerinnen dem Dienstmädchen geben, wenn es ihnen die Stube zeigt, worin ich das Licht der Welt erblickt, und den Hühnerwinkel, worin mich Vater gewöhnlich einsperrte, wenn ich Trauben genascht, und auch die braune Türe, worauf Mutter mich die Buchstaben mit Kreide schreiben lehrte — ach Gott! Madame, wenn ich ein berühmter Schriftsteller werde, so hat das meiner armen Mutter genug Mühe gekostet.

Aber mein Ruhm schläft jetzt noch in den Marmorbrüchen von Carrara, der Makulatur-Lorbeer, womit man meine Stirne geschmückt, hat seinen Duft noch nicht durch die ganze Welt verbreitet, und wenn jetzt die grünverschleierten, vornehmen Engländerinnen nach Düsseldorf kommen, so lassen sie das berühmte Haus noch unbesichtigt und gehen direkt nach dem Marktplatz und betrachten die dort in der Mitte stehende, schwarze, kolossale Reuterstatue. Diese soll den Kurfürsten Jan Wilhelm vorstellen. Er trägt einen schwarzen Harnisch, eine tiefherabhängende Allongeperücke — Als Knabe hörte ich die Sage, der Künstler, der diese Statue gegossen, habe während des Gießens mit Schrecken bemerkt, daß sein Metall nicht dazu ausreiche, und da wären die Bürger der Stadt herbeigelaufen, und hätten ihm ihre silbernen Löffel gebracht, um den Guß zu vollenden — und nun stand ich stundenlang vor dem Reuterbilde, und zerbrach mir den Kopf: wieviel silberne Löffel wohl darin stecken mögen, und wieviel Apfeltörtchen man wohl für all das Silber bekommen könnte? Apfeltörtchen waren nämlich damals meine Passion — jetzt ist es Liebe, Wahrheit, Freiheit und Krebssuppe — und eben unweit des Kurfürstenbildes, an der Theaterecke, stand gewöhnlich der wunderlich gebackene, säbelbeinige Kerl, mit der weißen Schürze und dem umgehängten Korbe voll lieblich dampfender Apfeltörtchen, die er mit einer unwiderstehlichen Diskantstimme anzupreisen wußte: „Die Apfeltörtchen sind ganz frisch, eben aus dem Ofen, riechen so delikat“ — Wahrlich, wenn in meinen späteren Jahren der Versucher mir beikommen wollte, so sprach er mit solcher lockender Diskantstimme, und bei Signora Giulietta wäre ich keine volle zwölf Stunden geblieben, wenn sie nicht den süßen, duftenden Apfeltörtchenton angeschlagen hätte. Und wahrlich, nie würden Apfeltörtchen mich so sehr angereizt haben, hätte der krumme Hermann sie nicht so geheimnisvoll mit seiner weißen Schürze bedeckt — und die Schürzen sind es, welche — doch sie bringen mich ganz aus dem Kontext, ich sprach ja von der Reuterstatue, die so viel silberne Löffel im Leibe hat, und keine Suppe, und den Kurfürsten Jan Wilhelm darstellt.

Er soll ein braver Herr gewesen sein, und sehr kunstliebend, und selbst sehr geschickt. Er stiftete die Gemäldegalerie in Düsseldorf, und auf dem dortigen Observatorium zeigt man noch einen überaus künstlichen Einschachtelungsbecher von Holz, den er selbst in seinen Freistunden — er hatte deren täglich vierundzwanzig — geschnitzelt hat.

Damals waren die Fürsten noch keine geplagten Leute wie jetzt, und die Krone war ihnen am Kopfe festgewachsen, und des Nachts zogen sie noch eine Schlafmütze darüber, und schliefen ruhig, und ruhig zu ihren Füßen schliefen die Völker, und wenn diese des Morgens erwachten, so sagten sie: „Guten Morgen, Vater!" — und jene antworteten: „Guten Morgen, liebe Kinder!"

Aber es wurde plötzlich anders; als wir eines Morgens zu Düsseldorf erwachten, und „Guten Morgen, Vater!" sagen wollten, da war der Vater abgereist, und in der ganzen Stadt war nichts als stumpfe Beklemmung, es war überall eine Art Begräbnisstimmung, und die Leute schlichen schweigend nach dem Markte, und lasen den langen papiernen Anschlag auf der Türe des Rathauses. Es war ein trübes Wetter, und der dünne Schneider Kilian stand dennoch in seiner Nanquinjacke, die er sonst nur im Hause trug, und die blauwollnen Strümpfe hingen ihm herab, daß die nackten Beinchen betrübt hervorguckten, und seine schmalen Lippen bebten, während er das angeschlagene Plakat vor sich hinmurmelte. Ein alter pfälzischer Invalide las etwas lauter, und bei manchem Worte träufelte ihm eine klare Träne in den weißen, ehrlichen Schnauzbart. Ich stand neben ihm und weinte mit, und frug ihn: warum wir weinten? Und da antwortete er: „Der Kurfürst läßt sich bedanken." Und dann las er wieder, und bei den Worten: „für die bewährte Untertanstreue" „und entbinden Euch Eurer Pflichten", da weinte er noch stärker — Es ist wunderlich anzusehen, wenn so ein alter Mann mit verblichener Uniform und vernarbtem Soldatengesicht, plötzlich so stark weint. Während wir lasen, wurde auch das kurfürstliche Wappen vom Rathause heruntergenommen, alles gestaltete sich so beängstigend öde, es war, als ob man eine Sonnenfinsternis erwarte, die Herren Ratsherren gingen so abgedankt und langsam umher, sogar der allgewaltige Gassenvogt sah aus, als wenn er nichts mehr zu befehlen hätte, und stand da so friedlich-gleichgültig, obgleich der tolle Alouisius sich wieder auf ein Bein stellte und mit närrischer Grimasse die Namen der französischen Generale herschnatterte, während der besoffene, krumme Gumpertz sich in der Gosse herumwälzte und das Lied der französischen Revolution „Ça ira, ça ira!“ sang.

Ich aber ging nach Hause, und weinte und klagte: „Der Kurfürst läßt sich bedanken.“ Meine Mutter hatte ihre liebe Not, ich wußte was ich wußte, ich ließ mir nichts ausreden, ich ging weinend zu Bette, und in der Nacht träumte mir: die Welt habe ein Ende — die schönen Blumengärten und grünen Wiesen wurden wie Teppiche vom Boden aufgenommen und zusammengerollt, der Gassenvogt stieg auf eine hohe Leiter und nahm die Sonne vom Himmel herab, der Schneider Kilian stand dabei und sprach zu sich selber: „Ich muß nach Hause gehn und mich hübsch anziehn, denn ich bin tot, und soll noch heute begraben werden“ — und es wurde immer dunkler, spärlich schimmerten oben einige Sterne und auch diese fielen herab wie gelbe Blätter im Herbste, allmählig verschwanden die Menschen, ich armes Kind irrte ängstlich umher, stand endlich vor der Weidenhecke, eines wüsten Bauerhofes und sah dort einen Mann, der mit dem Spaten die Erde aufwühlte, und neben ihm ein häßlich hämisches Weib, das etwas wie einen abgeschnittenen Menschenkopf in der Schürze hielt, und das war der Mond, und sie legte ihn ängstlich sorgsam in die offne Grube — und hinter mir stand der pfälzische Invalide und schluchzte und buchstabierte: „Der Kurfürst läßt sich bedanken.“

40

Parbleu Madame! ich habe es im Französischen weit gebracht! Noch unlängst, in einer noblen Gesellschaft, verstand ich fast die Hälfte von dem Diskurs zweier deutscher Komtessen, wovon jede über vierundsechzig Jahr und eben so viele Ahnen zählte. Ja, im Café Royal zu Berlin hörte ich einmal den Monsieur Hans Michel Martens französisch parlieren, und verstand jedes Wort, obschon kein Verstand darin war. Man muß den Geist der Sprache kennen, und diesen lernt man am besten durch Trommeln. Parbleu! wie viel verdanke ich nicht dem französischen Tambour, der so lange bei uns in Quartier lag, und wie ein Teufel aussah, und doch von Herzen so engelgut war, und so ganz vorzüglich trommelte.

Es war eine kleine, bewegliche Figur mit einem fürchterlichen, schwarzen Schnurrbarte, worunter sich die roten Lippen trotzig hervorbäumten, während die feurigen Augen hin und her schossen.

Ich kleiner Junge hing an ihm wie eine Klette, und half ihm seine Knöpfe spiegelblank putzen und seine Weste mit Kreide weißen — denn Monsieur Le Grand wollte gerne gefallen — und ich folgte ihm auch auf die Wache, nach dem Appell, nach der Parade — da war nichts als Waffenglanz und Lustigkeit — les jours de fête sont passés! Monsieur Le Grand wußte nur wenig gebrochenes Deutsch, nur die Hauptausdrücke — Brot, Kuß, Ehre — doch konnte er sich auf der Trommel sehr gut verständlich machen, z. B. wenn ich nicht wußte, was das Wort „liberté" bedeute, so trommelte er die Marseillaise — und ich verstand ihn. Wußte ich nicht die Bedeutung des Wortes „égalité", so trommelte er den Marsch „Ça ira, ça ira — — — les aristocrates à la lanterne!" — und ich verstand ihn. Er wollte mir mal das Wort „l'Allemagne" erklären, und er trommelte jene allzueinfache Urmelodie, die man oft an Markttagen bei tanzenden Hunden hört, nämlich Dum — Dum — Dum — ich ärgerte mich, aber ich verstand ihn doch.

Auf ähnliche Weise lehrte er mich auch die neuere Geschichte. Ich verstand zwar nicht die Worte, die er sprach, aber da er während des Sprechens beständig trommelte, so wußte ich doch, was er sagen wollte. Im Grunde ist das die beste Lehrmethode. Die Geschichte von der Bestürmung der Bastille, der Tuilerien usw. begreift man erst recht, wenn man weiß, wie bei solchen Gelegenheiten getrommelt wurde. In unseren Schulkompendien liest man bloß: „Ihre Exz. die Baronen und Grafen und hochdero Gemahlinnen wurden geköpft — Ihre Altessen die Herzöge und Prinzen und höchstdero Gemahlinnen wurden geköpft — Ihre Majestät der König und allerhöchstdero Gemahlin wurden geköpft —" aber wenn man den roten Guillotinenmarsch trommeln hört, so begreift man dieses erst recht, und man erfährt das Warum und das Wie. Madame, das ist ein gar wunderlicher Marsch! Er durchschauert mir Mark und Bein, als ich ihn zuerst hörte, und ich war froh, daß ich ihn vergaß — Man vergißt so etwas, wenn man älter wird, ein junger Mann hat jetzt so viel anderes Wissen im Kopf zu behalten — Whist, Boston, genealogische Tabellen, Bundestagsbeschlüsse, Dramaturgie, Liturgie, Vorschneiden — und wirklich, trotz allem Stirnreiben konnte ich mich lange Zeit nicht mehr auf jene gewaltige Melodie besinnen. Aber denken Sie sich, Madame! unlängst sitze ich an der Tafel mit einer ganzen Menagerie von Grafen, Prinzen, Prinzessinnen, Kammerherren, Hofmarschallinnen, Hofschenken, Oberhofmeisterinnen, Hofsilberbewahrern, Hofjägermeisterinnen, und wie diese vornehmen Domestiken noch außerdem heißen mögen, und ihre Unterdomestiken liefen hinter ihren Stühlen und schoben ihnen die gefüllten Teller vors Maul — ich aber, der übergangen und übersehen wurde, saß müßig, ohne die mindeste Kinnbackenbeschäftigung, und ich knetete Brotkügelchen, und trommelte vor Langerweile mit den Fingern, und zu meinem Entsetzen trommelte ich plötzlich den roten, längstvergessenen Guillotinenmarsch.

„Und was geschah?" Madame, diese Leute lassen sich im Essen nicht stören, und wissen nicht, daß andere Leute, wenn sie nichts zu essen haben, plötzlich anfangen zu trommeln, und zwar gar kuriose Märsche, die man längst vergessen glaubte.

41

Aber wie ward mir erst, als ich ihn selber sah, mit hochbegnadigten, eignen Augen, ihn selber, Hosiannah! den Kaiser.

Es war eben in der Allee des Hofgartens zu Düsseldorf. Als ich mich durch das gaffende Volk drängte, dachte ich an die Taten und Schlachten, die mir Monsieur Le Grand vorgetrommelt hatte, mein Herz schlug den Generalmarsch — und dennoch dachte ich zu gleicher Zeit an die Polizeiverordnung, daß man bei fünf Taler Strafe nicht mitten durch die Allee reiten dürfe. Und der Kaiser mit seinem Gefolge ritt mitten durch die Allee, die schauernden Bäume beugten sich vorwärts, wo er vorbeikam, die Sonnenstrahlen zitterten furchtsam neugierig durch das grüne Laub, und am blauen Himmel oben schwamm sichtbar ein goldner Stern. Der Kaiser trug seine scheinlose grüne Uniform und das kleine, welthistorische Hütchen. Er ritt ein weißes Rößlein, und das ging so ruhig stolz, so sicher, so ausgezeichnet — wäre ich damals Kronprinz von Preußen gewesen, ich hätte dieses Rößlein beneidet. Nachlässig, fast hängend, saß der Kaiser, die eine Hand hielt hoch den Zaum, die andere klopfte gutmütig den Hals des Pferdchens — Es war eine sonnigmarmorne Hand, eine mächtige Hand, eine von den beiden Händen, die das vielköpfige Ungeheuer der Anarchie gebändigt und den Völkerzweikampf geordnet hatten — und sie klopfte gutmütig den Hals des Pferdes. Auch das Gesicht hatte jene Farbe, die wir bei marmornen Griechen- und Römerköpfen finden, die Züge desselben waren ebenfalls edel gemessen, wie die der Antiken, und auf diesem Gesichte stand geschrieben: Du sollst keine Götter haben außer mir. Ein Lächeln, das jedes Herz erwärmte und beruhigte, schwebte um die Lippen — und doch wußte man, diese Lippen brauchten nur zu pfeifen, — und Preußen existierte nicht mehr — diese Lippen brauchten nur zu pfeifen — und die ganze Klerisei hatte ausgeklingelt — diese Lippen brauchten nur zu pfeifen — und das ganze heilige römische Reich tanzte. Und diese Lippen lächelten und auch das Auge lächelte — Es war ein Auge klar wie der Himmel, es konnte lesen im Herzen der Menschen, es sah rasch auf einmal alle Dinge dieser Welt, während wir anderen sie nur nach einander und nur ihre gefärbten Schatten sehen. Die Stirne war nicht so klar, es nisteten darauf die

Geister zukünftiger Schlachten, und es zuckte bisweilen über dieser Stirn, und das waren die schaffenden Gedanken, womit der Geist des Kaisers unsichtbar über die Welt hinschritt — und ich glaube, jeder dieser Gedanken hätte einem deutschen Schriftsteller, Zeit seines Lebens, vollauf Stoff zum Schreiben gegeben.

Der Kaiser ritt ruhig mitten durch die Allee, kein Polizeidiener widersetzte sich ihm, hinter ihm, stolz auf schnaubenden Rossen, und belastet mit Gold und Geschmeide, ritt sein Gefolge, die Trommeln wirbelten, die Trompeten erklangen, neben mir drehte sich der tolle Louisius und schnarrte die Namen seiner Generale, unferne brüllte der besoffene Gumpertz, und das Volk rief tausendstimmig: es lebe der Kaiser!

42

Ich bitte Dich, lieber Leser, halte mich nicht für einen unbedingten Bonapartisten; meine Huldigung gilt nicht den Handlungen, sondern nur dem Genius des Mannes. Unbedingt liebe ich nur bis zum achtzehnten Brumaire — da verriet er die Freiheit. Und er tat es nicht aus Notwendigkeit, sondern aus geheimer Vorliebe für Aristokratismus.

43

War wirklich die Zeit des Kaiserreichs in Frankreich so schön und beglückend, wie diese Bonapartisten, klein und groß, vom Invaliden Ricou bis zur Herzogin von Abrantes, uns vorzuprahlen pflegten? Ich glaube nicht. Die Äcker lagen brach und die Menschen wurden zur Schlachtbank geführt. Überall Muttertränen und häusliche Verödung. Aber es geht diesen Bonapartisten wie dem versoffenen Bettler, der die scharfsinnige Bemerkung gemacht hatte, daß, so lange er nüchtern blieb, seine Wohnung nur eine erbärmliche Hütte, sein Weib in Lumpen gehüllt und sein Kind krank und hungrig war, daß aber, sobald er einige Gläser Branntwein getrunken, dieses ganze Elend sich plötzlich änderte, seine Hütte sich in einen Palast verwandelte, sein Weib wie eine geputzte Prinzessin aussah, und sein Kind wie die wohlgenährteste Gesundheit ihn anlachte. Wenn man ihn nun ob seiner schlechten Wirtschaft manchmal ausschalt, so versicherte er immer, man möge ihm nur genug Branntwein zu trinken geben, und sein ganzer Haushalt würde bald ein glänzenderes Ansehen gewinnen. Statt Branntwein war es Ruhm, Ehrgier und Eroberungslust, was jene Bonapartisten so sehr berauschte, daß sie die wirkliche Gestalt der Dinge während der Kaiserzeit nicht sahen; und jetzt, bei jeder Gelegenheit, wo eine Klage über schlechte Zeiten laut wird, rufen sie immer: Das würde sich gleich ändern, Frankreich würde blühen und glänzen, wenn man uns wieder wie sonst zu trinken gäbe: Ehrenkreuze, Epaulette, contributions volontaires, spanische Gemälde, Herzogtümer in vollen Zügen.

44

„Wir sind auf dem Schlachtfelde von Marengo." Wie lachte mein Herz, als der Postillon diese Worte sprach!

Hier tat der General Bonaparte einen so starken Zug aus dem Kelch des Ruhmes, daß er im Rausche Konsul, Kaiser, Welteroberer wurde und sich erst zu St. Helena ernüchtern konnte. Es ist uns selbst nicht viel besser ergangen; wir waren mitberauscht, wir haben alles mitgeträumt, sind ebenfalls erwacht, und im Jammer der Nüchternheit machen wir allerlei verständige Reflexionen. Es will uns da manchmal bedünken, als sei der Kriegsruhm ein veraltetes Vergnügen, die Kriege bekämen eine edlere Bedeutung, und Napoleon sei vielleicht der letzte Eroberer.

Es hat wirklich den Anschein, als ob jetzt mehr geistige Interessen verfochten würden als materielle, und als ob die Welthistorie nicht mehr eine Räubergeschichte, sondern eine Geistergeschichte sein solle. Der Haupthebel, den ehrgeizige und habsüchtige Fürsten zu ihren Privatzwecken sonst so wirksam in Bewegung zu setzen wußten, nämlich die Nationalität mit ihrer Eitelkeit und ihrem Haß, ist jetzt morsch und abgenutzt; täglich verschwinden mehr und mehr die törigten Nationalvorurteile, alle schroffen Besonderheiten gehen unter in der Allgemeinheit der europäischen Zivilisation, es gibt jetzt in Europa keine Nationen mehr, sondern nur Parteien, und es ist ein wundersamer Anblick, wie diese trotz der vielen Sprachverschiedenheiten sich sehr gut verstehen. Wie es eine materielle Staatenpolitik gibt, so gibt es jetzt auch eine geistige Parteipolitik; und wie die Staatenpolitik auch den kleinsten Krieg, der zwischen den zwei unbedeutendsten Mächten ausbräche, gleich zu einem allgemeinen europäischen Krieg machen würde, worin sich alle Staaten, mit mehr oder minderem Eifer, auf jeden Fall mit Interesse, mischen müßten: so kann jetzt in der Welt auch nicht der geringste Kampf vorfallen, bei dem, durch jene Parteipolitik, die allgemein geistigen Bedeutungen nicht sogleich erkannt, und die entferntesten und heterogensten Parteien nicht gezwungen würden, pro oder contra Anteil zu nehmen. Vermöge dieser Parteipolitik, die ich, weil ihre Interessen geistiger und ihre letzten Mittel nicht von Metall sind, eine Geisterpolitik nenne, bilden sich jetzt, eben so wie vermittelst der Staatenpolitik, zwei große Massen, die feindselig einander gegenüber stehen und mit Reden und Blicken kämpfen. Die Losungsworte und Repräsentanten dieser zwei großen Parteimassen wechseln täglich, es fehlt nicht an Verwirrung, oft entstehen die größten Mißverständnisse, diese werden durch die Diplomaten dieser Geisterpolitik, die Schriftsteller, eher vermehrt als vermindert; doch, wenn auch die Köpfe irren, so fühlen die Gemüter nichts desto weniger, was sie wollen, und die Zeit drängt mit ihrer großen Aufgabe.

Was ist aber diese große Aufgabe unserer Zeit?

Es ist die Emanzipation. Nicht bloß die der Irländer, Griechen, Frankfurter Juden, westindischen Schwarzen und dergleichen gedrückten Volkes, sondern es ist die Emanzipation der ganzen Welt, absonderlich Europas, das mündig geworden ist, und sich jetzt losreist von dem eisernen Gängelbande der Bevorrechteten, der Aristokratie. Mögen immerhin einige philosophische Verräter der Freiheit die feinsten Kettenschlüsse schmieden, um uns zu beweisen, daß Millionen Menschen geschaffen sind als Lasttiere einiger tausend privilegierter Ritter; sie werden uns dennoch nicht davon überzeugen können, so lange sie uns, wie Voltaire sagt, nicht nachweisen, daß jene mit Sätteln auf dem Rücken und diese mit Sporen an den Füßen zur Welt gekommen sind.

Jede Zeit hat ihre Aufgabe und durch die Lösung derselben rückt die Menschheit weiter. Die frühere Ungleichheit, durch das Feudalsystem in Europa gestiftet, war vielleicht notwendig, oder notwendige Bedingung zu den Fortschritten der Zivilisation; jetzt aber hemmt sie diese, empört sie die zivilisierten Herzen. Die Franzosen, das Volk der Gesellschaft, hat diese Ungleichheit, die mit dem Prinzip der Gesellschaft am unleidlichsten kollidiert, notwendigerweise am tiefsten erbittert, sie haben die Gleichheit zu erzwingen gesucht, indem sie die Häupter derjenigen, die durchaus hervorragen wollten, gelinde abschnitten, und die Revolution ward ein Signal für den Befreiungskrieg der Menschheit.

Laßt uns die Franzosen preisen! sie sorgten für die zwei größten Bedürfnisse der menschlichen Gesellschaft, für gutes Essen und bürgerliche Gleichheit; in der Kochkunst und in der Freiheit haben sie die größten Fortschritte gemacht, und wenn wir einst alle, als gleiche Gäste, das große Versöhnungsmahl halten, und guter Dinge sind, — denn was gäbe es Besseres als eine Gesellschaft von Pairs an einem gutbesetzten Tische? — dann wollen wir den Franzosen den ersten Toast darbringen. Es wird freilich noch einige Zeit dauern, bis dieses Fest gefeiert werden kann, bis die Emanzipation durchgesetzt sein wird; aber sie wird doch endlich kommen, diese Zeit, wir werden, versöhnt und allgleich, um denselben Tisch sitzen; wir sind dann vereinigt, und kämpfen vereinigt gegen andere Weltübel, vielleicht am Ende gar gegen den Tod — dessen ernstes Gleichheitssystem uns wenigstens nicht so sehr beleidigt, wie die lachende Ungleichheitslehre des Aristokratismus.

Lächle nicht, später Leser. Jede Zeit glaubt, ihr Kampf

sei vor allen der wichtigste, dieses ist der eigentliche Glaube der Zeit, in diesem lebt sie und stirbt sie, und auch wir wollen leben und sterben in dieser Freiheitsreligion, die vielleicht mehr den Namen Religion verdient, als das hohle ausgestorbene Seelengespenst, das wir noch so zu benennen pflegen — unser heiliger Kampf dünkt uns der wichtigste, wofür jemals auf dieser Erde gekämpft worden, obgleich historische Ahnung uns sagt, daß einst unsre Enkel auf diesen Kampf herabsehen werden, vielleicht mit demselben Gleichgültigkeitsgefühl, womit wir herabsehen auf den Kampf der ersten Menschen, die gegen eben so gierige Ungetüme, Lindwürmer und Raubriesen, zu kämpfen hatten.

Auf dem Schlachtfelde von Marengo kommen einem die Betrachtungen so scharenweise angeflogen, daß man glauben sollte, es wären dieselben, die dort so mancher plötzlich aufgeben mußte, und die nun, wie herrenlose Hunde, umherirren. Ich liebe Schlachtfelder, denn so furchtbar auch der Krieg ist, so bekundet er doch die geistige Größe des Menschen, der seinem mächtigsten Erbfeinde, dem Tode, zu trotzen vermag. Und gar dieses Schlachtfeld wo die Freiheit auf Blutrosen tanzte, den üppigen Brauttanz! Frankreich war damals Bräutigam, hatte die ganze Welt zur Hochzeit geladen, und, wie es im Liede heißt,

Heida! am Polterabend,
Zerschlug man statt der Töpfe
Aristokratenköpfe.

Aber ach! jeder Zoll, den die Menschheit weiter rückt, kostet Ströme Blutes; und ist das nicht etwas zu teuer? Ist das Leben des Individuums nicht vielleicht eben so viel wert wie das des ganzen Geschlechtes? Denn jeder einzelne Mensch ist schon eine Welt, die mit ihm geboren wird und mit ihm stirbt, unter jedem Grabstein liegt eine Weltgeschichte — Still davon, so würden die Toten sprechen, die hier gefallen sind, wir aber leben und wollen weiter kämpfen im heiligen Befreiungskriege der Menschheit.

45

Ich bin das Schwert, ich bin die Flamme.

Ich habe euch erleuchtet in der Dunkelheit, und als die Schlacht begann, focht ich voran, in der ersten Reihe.

Rund um mich her liegen die Leichen meiner Freunde, aber wir haben gesiegt. Wir haben gesiegt, aber rund umher liegen die Leichen meiner Freunde. In die jauchzenden Triumphgesänge tönen die Choräle der Totenfeier. Wir haben aber weder Zeit zur Freude noch zur Trauer. Aufs neue erklingen die Drommeten, es gilt neuen Kampf —

Ich bin das Schwert, ich bin die Flamme.

46

Wartet nur

Weil ich so ganz vorzüglich blitze,
Glaubt Ihr, daß ich nicht donnern könnt!
Ihr irrt Euch sehr, denn ich besitze
Gleichfalls fürs Donnern ein Talent.

Es wird sich grausenhaft bewähren,
Wenn einst erscheint der rechte Tag;
Dann sollt Ihr meine Stimme hören,
Das Donnerwort, den Wetterschlag.

Gar manche Eiche wird zersplittern
An jenem Tag der wilde Sturm,
Gar mancher Palast wird erzittern
Und stürzen mancher Kirchenturm!

47

Stoßseufzer

Unbequemer neuer Glauben!
Wenn sie uns den Herrgott rauben,
Hat das Fluchen auch ein End —
Himmel-Herrgott-Sakrament!

Wir entbehren leicht das Beten,
Doch das Fluchen ist von nöten,
Wenn man gegen Feinde rennt —
Himmel-Herrgott-Sakrament!

48

„Und Sie, Herr Hyazinth, warum knien Sie nicht hinter ihm? Oder sind Sie etwa kein Freund von der katholischen Religion?"

„Ich bin ein Freund davon, und bin auch wieder kein Freund davon", antwortete jener mit bedenklichem Kopfwiegen. „Es ist eine gute Religion für einen vornehmen Baron, der den ganzen Tag müßig gehen kann, und für einen Kunstkenner; aber es ist keine Religion für einen Hamburger, für einen Mann, der sein Geschäft hat, und durchaus keine Religion für einen Lotteriekollekteur. Ich muß jede Nummer, die gezogen wird, ganz exakt aufschreiben, und denke ich dann zufällig an Bum! Bum! Bum! an eine katholische Glock, oder schwebelt es mir vor den Augen wie katholischer Weihrauch, und ich verschreib mich, und ich schreibe eine unrechte Zahl, so kann das größte Unglück daraus entstehen. Ich habe oft zu Herren Gumpel gesagt: ‚Ew. Ex. sind ein reicher Mann und können katholisch sein so viel Sie wollen, und können sich den Verstand ganz katholisch einräuchern lassen, und können so dumm werden wie eine katholische Glock, und Sie haben doch zu essen; ich aber bin ein Geschäftsmann, und muß meine sieben Sinne zusammen halten, um was zu verdienen.' Herr Gumpel meint freilich, es sei nötig für die Bildung, und wenn ich nicht katholisch würde, verstände ich nicht die Bilder, die zur Bildung gehören, nicht den Johann v. Viehesel, den Corretschio, den Carratschio, den Carravatschio — aber ich habe immer gedacht, der Corretschio und Carratschio und Carravatschio können mir alle nichts helfen, wenn niemand mehr bei mir spielt, und ich komme dann in die Patschio. Dabei muß ich Ihnen auch gestehen, Herr

Doktor, daß mir die katholische Religion nicht einmal Vergnügen macht, und als ein vernünftiger Mann müssen Sie mir Recht geben. Ich sehe das Plaisir nicht ein, es ist eine Religion als wenn der liebe Gott, gottbewahre, eben gestorben wäre, und es riecht dabei nach Weihrauch, wie bei einem Leichenbegängnis, und dabei brummt eine so traurige Begräbnismusik, daß man die Melancholik bekömmt — ich sage Ihnen, es ist keine Religion für einen Hamburger."

„Aber, Herr Hyazinth, wie gefällt Ihnen denn die protestantische Religion?"

„Die ist mir wieder zu vernünftig, Herr Doktor, und gäbe es in der protestantischen Kirche keine Orgel, so wäre sie gar keine Religion. Unter uns gesagt, diese Religion schadet nichts und ist so rein wie ein Glas Wasser, aber, sie hilft auch nichts. Ich habe sie probiert und diese Probe kostete mich vier Mark vierzehn Schilling —"

„Wie so, mein lieber Herr Hyazinth?"

„Sehen, Herr Doktor, ich habe gedacht: das ist freilich eine sehr aufgeklärte Religion, und es fehlt ihr an Schwärmerei und Wunder; indessen, ein bißchen Schwärmerei muß sie doch haben, ein ganz klein Wunderchen muß sie doch tun können, wenn sie sich für eine honette Religion ausgeben will. Aber wer soll da Wunder tun, dacht ich, als ich mal in Hamburg eine protestantische Kirche besah, die zu der ganz kahlen Sorte gehörte, wo nichts als braune Bänke und weiße Wände sind, und an der Wand nichts als ein schwarz Täfelchen hängt, worauf ein halb Dutzend weiße Zahlen stehen. Du tust dieser Religion vielleicht Unrecht, dacht ich wieder, vielleicht können diese Zahlen eben so gut ein Wunder tun wie ein Bild von der Mutter Gottes oder wie ein Knochen von ihrem Mann, dem heiligen Joseph, und um der Sache auf den Grund zu kommen, ging ich gleich nach Altona, und besetzte eben diese Zahlen in der Altonaer Lotterie. — Aber, ich versichere Sie auf meine Ehre, keine einzige von den protestantischen Nummern ist herausgekommen. Jetzt wußte ich was ich zu denken hatte, jetzt dacht ich, bleibt mir weg mit einer Religion die gar nichts kann — werde ich so ein Narr sein, auf diese Religion, worauf ich schon vier Mark und vierzehn Schilling gesetzt und verloren habe, noch meine ganze Glückseligkeit zu setzen?“

49

Es ist wahr, vom Himmel hab ich nie viel gehalten, und aus wichtigen Gründen: wenn ich auf dem Rücken lag im Gras und an die Herrlichkeiten des Himmels dachte, dacht ich oft: warum fällt nicht mal etwas davon herunter, z. B. eine goldne Uhrkette, ein Stück Kuchen etc. — statt dessen fällt nur Wasser herunter — wäßrichter Himmel —

❉

Bei keinem Volke ist der Glaube an Unsterblichkeit stärker gewesen wie bei den Kelten; man konnte Geld bei ihnen geliehen bekommen, um es in der anderen Welt wiederzugeben. Fromme christliche Wucherer sollten sich darin spiegeln!

❉

Mögen die christlichen Theologen noch so sehr streiten über die Bedeutung des Abendmahls; über die Bedeutung des Mittagsmahls sind sie ganz einig.

❉

Für Menschen, denen die Erde nichts mehr bietet, ward der Himmel erfunden ... Heil dieser Erfindung! Heil einer Religion, die dem leidenden Menschengeschlecht in den bittern Kelch einige süße, einschläfernde Tropfen goß, geistiges Opium, einige Tropfen Liebe, Hoffnung und Glauben!

❉

Religion und Heuchelei sind Zwillingsschwestern, und

beide sehen sich so ähnlich, daß sie zuweilen nicht von einander zu unterscheiden sind. Dieselbe Gestalt, Kleidung und Sprache. Nur dehnt die letztere von beiden Schwestern etwas weicher die Worte und wiederholt öfter das Wörtchen „Liebe".

*

Man mag sagen, was man will, der Katholizismus ist eine gute Sommerreligion. Es läßt sich gut liegen auf den Bänken dieser alten Dome, man genießt dort die kühle Andacht, ein heiliges Dolce far niente, man betet und träumt und sündigt in Gedanken, die Madonnen nicken so verzeihend aus ihren Nischen, weiblich gesinnt verzeihen sie sogar, wenn man ihre eignen holden Züge in die sündigen Gedanken verflochten hat, und zum Überfluß steht noch in jeder Ecke ein brauner Notstuhl des Gewissens, wo man sich seiner Sünden entledigen kann.

50

Der Erzbischof, ein ernster Greis, las selber Messe, und ehrlich gestanden, nicht bloß ich, sondern einigermaßen auch Mylady, wir wurden heimlich berührt von dem Geiste, der in dieser heiligen Handlung wohnt, und von der Weihe des alten Mannes, der sie vollzog; — es ist ja doch jeder alte Mann, an und für sich, ein Priester, und die Zeremonien der katholischen Messe sind sie doch so uralt, daß sie vielleicht das einzige sind, was sich aus dem Kindesalter der Welt erhalten hat, und als Erinnerung an die ersten Vorfahren aller Menschen unsere Pietät in Anspruch nimmt. „Sehen Sie, Mylady", sagte ich, „jede Bewegung, die Sie hier erblicken, die Art des Zusammenlegens der Hände und des Ausbreitens der Arme, dieses Knixen, dieses Händewaschen, dieses Beräuchertwerden, dieser Kelch, ja die ganze Kleidung des Mannes, von der Mitra bis zum Saume der Stola, alles dieses ist altegyptisch und Überbleibsel eines Priestertums, von dessen wundersamem Wesen nur die ältesten Urkunden etwas Weniges berichten, eines frühesten

Priestertums, das die erste Weisheit erforschte, die ersten Götter erfand, die ersten Symbole bestimmte, und die junge Menschheit —"

„Zuerst betrog", setzte Mylady bitteren Tones hinzu, „und ich glaube, Doktor, aus dem frühesten Weltalter ist uns nichts übrig geblieben als einige triste Formeln des Betrugs. Und sie sind noch immer wirksam. Denn sehen Sie dort die stockfinsteren Gesichter? und gar jenen Kerl, der dort auf seinen dummen Knien liegt und mit seinem aufgesperrten Maule so ultradumm aussieht?"

„Um des lieben Himmels willen!" begütigte ich leise, „was ist daran gelegen, daß dieser Kopf so wenig von der Vernunft erleuchtet ist? Was geht das uns an? Was irritiert Sie dabei? Sehen Sie doch täglich Ochsen, Kühe, Hunde, Esel, die ebenso dumm sind, ohne daß Sie durch solchen Anblick aus Ihrem Gleichmut aufgestört und zu unmutigen Äußerungen angeregt werden?"

„Ach, das ist was anderes", fiel mir Mylady in die Rede, „diese Bestien tragen hinten Schwänze, und ich ärgre mich eben, daß ein Kerl, der eben so bestialisch dumm ist, dennoch hinten keinen Schwanz hat."

„Ja, das ist was andres, Mylady."

51

Ich hörte einst in Köln, wie ein kleiner Bube seine Mutter frug: warum man die halben Dome nicht fertig baue? Es war ein schöner Bube, und ich küßte ihm die klugen Augen, und da die Mutter ihm keine rechte Antwort geben konnte, so sagte ich ihm: daß jetzt die Menschen ganz etwas anderes zu tun hätten.

52

Der Philanthrop

Das waren zwei liebe Geschwister,
Die Schwester war arm, der Bruder war reich.
Zum Reichen sprach die Arme:
Gib mir ein Stückchen Brot.

Zur Armen sprach der Reiche:
„Laß mich nur heut in Ruh.
Heut geb ich mein jährliches Gastmahl
Den Herren vom großen Rat.

Der eine liebt Schildkrötensuppe,
Der andre Ananas,
Der dritte ißt gern Fasanen
Mit Trüffeln von Périgord.

Der vierte speist nur Seefisch,
Der fünfte verzehrt auch Lachs,
Der sechste, der frißt alles,
Und trinkt noch mehr dazu."

Die arme, arme Schwester
Ging hungrig wieder nach Haus;
Sie warf sich auf den Strohsack
Und seufzte tief und starb.

Wir müssen alle sterben!
Des Todes Sense trifft
Am End den reichen Bruder,
Wie er die Schwester traf.

Und als der reiche Bruder
Sein Stündlein kommen sah,
Da schickt' er zum Notare
Und macht' sein Testament.

Beträchtliche Legate
Bekam die Geistlichkeit,
Die Schulanstalten, das große
Museum für Zoologie.

Mit edlen Summen bedachte
Der große Testator zumal
Die Judenbekehrungsgesellschaft
Und das Taubstummen-Institut.

Er schenkte eine Glocke
Dem neuen Sankt-Stephansturm;
Die wiegt fünfhundert Zentner
Und ist vom besten Metall.

Das ist eine große Glocke
Und läutet spat und früh;
Sie läutet zum Lob und Ruhme
Des unvergeßlichen Manns.

Sie meldet mit eherner Zunge,
Wieviel er Gutes getan
Der Stadt und seinen Mitbürgern
Von jeglicher Konfession.

Du großer Wohltäter der Menschheit
Wie im Leben, soll auch im Tod
Jedwede deiner Wohltaten
Verkünden die große Glock!

Das Leichenbegängnis wurde
Gefeiert mit Prunk und Pracht;
Es strömte herbei die Menge,
Und staunte ehrfurchtsvoll.

Auf einem schwarzen Wagen,
Der gleich einem Baldachin
Mit schwarzen Straußfederbüscheln
Gezieret, ruhte der Sarg.

Der strotzte von Silberblechen
Und Silberstickerein;
Es machte auf schwarzem Grunde
Das Silber den schönsten Effekt.

Den Wagen zogen sechs Rosse,
In schwarzen Decken vermummt;
Die fielen gleich Trauermänteln
Bis zu den Hufen hinab.

Dicht hinter dem Sarge gingen
Bediente in schwarzer Livree,
Schneeweiße Schnupftücher haltend
Vor dem kummerroten Gesicht.

Sämtliche Honoratioren
Der Stadt, ein langer Zug
Von schwarzen Paradekutschen,
Wackelte hintennach.

In diesem Leichenzuge,
Versteht sich, befanden sich auch
Die Herren vom hohen Rate
Doch waren sie nicht komplett.

Es fehlte jener, der gerne
Fasanen mit Trüffeln aß;
War kurz vorher gestorben
An einer Indigestion.

53

Der Fremde, der die großen Straßen Londons durchwandert und nicht just in die eigentlichen Pöbelquartiere gerät, sieht Nichts oder sehr Wenig von dem vielen Elend, das in London vorhanden ist. Nur hie und da, am Eingange eines dunklen Gäßchens, steht schweigend ein zerfetztes Weib, mit einem Säugling an der abgehärmten Brust, und bettelt mit den Augen. Vielleicht wenn diese Augen noch schön sind, schaut man einmal hinein — und erschrickt ob der Welt von Jammer, die man darin geschaut hat. Die gewöhnlichen Bettler sind alte Leute, meistens Mohren, die an den Straßenecken stehen, und, was im kotigen London sehr nützlich ist, einen Pfad für Fußgänger kehren und dafür eine Kupfermünze verlangen. Die Armut in Gesellschaft des Lasters und des Verbrechens schleicht erst des Abends aus ihren Schlupfwinkeln. Sie scheut das Tageslicht um so ängstlicher, je grauenhafter ihr Elend kontrastiert mit dem Übermute des Reichtums, der überall hervorprunkt; nur der Hunger treibt sie manchmal um die Mittagszeit aus dem dunkeln Gäßchen, und da steht sie mit stummen, sprechenden Augen und starrt flehend empor zu dem reichen Kaufmann, der geschäftig-geldklimpernd vorübereilt, oder zu dem müßigen Lord, der, wie ein satter Gott, auf hohem Roß einherreitet und auf das Menschengewühl unter ihm dann und wann einen gleichgültig vornehmen Blick wirft, als wären es winzige Ameisen, oder doch nur ein Haufen niedriger Geschöpfe, deren Lust und Schmerz mit seinen Gefühlen Nichts gemein hat — denn über dem Menschengesindel, das am Erdboden festklebt, schwebt Englands Adel wie Wesen höherer Art, die das kleine England nur als ihr Absteigequartier, Italien als ihren Sommergarten, Paris als ihren Gesellschaftssaal, ja die ganze Welt als ihr Eigentum betrachten. Ohne Sorgen und ohne Schranken schweben sie dahin, und ihr Gold ist ein Talisman, der ihre tollsten Wünsche in Erfüllung zaubert.

Arme Armut! wie peinigend muß dein Hunger sein, dort wo andre im höhnenden Überflusse schwelgen! Und hat man dir auch mit gleichgültiger Hand eine Brotkruste in den Schoß geworfen, wie bitter müssen die Tränen sein, womit du sie erweichst! Du vergiftest dich mit deinen eignen Tränen. Wohl hast du Recht, wenn du dich zu dem Laster und dem Verbrechen gesellst. Ausgestoßene Verbrecher tragen oft mehr Menschlichkeit im Herzen, als jene kühlen, untadelhaften Staatsbürger der Tugend, in deren bleichen Herzen die Kraft des Bösen erloschen ist, aber auch die Kraft des Guten. Und gar das Laster ist nicht immer Laster. Ich habe Weiber gesehen, auf deren Wangen das rote Laster gemalt war und in ihrem Herzen wohnte himmliche Reinheit. Ich habe Weiber gesehen — ich wollt ich sähe sie wieder! —

54

Jammertal

Der Nachtwind durch die Luken pfeift,
Und auf dem Dachstublager
Zwei arme Seelen gebettet sind;
Sie schauen so blaß und mager.

Die eine arme Seele spricht:
Umschling mich mit deinen Armen,
An meinen Mund drück fest deinen Mund,
Ich will an dir erwarmen.

Die andere arme Seele spricht:
Wenn ich dein Auge sehe,
Verschwindet mein Elend, der Hunger, der Frost
Und all mein Erdenwehe.

Sie küßten sich viel, sie weinten noch mehr,
Sie drückten sich seufzend die Hände,
Sie lachten manchmal und sangen sogar,
Und sie verstummten am Ende.

Am Morgen kam der Kommissär,
Und mit ihm kam ein braver
Chirurgus, welcher konstatiert
Den Tod der beiden Kadaver.

Die strenge Wittrung, erklärte er,
Mit Magenleere vereinigt,
Hat beider Ableben verursacht, sie hat
Zum mindesten solches beschleunigt.

Wenn Fröste eintreten, setzt' er hinzu,
Sei höchst notwendig Verwahrung
Durch wollene Decken; er empfahl
Gleichfalls gesunde Nahrung.

55

Erleuchtung

Michel! fallen dir die Schuppen
Von den Augen? Merkst du itzt,
Daß man dir die besten Suppen
Vor dem Munde wegstibitzt?

Als Ersatz ward dir versprochen
Reinverklärte Himmelsfreud
Droben, wo die Engel kochen
Ohne Fleisch die Seligkeit!

Michel! wird dein Glaube schwächer
Oder stärker dein Apptit?
Du ergreifst den Lebensbecher
Und du singst ein Heidenlied!

Michel! fürchte nichts und labe
Schon hienieden deinen Wanst,
Später liegen wir im Grabe,
Wo du still verdauen kannst.

56

(Geschrieben den 29. 11. 1830)

Ach, die große Woche von Paris! Der Freiheitsmut, der von dort herüberwehte nach Deutschland, hat freilich hie und da die Nachtlichter umgeworfen, so daß die roten Gardinen an einigen Thronen in Brand gerieten, und die goldnen Kronen heiß wurden unter den lodernden Schlafmützen; — aber die alten Häscher, denen die Reichspolizei anvertraut, schleppen schon die Löscheimer herbei, und schnüffeln jetzt um so wachsamer, und schmieden um so fester die heimlichen Ketten, und ich merke schon, unsichtbar wölbt sich eine noch dichtere Kerkermauer um das deutsche Volk.

Armes, gefangenes Volk! verzage nicht in deiner Not!

Von meinem Herzen schmilzt die vornehme Eisrinde, eine seltsame Wehmut beschleicht mich — ist es Liebe und gar Liebe für das deutsche Volk? Oder ist es Krankheit? — meine Seele bebt, und es brennt mir im Auge, und das ist ein ungünstiger Zustand für einen Schriftsteller, der den Stoff beherrschen und hübsch objektiv bleiben soll, wie es die Kunstschule verlangt, und wie es auch Goethe getan — er ist achtzig Jahr dabei alt geworden, und Minister und wohlhabend — armes deutsches Volk! das ist dein größter Mann!

Es fehlen mir noch einige Oktavseiten und ich will deshalb noch eine Geschichte erzählen — sie schwebt mir schon seit gestern im Sinne — es ist eine Geschichte aus dem Leben Karl V. Doch ist es schon lange her, seit ich sie vernahm, und ich weiß die besonderen Umstände nicht mehr ganz genau. So was vergißt sich leicht, wenn man kein bestimmtes Gehalt dafür bezieht, daß man die alten Geschichten alle halbe Jahre vom Hefte abliest. Was ist aber auch daran gelegen, wenn man die Ortsnamen und Jahrzahlen der Geschichten vergessen hat; wenn man nur ihre innere Bedeutung, ihre Moral, im Gedächtnisse behalten. Diese ist es eigentlich, die mir im Sinne klingt und mich wehmütig bis zu Tränen stimmt. Ich fürchte, ich werde krank.

Der arme Kaiser war von seinen Feinden gefangen genommen, und saß in schwerer Haft. Ich glaube es war in Tirol. Da saß er, in einsamer Betrübnis, verlassen von allen seinen Rittern und Höflingen, und keiner kam ihm zu Hülfe. Ich weiß nicht, ob er schon damals jenes käsebleiche Gesicht hatte, wie es auf den Bildern von Holbein abkonterfeit ist. Aber die menschenverachtende Unterlippe trat gewiß noch gewaltsamer hervor als auf jenen Bildern. Mußte er doch die Leute verachten, die, im Sonnenschein des Glückes, ihn so ergeben umwedelt, und ihn jetzt allein ließen in dunkler Not. Da öffnete sich plötzlich die Kerkertüre, und herein trat ein verhüllter Mann, und wie dieser den Mantel zurückschlug, erkannte der Kaiser seinen treuen

Kunz von der Rosen, den Hofnarren. Dieser brachte ihm Trost und Rat, und es war der Hofnarr.

O, deutsches Vaterland! teures deutsches Volk! ich bin dein Kunz von der Rosen. Der Mann, dessen eigentliches Amt die Kurzweil und der dich nur belustigen sollte in guten Tagen, er dringt in deinen Kerker zur Zeit der Not; hier unter dem Mantel bringe ich dir dein starkes Zepter und die schöne Krone — erkennst du mich nicht, mein Kaiser? Wenn ich dich nicht befreien kann, so will ich dich wenigstens trösten, und du sollst jemanden um dir haben, der mit dir schwatzt über die bedränglichste Drangsal, und dir Mut einspricht, und dich lieb hat, und dessen bester Spaß und bestes Blut zu deinen Diensten steht. Denn du, mein Volk, bist der wahre Kaiser, der wahre Herr der Lande — dein Wille ist souverain und viel legitimer als jenes purupurne ‚Das ist unser Wille', das sich auf ein göttliches Recht beruft, ohne alle andre Gewähr als die Salbadereien geschorener Gaukler — dein Wille, mein Volk, ist die alleinig rechtmäßige Quelle aller Macht. Wenn du auch in Fesseln danieder liegst, so siegt doch am Ende dein gutes Recht, es naht der Tag der Befreiung, eine neue Zeit beginnt — mein Kaiser, die Nacht ist vorüber und draußen glüht das Morgenrot.

„Kunz von der Rosen, mein Narr, du irrst dich, ein blankes Beil hältst du vielleicht für eine Sonne, und das Morgenrot ist nichts als Blut."

Nein, mein Kaiser, es ist die Sonne, obgleich sie im Westen hervorsteigt — seit sechstausend Jahren sah man sie immer aufgehen im Osten, da wird es wohl Zeit, daß sie mal eine Verändrung vornehme in ihrem Lauf.

„Kunz von der Rosen, mein Narr, du hast ja die Schellen verloren von deiner roten Mütze, und sie hat jetzt so ein seltsames Ansehen, die rote Mütze."

Ach, mein Kaiser, ich habe ob Eurer Not so wütend ernsthaft den Kopf geschüttelt, daß die närrischen Schellen abfielen von der Mütze; sie ist aber darum nicht schlechter geworden.

„Kunz von der Rosen, mein Narr, was bricht und kracht da draußen?"

Seid still! das ist die Säge und die Zimmermannsaxt und bald brechen zusammen die Pforten Eures Kerkers, und Ihr seid frei, mein Kaiser!

„Bin ich denn wirklich Kaiser? Ach, es ist ja der Narr, der es mir sagt!"

O, seufzt nicht, mein lieber Herr, die Kerkerluft macht Euch so verzagt; wenn Ihr erst wieder Eure Macht errungen, fühlt Ihr auch wieder das kühne Kaiserblut in Euren Adern, und Ihr seid stolz wie ein Kaiser, und übermütig, und gnädig, und ungerecht, und lächelnd, und undankbar, wie Fürsten sind.

„Kunz von der Rosen, mein Narr, wenn ich wieder frei werde, was willst du dann anfangen?"

Ich will mir dann neue Schellen an meine Mütze nähen.

„Und wie soll ich deine Treue belohnen?"

Ach! lieber Herr, laßt mich nicht umbringen.

57

Verheißung

Nicht mehr barfuß sollst du traben,
Deutsche Freiheit, durch die Sümpfe,
Endlich kommst du auf die Strümpfe,
Und auch Stiefeln sollst du haben!

Auf dem Haupte sollst du tragen
Eine warme Pudelmütze,
Daß sie dir die Ohren schütze
In den kalten Wintertagen.

Du bekommst sogar zu essen —
Eine große Zukunft naht dir! —
Laß dich nur vom welschen Satyr
Nicht verlocken zu Exzessen!

Werde nur nicht dreist und dreister!
Setz nicht den Respekt beiseiten
Vor den hohen Obrigkeiten
Und dem Herren Bürgermeister!

58

Zur Beruhigung

Wir schlafen ganz, wie Brutus schlief —
Doch jener erwachte und bohrte tief
In Cäsars Brust das kalte Messer!
Die Römer waren Tyrannenfresser.

Wir sind keine Römer, wir rauchen Tabak.
Ein jedes Volk hat seinen Geschmack,
Ein jedes Volk hat seine Größe;
In Schwaben kocht man die besten Klöße.

Wir sind Germanen, gemütlich und brav,
Wir schlafen gesunden Pflanzenschlaf,
Und wenn wir erwachen, pflegt uns zu dürsten,
Doch nicht nach dem Blute unserer Fürsten.

Wir sind so treu wie Eichenholz,
Auch Lindenholz, drauf sind wir stolz;
Im Land der Eichen und der Linden
Wird niemals sich ein Brutus finden.

Und wenn auch ein Brutus unter uns wär,
Den Cäsar fänd er nimmermehr,
Vergeblich würd er den Cäsar suchen;
Wir haben gute Pfefferkuchen.

Wir haben sechsunddreißig Herrn
(Ist nicht zu viel!), und einen Stern
Trägt jeder schützend auf seinem Herzen,
Und er braucht nicht zu fürchten die Iden des Märzen.

Wir nennen sie Väter, und Vaterland
Benennen wir dasjenige Land,
Das erbeigentümlich gehört den Fürsten;
Wir lieben auch Sauerkraut mit Würsten.

Wenn unser Vater spazieren geht,
Ziehn wir den Hut mit Pietät;
Deutschland, die fromme Kinderstube,
Ist keine römische Mördergrube.

59

Mit Stolz darf ein Deutscher behaupten, daß nur auf deutschem Boden die Narren zu jener titanenhaften Höhe emporblühen können, wovon ein verflachter, frühunterdrückter französischer Narr keine Ahnung hat. Nur Deutschland erzeugt jene kolossalen Toren, deren Schellenkappe bis in den Himmel reicht und mit ihrem Geklingel die Sterne ergötzt! Laßt uns nicht die Verdienste der Landsleute verkennen und ausländischer Narrheit huldigen; laßt uns nicht ungerecht sein gegen das eigne Vaterland!

*

Wegen meines gebrochenen Italienischsprechens hielt sie mich im Anfang für einen Engländer; aber ich gestand ihr, daß ich nur ein Deutscher sei. Sie machte sogleich viele geographische, ökonomische, hortologische, klimatische Fragen über Deutschland, und wunderte sich, als ich ihr ebenfalls gestand, daß bei uns keine Zitronen wachsen, daß wir die wenigen Zitronen, die wir aus Italien bekommen, sehr pressen müssen, wenn wir Punsch machen, und daß wir dann aus Verzweiflung desto mehr Rum zugießen. „Ach liebe Frau!" sagte ich ihr, „in unserem Lande ist es sehr frostig und feucht, unser Sommer ist nur ein grün angestrichener Winter, sogar die Sonne muß bei uns eine Jacke von Flanell tragen, wenn sie sich nicht erkälten will; bei diesem gelben Flanellsonnenschein können unsere Früchte nimmer-

mehr gedeihen, sie sehen verdrießlich und grün aus, und unter uns gesagt, das einzige reife Obst, das wir haben, sind gebratene Äpfel. Was die Feigen betrifft, so müssen wir sie ebenfalls, wie die Zitronen und Orangen, aus fremden Ländern beziehen, und durch das lange Reisen werden sie dumm und mehlig; nur die schlechteste Sorte können wir frisch aus der ersten Hand bekommen, und diese ist so bitter, daß, wer sie umsonst bekommt, noch obendrein eine Realinjurienklage anstellt. Von den Mandeln haben wir bloß die geschwollenen. Kurz, uns fehlt alles edle Obst, und wir haben nichts als Stachelbeeren, Birnen, Haselnüsse, Zwetschen und dergleichen Pöbel."

*

Entschuldigen Sie diesen Ausbruch der Roheit — auch ich bin Deutscher.

60

Anno 1829

Daß ich bequem verbluten kann,
Gebt mir ein edles, weites Feld!
O, laßt mich nicht ersticken hier
In dieser engen Krämerwelt!

Sie essen gut, sie trinken gut,
Erfreun sich Ihres Maulwurfglücks,
Und ihre Großmut ist so groß
Als wie das Loch der Armenbüchs.

Zigarren tragen sie im Maul
Und in der Hosentasch die Händ;
Auch die Verdauungskraft ist gut, —
Wer sie nur selbst verdauen könnt!

Sie handeln mit den Spezerein
Der ganzen Welt, doch in der Luft,
Trotz allen Würzen, riecht man stets
Den faulen Schellfischseelenduft.

O, daß ich große Laster säh,
Verbrechen, blutig, kolossal, —
Nur diese satte Tugend nicht,
Und zahlungsfähige Moral!

Ihr Wolken droben, nehmt mich mit,
Gleichviel nach welchem fernen Ort!
Nach Lappland oder Afrika,
Und seis nach Pommern — fort! nur fort!

O, nehmt mich mit — Sie hören nicht —
Die Wolken droben sind so klug!
Vorüberreisend dieser Stadt,
Ängstlich beschleungen sie den Flug.

61

Eine große Vorliebe für Deutschland grassiert in meinem Herzen, sie ist unheilbar.

62

Helgoland, den 1. Julius 1830.

— — Ich bin dieses Guerillakrieges müde und sehne mich nach Ruhe, wenigstens nach einem Zustand, wo ich mich meinen natürlichen Neigungen, meiner träumerischen Art und Weise, meinem phantastischen Sinnen und Grübeln, ganz fessellos hingeben kann. Welche Ironie des Geschickes, daß ich, der ich mich so gerne auf die Pfühle des stillen beschaulichen Gemütslebens bette, daß eben ich dazu bestimmt war, meine armen Mitdeutschen aus ihrer Behaglichkeit hervorzugeißeln, und in die Bewegung hineinzuhetzen!

Ich, der ich mich am liebsten damit beschäftige, Wolkenzüge zu beobachten, metrische Wortzauber zu erklügeln, die Geheimnisse der Elementargeister zu erlauschen, und mich in die Wunderwelt alter Märchen zu versenken ... ich mußte politische Annalen herausgeben, Zeitinteressen vortragen, revolutionäre Wünsche anzetteln, die Leidenschaften aufstacheln, den armen deutschen Michel beständig an der Nase zupfen, daß er aus seinem gesunden Riesenschlaf erwache ... Freilich, ich konnte dadurch bei dem schnarchenden Giganten nur ein sanftes Niesen, keineswegs aber ein Erwachen bewirken ... Und riß ich auch heftig an seinem Kopfkissen, so rückte er es sich doch wieder zurecht mit schlaftrunkener Hand ... Einst wollte ich aus Verzweiflung seine Nachtmütze in Brand stecken, aber sie war so feucht von Gedankenschweiß, daß sie nur gelinde rauchte ... und Michel lächelte im Schlummer ...

Ich bin müde und lechze nach Ruhe. Ich werde mir ebenfalls eine deutsche Nachtmütze anschaffen und über die Ohren ziehen. Wenn ich nur wüßte, wo ich jetzt mein Haupt niederlegen kann. In Deutschland ist es unmöglich. Jeden Augenblick würde ein Polizeidiener herankommen und mich rütteln, um zu erproben, ob ich wirklich schlafe; schon diese Idee verdirbt mir alles Behagen. Aber in der Tat, wo soll ich hin?

Soll ich nach Amerika, nach diesem ungeheuren Freiheitsgefängnis, wo die unsichtbaren Ketten mich noch schmerzlicher drücken würden, als zu Hause die sichtbaren? Du weißt, wie ich über dieses gottverfluchte Land denke, das ich einst liebte, als ich es nicht kannte ... Und doch muß ich es öffentlich loben und preisen, aus Metierpflicht ... Ihr lieben deutschen Bauern! geht nach Amerika! dort gibt es weder Fürsten noch Adel, alle Menschen sind dort gleich, gleiche Flegel ... mit Ausnahme freilich einiger Millionen, die eine schwarze oder braune Haut haben und wie die Hunde behandelt werden! Die eigentliche Sklaverei, die in den meisten nordamerikanischen Provinzen abgeschafft, empört mich nicht so sehr, wie die Brutalität, womit dort die freien Schwarzen und die Mulatten behandelt werden.

Wer auch nur im entferntesten Grade von einem Neger stammt, und wenn auch nicht mehr in der Farbe, sondern nur in der Gesichtsbildung eine solche Abstammung verrät, muß die größten Kränkungen erdulden, Kränkungen, die uns in Europa fabelhaft dünken. Dabei machen diese Amerikaner großes Wesen von ihrem Christentum und sind die eifrigsten Kirchengänger. Der weltliche Nutzen ist ihre eigentliche Religion, und das Geld ist ihr Gott, ihr einziger, allmächtiger Gott. Freilich, manches edle Herz mag dort im Stillen die allgemeine Selbstsucht und Ungerechtigkeit bejammern. Will es aber gar dagegen ankämpfen, so harret seiner ein Märtyrtum, das alle europäische Begriffe übersteigt. Ich glaube, es war in Newyork, wo ein protestantischer Prediger über die Mißhandlung der farbigen Menschen so empört war, daß er, dem grausamen Vorurteil trotzend, seine eigene Tochter mit einem Neger verheuratete. Sobald diese wahrhaft christliche Tat bekannt wurde, stürmte das Volk nach dem Hause des Predigers, der nur durch die Flucht dem Tode entrann; aber das Haus ward demoliert, und die Tochter des Predigers, das arme Opfer, ward vom Pöbel ergriffen und mußte seine Wut entgelten. She was flinshed, d. h. sie ward splitternackt ausgekleidet, mit Teer bestrichen, in den aufgeschnittenen Federbetten herumgewälzt, in solcher anklebenden Federhülle durch die ganze Stadt geschleift und verhöhnt ...

O Freiheit! du bist ein böser Traum!

63

Helgoland, den 10. August.

Lafayette, die dreifarbige Fahne, die Marseillaise ...

Fort ist meine Sehnsucht nach Ruhe. Ich weiß jetzt wieder was ich will, was ich soll, was ich muß ... Ich bin der Sohn der Revolution und greife wieder zu den gefeiten Waffen, worüber meine Mutter ihren Zaubersegen ausgesprochen ... Blumen! Blumen! Ich will mein Haupt bekränzen zum Todeskampf. Und auch die Leier, reicht mir die Leier, damit ich ein Schlachtlied singe ... Worte gleich flammenden Sternen die aus der Höhe herabschießen und die Paläste verbrennen und die Hütten erleuchten ... Worte gleich blanken Wurfspeeren, die bis in den siebenten Himmel hinaufschwirren und die frommen Heuchler treffen, die sich dort eingeschlichen ins Allerheiligste ... Ich bin ganz Freude und Gesang, ganz Schwert und Flamme!

64

Anno 1839

O, Deutschland, meine ferne Liebe,
Gedenk ich deiner, wein ich fast!
Das muntre Frankreich scheint mir trübe,
Das leichte Volk wird mir zur Last.

Nur der Verstand, so kalt und trocken,
Herrscht in dem witzigen Paris —
O, Narrheitsglöcklein, Glaubensglocken,
Wie klingelt ihr daheim so süß!

Höfliche Männer! Doch verdrossen
Geb ich den artgen Gruß zurück. —
Die Grobheit, die ich einst genossen
Im Vaterland, das war mein Glück!

Lächelnde Weiber! Plappern immer,
Wie Mühlenräder stets bewegt!
Da lob ich Deutschlands Frauenzimmer,
Das schweigend sich zu Bette legt.

Und alles dreht sich hier im Kreise,
Mit Ungestüm, wie 'n toller Traum!
Bei uns bleibt alles hübsch im Gleise,
Wie angenagelt, rührt sich kaum.

Mir ist, als hört ich fern erklingen
Nachtwächterhörner, sanft und traut;
Nachtwächterlieder hör ich singen,
Dazwischen Nachtigallenlaut.

Dem Dichter war so wohl daheime,
In Schildas teurem Eichenhain!
Dort wob ich meine zarten Reime
Aus Veilchenduft und Mondenschein.

65

Bei des Nachtwächters Ankunft zu Paris

„Nachtwächter mit langen Fortschrittsbeinen,
Du kommst so verstört einhergerannt!
Wie geht es daheim den lieben Meinen,
Ist schon befreit das Vaterland?“

Vortrefflich geht es, der stille Segen,
Er wuchert im sittlich gehüteten Haus,
Und ruhig und sicher, auf friedlichen Wegen,
Entwickelt sich Deutschland von innen heraus.

Nicht oberflächlich wie Frankreich blüht es,
Wo Freiheit das äußere Leben bewegt;
Nur in der Tiefe des Gemütes
Ein deutscher Mann die Freiheit trägt.

Die Konstitution, die Freiheitsgesetze,
Sie sind uns versprochen, wir haben das Wort,
Und Königsworte, das sind Schätze,
Wie tief im Rhein der Niblungshort.

Auch eine Flotte will Gott uns bescheren,
Die patriotische Überkraft
Wird lustig rudern auf deutschen Galeeren;
Die Festungsstrafe wird abgeschafft.

Es blüht der Lenz, es platzen die Schoten,
Wir atmen frei in der freien Natur!
Und wird uns der ganze Verlag verboten,
So schwindet am Ende von selbst die Zensur.

66

Wie aber der Riese Antäus unbezwingbar stark blieb, wenn er mit dem Fuße die Mutter Erde berührte, und seine Kraft verlor, sobald ihn Herkules in die Höhe hob: so ist auch der Dichter stark und gewaltig, so lange er den Boden der Wirklichkeit nicht verläßt, und er wird ohnmächtig, sobald er schwärmerisch in der blauen Luft umherschwebt.

67

„Ich rate Euch, Gevatter, laßt mich auf Eur Schild keinen goldenen Engel, sondern einen roten Löwen malen; ich bin mal dran gewöhnt, und Ihr werdet sehen, wenn ich Euch auch einen goldenen Engel male, so wird er doch wie ein roter Löwe aussehn."

Diese Worte eines ehrsamen Kunstgenossen soll gegenwärtiges Buch an der Stirne tragen, da sie jedem Vorwurf, der sich dagegen auffinden ließe, im voraus und ganz eingeständig begegnen. Damit alles gesagt sei, erwähne ich zugleich, daß dieses Buch, mit geringen Ausnahmen, im Sommer und Herbst 1831 geschrieben worden, zu einer Zeit, wo ich mich meistens mit den Kartons zu künftigen roten Löwen beschäftigte. Um mich her war damals viel Gebrülle und Störnis jeder Art.

Bin ich nicht heute sehr bescheiden?

Ihr könnt Euch darauf verlassen, die Bescheidenheit der Leute hat immer ihre guten Gründe. Der liebe Gott hat gewöhnlich die Ausübung der Bescheidenheit und ähnlicher Tugenden den Seinen sehr erleichtert. Es ist z. B. leicht, daß man seinen Feinden verzeiht, wenn man zufällig nicht so viel Geist besitzt um ihnen schaden zu können, so wie es auch leicht ist, keine Weiber zu verführen, wenn man mit einer allzuschäbigen Nase gesegnet ist.

Die Scheinheiligen von allen Farben werden über manches Gedicht in diesem Buche wieder sehr tief seufzen — aber es kann ihnen nichts mehr helfen. Ein zweites, „nachwachsendes Geschlecht" hat eingesehen, daß all mein Wort und Lied aus einer großen, gottfreudigen Frühlingsidee emporblühte, die, wo nicht besser, doch wenigstens ebenso respektabel ist, wie jene triste, modrige Aschermittwochsidee, die unser schönes Europa trübselig entblumt und mit Gespenstern und Heuchlern bevölkert hat. Wogegen ich einst mit leichten Waffen ankämpfte, wird jetzt ein offener ernster Krieg geführt — ich stehe sogar nicht mehr in den ersten Reihen.

Gott lob! die Revolution des Julius hat die Zungen gelöst, die so lange stumm geschienen; ja da die plötzlich Erweckten alles, was sie bis dahin verschwiegen auf einmal offenbaren wollten, so entstand viel Geschrei, welches mir mitunter gar unerfreulich die Ohren betäubte. Ich hatte manchmal nicht übel Lust das ganze Sprechamt aufzugeben; doch das ist nicht so leicht tulich wie etwa das Aufgeben einer geheimen Staatsratstelle, obgleich letztere mehr einbringt als das beste öffentliche Tribunat. Die Leute glauben, unser Tun und Schaffen sei eitel Wahl, aus dem Vorrat der neuen Ideen griffen wir eine heraus für die wir sprechen und wirken, streiten und leiden wollten, wie etwa sonst ein Philolog sich seinen Klassiker auswählte, mit dessen Kommentierung er sich sein ganzes Leben hindurch beschäftigte — nein, wir ergreifen keine Idee, sondern die Idee ergreift uns, und knechtet uns, und peitscht uns in die Arena hinein, daß wir, wie gezwungene Gladiatoren, für sie kämpfen. So ist es mit jedem echten Tribunat oder Apostolat. Es war ein wehmütiges Geständnis, wenn Amos sprach zu König Amazia: „Ich bin kein Prophet, noch keines Propheten Sohn, sondern ich bin ein Kuhhirt, der Maulbeeren ablieset; aber der Herr nahm mich von der Schafherde und sprach zu mir: ‚Gehe hin und weissage'." Es war ein wehmütiges Geständnis, wenn der arme Mönch, der, vor Kaiser und Reich, zu Worms, angeklagt stand, ob seiner Lehre, dennoch, trotz aller Demut seines Herzens, jeden Widerruf für unmöglich erklärte, und mit den Worten schloß: „Hier stehe ich, ich kann nicht anders, Gott helfe mir, Amen!"

Wenn Ihr diese heiligen Zwingnis kenntet, Ihr würdet uns nicht mehr schelten, nicht mehr scnmähen, nicht mehr verleumden — wahrlich, wir sind nicht die Herren, sondern die Diener des Wortes. Es war ein wehmütiges Geständnis, wenn Maximilian Robespierre sprach: „Ich bin ein Sklave der Freiheit.“

Und auch ich will jetzt Geständnisse machen. Es war nicht eitel Lust meines Herzen, daß ich alles verließ was mir Teures im Vaterland blühte und lächelte — mancher liebte mich dort, z. B. meine Mutter — aber ich ging, ohne zu wissen, warum; ich ging weil ich mußte. Nachher ward mir sehr müde zu Mute; so lange vor den Juliustagen hatte ich das Prophetenamt getrieben, daß das innere Feuer mich schier verzehrt, daß mein Herz von den gewaltigen Worten, die daraus hervorgebrochen so matt geworden, wie der Leib einer Gebärerin —

Ich dachte — habt meiner nicht mehr nötig, will auch einmal für mich selber leben, und schöne Gedichte schreiben, Komödien und Novellen, zärtliche und heitere Gedankenspiele, die sich in meinem Hirnkasten angesammelt, und ich will mich wieder ruhig zurückschleichen in das Land der Poesie, wo ich als Knabe so glücklich gelebt.

Und keinen Ort hätte ich wählen können, wo ich besser im Stande war, diesen Vorsatz in Ausführung zu bringen. Es war auf einer kleinen Villa dicht am Meer, nahe bei Havre-de-Gràce, in der Normandie. Wunderbar schöne Aussicht auf die große Nordsee; ein ewig wechselnder und doch einfacher Anblick; heute grimmer Sturm, morgen schmeichelnde Stille; und drüberhin die weißen Wolkenzüge; riesenhaft und abenteuerlich, als wären es die spukenden Schatten jener Normannen, die einst auf diesen Gewässern ihr wildes Wesen getrieben. Unter meinem Fenster aber blühten die lieblichsten Blumen und Pflanzen: Rosen, die liebesüchtig mich anblickten, rote Nelken mit verschämt bittenden Düften, und Lorbeeren, die an die Mauer zu mir heraufrankten, fast bis in mein Zimmer hereinwuchsen, wie jener Ruhm, der mich verfolgt. Ja, einst lief ich schmachtend hinter Daphne einher, jetzt läuft Daphne nach mir wie eine Metze, und drängt sich in mein Schlafgemach. Was ich einst begehrte, ist mir jetzt unbequem, ich möchte Ruhe haben, und wünschte, daß kein Mensch von mir spräche, wenigstens in Deutschland. Und stille Lieder wollte ich dichten, und nur für mich, oder allenfalls um sie irgend einer verborgenen Nachtigall vorzulesen. Es ging auch im Anfang, mein Gemüte ward wieder umfriedet von dem Geiste der Dichtkunst, wohlbekannte edle Gestalten und goldne Bilder dämmerten wieder empor in meinem Gedächtnisse, ich ward wieder so traumselig, so märchentrunken, so verzaubert wie ehemals, und ich brauchte nur mit ruhiger Feder alles aufzuschreiben, was ich eben fühlte und dachte — ich begann.

Nun aber weiß jeder, daß man bei solcher Stimmung nicht immer im Zimmer sitzen bleibt, und manchmal mit begeistertem Herzen und glühenden Wangen ins freie Feld läuft, ohne auf Weg und Steg zu achten. So ergings auch mir, und ohne zu wissen wie, befand ich mich plötzlich auf der Landstraße von Havre, und vor mir her zogen, hoch und langsam, mehre große Bauerwagen, bepackt mit allerlei ärmlichen Kisten und Kasten, altfränkischem Hausgeräte, Weibern und Kindern. Nebenher gingen die Männer, und nicht gering war meine Überraschung, als ich sie sprechen hörte — sie sprachen Deutsch, in schwäbischer Mundart. Leicht begriff ich, daß diese Leute Auswanderer waren, und als ich sie näher betrachtete, durchzuckte mich ein jähes Gefühl, wie ich es noch nie in meinem Leben empfunden, alles Blut stieg mir plötzlich in die Herzkammern und klopfte gegen die Rippen, als müsse es heraus, und der Atem stockte mir in der Kehle. Ja, es war das Vaterland selbst das mir begegnete, auf jenen Wagen saß das blonde Deutschland, mit seinen ernstblauen Augen, seinen traulichen, allzubedächtigen Gesichtern, in den Mundwinkeln noch jene kümmerliche Beschränktheit, über die ich mich einst so sehr gelangweilt und geärgert, die mich aber jetzt gar wehmütig rührte — denn hatte ich einst in der blühenden Lust der Jugend, gar oft die heimatlichen Verkehrtheiten und Philistereien verdrießlich durchgehechelt, hatte ich einst mit dem glücklichen, bürgermeisterlich gehäbigen, schneckenhaft trägen Vaterlande manchmal einen kleinen Haushader zu bestehen, wie er in großen Familien wohl vorfallen kann: so war doch all dergleichen Erinnerung in meiner Seele erloschen, als ich das Vaterland im Elend erblickte, in der Fremde, im Elend; selbst seine Gebrechen wurden mir plötzlich teuer und wert, selbst mit seinen Krähwinkeleien war ich ausgesöhnt, und ich drückte ihm die Hand, ich drückte die Hand jener deutschen Auswanderer, als gäbe ich dem Vaterland selber den Handschlag eines erneuten Bündnisses der Liebe, und wir sprachen Deutsch. Die Menschen waren ebenfalls sehr froh auf einer fremden Landstraße diese Laute zu vernehmen; die besorglichen Schatten schwanden von ihren Gesichtern, und sie lächelten beinahe. Auch die Frauen, worunter manche recht hübsch, riefen mir ihr gemütliches „Griesch di Gott!" vom Wagen herab, und die jungen Bübli grüßten errötend höflich, und die ganz kleinen Kinder jauchzten mich an, mit ihren zahnlosen lieben Mündchen. „Und warum habt Ihr denn Deutschland verlassen?" fragte ich diese armen Leute. „Das Land ist gut und wären gern dageblieben", antworteten sie, „aber wir konntens nicht länger aushalten —"

Nein, ich gehöre nicht zu den Demagogen, die nur die Leidenschaften aufregen wollen, und ich will nicht alles wiedererzählen was ich auf jener Landstraße, bei Havre, unter freiem Himmel, gehört habe über den Unfug der hochnobelen und allerhöchst nobelen Sippschaften in der Heimat — auch lag die größere Klage nicht im Wort selbst, sondern im Ton womit es schlicht und grad gesprochen, oder vielmehr geseufzt wurde. Auch jene armen Leute waren keine Demagogen; die Schlußrede ihrer Klage war immer: „Was sollten wir tun? Sollten wir eine Revolution anfangen?"

Ich schwöre es bei allen Göttern des Himmels und der Erde, der zehnte Teil von dem was jene Leute in Deutschland erduldet haben, hätte in Frankreich sechsunddreißig Revolutionen hervorgebracht und sechsunddreißig Königen die Krone mitsamt dem Kopf gekostet.

„Und wir hätten es doch noch ausgehalten und wären nicht fortgegangen", bemerkte ein achtzigjähriger, also doppelt vernünftiger Schwabe, „aber wir taten es wegen der

Kinder. Die sind noch nicht so stark wie wir an Deutschland gewöhnt und können vielleicht in der Fremde glücklich werden; freilich, in Afrika werden sie auch manches ausstehen müssen.“

Diese Leute gingen nämlich nach Algier, wo man ihnen, unter günstigen Bedingungen, eine Strecke Landes zur Kolonisierung versprochen hatte. „Das Land soll gut sein“, sagten sie, „aber wie wir hören, gibt es dort viel giftige Schlangen, die sehr gefährlich, und man hat dort viel auszustehen von den Affen, die die Früchte vom Felde naschen, oder gar die Kinder stehlen und mit sich in die Wälder schleppen. Das ist grausam. Aber zu Hause ist der Amtmann auch giftig wenn man die Steuer nicht bezahlt, und das Feld wird einem von Wildschaden und Jagd noch weit mehr ruiniert, und unsere Kinder wurden unter die Soldaten gesteckt — was sollten wir tun? Sollten wir eine Revolution anfangen?“

Zur Ehre der Menschheit muß ich hier des Mitgefühls erwähnen, das, nach der Aussage jener Auswanderer, ihnen auf ihren Leidensstationen durch ganz Frankreich zu Teil wurde. Die Franzosen sind nicht bloß das geistreichste, sondern auch das barmherzigste Volk. Sogar die Ärmsten suchten diesen unglücklichen Fremden irgend eine Liebe zu erzeigen, gingen ihnen tätig zur Hand, beim Aufpacken und Abladen, liehen ihnen ihre kupfernen Kessel zum Kochen, halfen ihnen Holz spalten, Wasser tragen und waschen. Habe mit eigenen Augen gesehen, wie ein französisch Bettelweib einem armen kleinen Schwäbchen ein Stück von ihrem Brote gab; wofür ich mich auch herzlich bei ihr bedankte. Dabei ist noch zu bemerken, daß die Franzosen nur das materielle Elend dieser Leute kennen; jene könnten eigentlich gar nicht begreifen, warum diese Deutschen ihr Vaterland verlassen. Denn, wenn den Franzosen die landesherrlichen Plackereien so ganz unerträglich werden, oder auch nur etwas allzustark beschwerlich fallen, dann kommt ihnen doch nie in den Sinn die Flucht zu ergreifen, sondern sie geben vielmehr ihren Drängern den Laufpaß, sie werfen sie zum Lande hinaus und bleiben hübsch selber im Lande, mit einem Wort, sie fangen eine Revolution an.

Was mich betrifft, so blieb mir, durch jene Begegnung, ein tiefer Kummer, eine schwarze Traurigkeit, eine bleierne Verzagnis im Herzen, dergleichen ich nimmermehr mit Worten zu beschreiben vermag. Ich, der eben noch so übermütig wie ein Sieger taumelte, ich ging jetzt so matt und krank einher, wie ein gebrochener Mensch. Es war dieses wahrhaftig nicht die Wirkung eines plötzlich aufgeregten Patriotismus. Ich fühlte, es war etwas Edleres, etwas Besseres. Dazu ist mir seit langer Zeit alles fatal, was den Namen Patriotismus trägt. Ja, es konnte mir einst sogar die Sache selber einigermaßen verleidet werden, als ich den Mummenschanz jener schwarzen Narren erblickte, die aus dem Patriotismus ordentlich ihr Handwerk gemacht, und sich auch eine angemessene Handwerkstracht zugelegt, und sich wirklich in Meister, Gesellen und Lehrlinge eingeteilt, und ihre Zunftgrüße hatten, womit sie im Lande fechten gingen. Ich sage Fechten im schmutzigsten Knotensinne; denn das eigentliche Fechten mit dem Schwert gehörte nicht zu ihren Handwerksgebräuchen. Vater Jahn, der Herbergvater Jahn, war im Kriege, wie männiglich bekannt, ebenso feige wie albern. Gleich dem Meister, waren auch die meisten Gesellen nur gemeine Naturen, schmierige Heuchler, deren Grobheit nicht einmal echt war. Sie wußten sehr gut, daß deutsche Einfalt noch immer die Grobheit für ein Kennzeichen des Mutes und der Ehrlichkeit ansieht, obgleich ein Blick in unsere Zuchthäuser hinlänglich belehrt, daß es auch grobe Schurken und grobe Memmen gibt. In Frankreich ist der Mut höflich und gesittet, und die Ehrlichkeit trägt Handschuh und zieht den Hut ab. In Frankreich besteht auch der Patriotismus in der Liebe für ein Geburtsland, welches auch zugleich die Heimat der Zivilisation und des humanen Fortschritts. Obgedachter deutscher Patriotismus hingegen bestand in einem Hasse gegen die Franzosen, in einem Hasse gegen Zivilisation und Liberalismus. Nicht wahr, ich bin kein Patriot, denn ich lobe Frankreich.

Es ist eine eigene Sache mit dem Patriotismus, mit der wirklichen Vaterlandsliebe. Man kann sein Vaterland lieben und achtzig Jahre dabei alt werden, und es nie gewußt haben; aber man muß dann auch zu Hause geblieben sein. Das Wesen des Frühlings erkennt man erst im Winter, und hinter dem Ofen dichtet man die besten Mailieder. Die Freiheitsliebe ist eine Kerkerblume und erst im Gefängnisse fühlt man den Wert der Freiheit. So beginnt die deutsche Vaterlandsliebe erst an der deutschen Grenze, vornehmlich aber beim Anblick deutschen Unglücks in der Fremde. In einem Buche, welches mir eben zur Hand liegt, und die Briefe einer verstorbenen Freundin enthält, erschütterte mich gestern die Stelle, wo sie in der Fremde den Eindruck beschreibt, den der Anblick ihrer Landsleute, im Kriege 1813, in ihr hervorbrachte. Ich will die lieben Worte hierhersetzen:

„Den ganzen Morgen hab ich häufige, bittere Tränen der Rührung und Kränkung geweint! O, ich habe es nie gewußt, daß ich mein Land so liebe! Wie Einer, der durch Physik den Wert des Blutes etwa nicht kennt: wenn mans ihm abzieht, wird er doch hinstürzen."

Das ist es. Deutschland, das sind wir selber. Und darum wurde ich plötzlich so matt und krank beim Anblick jener Auswanderer, jener großen Blutströme, die aus den Wunden des Vaterlands rinnen und sich in den afrikanischen Sand verlieren. Das ist es; es war wie ein leiblicher Verlust und ich fühlte in der Seele einen fast physischen Schmerz. Vergebens beschwichtigte ich mich mit vernünftigen Gründen: Afrika ist auch ein gutes Land, und die Schlangen dort züngeln nicht viel von christlicher Liebe, und die Affen dort sind nicht so widerwärtig wie die deutschen Affen — und zur Zerstreuung summte ich mir ein Lied vor. Zufällig aber war es das alte Lied von Schubart:

„— — —
Wir sollen über Land und Meer
Ins heiße Afrika.
— — —
An Deutschlands Grenzen füllen wir
Mit Erde noch die Hand;

Und küssen sie, das sei dein Dank
Für Schirmung, Pflege, Speis und Trank,
Du liebes Vaterland.“

Nur diese Worte des Liedes, das ich in meiner Kindheit gehört, bleiben immer in meinem Gedächtnis und sie traten mir jedesmal in den Sinn, wenn ich an Deutschlands Grenze kam. Von dem Verfasser weiß ich auch nur wenig, außer daß er ein armer deutscher Dichter war, und den größten Teil seines Lebens auf der Festung saß und die Freiheit liebte. Er ist nun tot und längst vermodert, aber sein Lied lebt noch; denn das Wort kann man nicht auf die Festung setzen und vermodern lassen.

Ich versichere Euch, ich bin kein Patriot, und wenn ich an jenem Tage geweint habe, so geschah es wegen des kleinen Mädchens. Es war schon gegen Abend, und ein kleines deutsches Mädchen, welches ich vorher schon unter den Auswanderern bemerkt, stand allein am Strande, wie versunken in Gedanken, und schaute hinaus ins weite Meer. Die Kleine mochte wohl acht Jahr alt sein, trug zwei niedlich geflochtene Haarzöpfchen, ein schwäbisch kurzes Röckchen von wohlgestreiftem Flanell, hatte ein bleichkränkelndes Gesichtchen, groß ernsthafte Augen, und mit weichbesorgter, jedoch zugleich neugieriger Stimme frug sie mich: ob das das Weltmeer sei? — —

— —

Bis tief in die Nacht stand ich am Meere und weinte. Ich schäme mich nicht dieser Tränen. Auch Achilles weinte am Meer, und die silberfüßige Mutter mußte aus den Wellen emporsteigen, um ihn zu trösten. Auch ich hörte eine Stimme im Wasser, aber minder trostreich, vielmehr aufweckend, gebietend und doch grundweise. Denn das Meer weiß alles, die Sterne vertrauen ihm des Nachts die verborgensten Rätsel des Himmels, in seiner Tiefe liegen, mit den fabelhaft versunkenen Reichen, auch die uralten, längst verschollenen Sagen der Erde, an allen Küsten lauscht es mit tausend neugierigen Wellenohren, und die Flüsse, die zu ihm hinabströmen, bringen ihm alle Nachrichten, die sie in den entferntesten Binnenlanden erkundet oder gar aus dem Geschwätze der kleinen Bäche und Bergquellen erhorcht haben — Wenn Einem aber das Meer seine Geheimnisse offenbart und Einem das große Welterlösungswort ins Herz geflüstert, dann Ade Ruhe! Ade stille Träume! Ade Novellen und Komödien, die ich schon so hübsch begonnen und die nun schwerlich so bald fortgesetzt werden!

Die goldenen Engelsfarben sind seitdem auf meiner Palette fast eingetrocknet, und flüssig blieb darauf nur ein schreiendes Rot, das wie Blut aussieht, und womit man nur rote Löwen malt. Ja, mein nächstes Buch wird wohl ganz und gar ein roter Löwe werden, welches ein verehrungswürdiges Publikum, nach obigem Geständnisse, gefälligst entschuldigen möge. —

68

Karl I.

Im Wald, in der Köhlerhütte, sitzt
Trübsinnig allein der König;
Er sitzt an der Wiege des Köhlerkinds
Und wiegt und singt eintönig:

Eiapopeia, was raschelt im Stroh?
Es blöken im Stalle die Schafe —
Du trägst das Zeichen an der Stirn
Und lächelst so furchtbar im Schlafe.

Eiapopeia, das Kätzchen ist tot —
Du trägst auf der Stirne das Zeichen —
Du wirst ein Mann und schwingst das Beil,
Schon zittern im Walde die Eichen.

Der alte Köhlerglaube verschwand,
Es glauben die Köhlerkinder —
Eiapopeia — nicht mehr an Gott,
Und an den König noch minder.

Das Kätzchen ist tot, die Mäuschen sind froh —
Wir müssen zuschanden werden —
Eiapopeia — im Himmel der Gott
Und ich, der König auf Erden.

Mein Mut erlischt, mein Herz ist krank,
Und täglich wird es kränker —
Eiapopeia — du Köhlerkind,
Ich weiß es, du bist mein Henker.

Mein Todesgesang ist dein Wiegenlied —
Eiapopeia — die greisen
Haarlocken schneidest du ab zuvor —
Im Nacken klirrt mir das Eisen.

Eiapopeia, was raschelt im Stroh?
Du hast das Reich erworben,
Und schlägst mir das Haupt vom Rumpf herab —
Das Kätzchen ist gestorben.

Eiapopeia, was raschelt im Stroh?
Es blöken im Stalle die Schafe.
Das Kätzchen ist tot, die Mäuschen sind froh —
Schlafe, mein Henkerchen, schlafe!

69

(An Friedrich Merkel)

... Ich werde in jenem Journale alles Mögliche tun, um den Franzosen das geistige Leben der Deutschen bekanntzumachen; dieses ist meine jetzige Lebensaufgabe, und ich habe vielleicht die pazifike Mission, die Völker einander näherzubringen. Das aber fürchten die Aristokraten am meisten; mit der Zerstörung der nationalen Vorurteile, mit dem Vernichten der patriotischen Engsinnigkeit schwindet ihr bestes Hülfsmittel der Unterdrückung. Ich bin daher der inkarnierte Kosmopolitismus, ich weiß, daß dieses am Ende die allgemeine Gesinnung wird in Europa, und ich bin daher überzeugt, daß ich mehr Zukunft habe als unsere deutschen Volkstümler, diese sterblichen Menschen, die nur der Vergangenheit angehören . . .

70

Lieber Gott! was soll das erst geben, wenn ich mal dem freien Herzen erlaube, in entfesselter Rede sich ganz frei auszusprechen! Und es kann dazu kommen. Die widerwärtigen Nachrichten, die täglich über den Rhein zu uns herüberseufzen, dürften mich wohl dazu bewegen. Vergebens sucht ihr die Freunde des Vaterlands und ihre Grundsätze in der öffentlichen Meinung herabzuwürdigen, indem ihr diese als „französische Revolutionslehren" und jene als „französische Partei in Deutschland" verschreit; denn ihr spekuliert immer auf alles, was schlecht im deutschen Volke ist, auf Nationalhaß, religiösen und politischen Aberglauben, und Dummheit überhaupt. Aber ihr wißt nicht, daß auch Deutschland nicht mehr durch die alten Kniffe getäuscht werden kann, daß sogar die Deutschen gemerkt, wie der Nationalhaß nur ein Mittel ist, eine Nation durch die andere zu knechten, und wie es überhaupt in Europa keine Nationen mehr gibt, sondern nur zwei Parteien, wovon die eine, Aristokratie genannt, sich durch Geburt bevorrechtet dünkt und alle Herrlichkeiten der bürgerlichen Gesellschaft widerrechtlich an sich rafft, während die andere, Demokratie genannt, ihre unveräußerlichen Menschenrechte fordert und jedes Geburtsprivilegium abgeschafft haben will, im Namen der Vernunft.

71

Wenn wir es dahin bringen, daß die große Menge die Gegenwart versteht, so lassen die Völker sich nicht mehr von den Lohnschreibern der Aristokratie zu Haß und Krieg verhetzen, das große Völkerbündnis, die Heilige Allianz der Nationen, kommt zu Stande, wir brauchen aus wechselseitigem Mißtrauen keine stehenden Heere von vielen hunderttausend Mördern mehr zu füttern, wir benutzen zum Pflug ihre Schwerter und Rosse, und wir erlangen Friede und Wohlstand und Freiheit. Dieser Wirksamkeit bleibt mein Leben gewidmet; es ist mein Amt. Der Haß meiner Feinde darf als Bürgschaft gelten, daß ich dieses Amt bisher recht treu und ehrlich verwaltet. Ich werde mich jenes Hasses immer würdig zeigen.

72

Verlaßt Euch nicht auf Ohnmacht und Furcht von unserer Seite. Der verhüllte Mann der Zeit, der ebenso kühnen Herzens wie kundiger Zunge ist, und der das große Beschwörungswort weiß und es auch auszusprechen vermag, er steht vielleicht schon in Eurer Nähe. Vielleicht ist er in knechtischer Livree oder gar in Harlekinstracht vermummt, und Ihr ahnet nicht, daß es Euer Verderber ist, welcher Euch untertänig die Stiefel auszieht oder durch seine Schnurren Euer Zwerchfell erschüttert. Graut Euch nicht manchmal, wenn Euch die servilen Gestalten mit fast ironischer Demut umwedeln, und Euch plötzlich in den Sinn kommt: das ist vielleicht eine List, dieser Elende, der sich so blödsinnig absolutistisch, so viehisch gehorsam gebärdet, der ist vielleicht ein geheimer Brutus? Habt Ihr nicht nachts zuweilen Träume, die Euch vor den kleinsten, windigsten Würmern warnen, die Ihr des Tags zufällig kriechen gesehen? Ängstigt Euch nicht! Ich scherze nur, Ihr seid ganz sicher. Unsere dummen Teufel von Servilen verstellen sich durchaus nicht. Seid auch außer Sorge in Betreff der kleinen Narren, die Euch zuweilen mit bedenklichen Späßen umgaukeln. Der große Narr schützt Euch vor den kleinen. Der große Narr ist ein sehr großer Narr, riesengroß, und er nennt sich deutsches Volk.

O, das ist ein sehr großer Narr! Seine buntscheckige Jacke besteht aus sechsunddreißig Flicken. An seiner Kappe hängen, statt der Schellen, lauter zentnerschwere Kirchenglocken, und in der Hand trägt er eine ungeheure Pritsche von Eisen. Seine Brust ist voll Schmerzen. Nur will er an diese Schmerzen nicht denken, und er reißt deshalb um so lustigere Possen, und er lacht manchmal um nicht zu weinen. Treten ihm seine Schmerzen allzubrennend in den Sinn, dann schüttelt er wie toll den Kopf, und betäubt sich selber mit dem christlich frommen Glockengeläute seiner Kappe. Kommt ein guter Freund zu ihm, der teilnehmend über seine Schmerzen mit ihm reden will, oder gar ihm ein Hausmittelchen dagegen anrät: dann wird er rein wütend und schlägt nach ihm mit der eisernen Pritsche. Er ist überhaupt wütend gegen jeden, der es gut mit ihm meint. Er ist der schlimmste Feind seiner Freunde und der beste Freund seiner Feinde. O! der große Narr wird Euch immer treu und unterwürfig bleiben, mit seinen Riesenspäßchen wird er immer Eure Junkerlein ergötzen, er wird täglich zu ihrem Vergnügen seine alten Kunststücke machen, und unzählige Lasten auf der Nase balancieren, und viele hunderttausend Soldaten auf seinem Bauche herumtrampeln lassen. Aber habt Ihr gar keine Furcht, daß dem Narren mal all die Lasten zu schwer werden, und daß er Eure Soldaten von sich abschüttelt und Euch selber, aus Überspaß, mit dem kleinen Finger den Kopf eindrückt, so daß Euer Hirn bis an die Sterne spritzt?

Fürchtet Euch nicht, ich scherze nur. Der große Narr bleibt Euch untertänigst gehorsam, und wollen Euch die kleinen Narren ein Leid zufügen, der große schlägt sie tot.

73

Da dieser Winter der erste war, den ich in Paris zubrachte, so kann ich nicht entscheiden, ob der Karneval dieses Jahr so brillant gewesen, wie die Regierung prahlt, oder ob er so trist aussah, wie die Opposition klagt. Sogar bei solchen Außendingen kann man der Wahrhheit hier nicht auf die Spur kommen. Alle Parteien suchen zu täuschen, und selbst den eigenen Augen darf man nicht trauen. Einer meiner Freunde, ein Justemillionär, hatte die Güte, letzten Mardi-gras mich in Paris herumzuführen, und mir durch den Augenschein zu zeigen, wie glücklich und heiter das Volk sei. Er ließ an jenem Tage auch alle seine Bedienten ausgehen, und befahl ihnen ausdrücklich, sich recht viel Vergnügen zu machen. Vergnügt faßte er meinen Arm und rannte vergnügt mit mir durch die Straßen, und lachte zuweilen recht laut. An der Porte St.-Martin, auf dem feuchten Pflaster, lag ein todblasser, röchelnder Mensch, von welchem die umstehenden Gaffer behaupteten, er sterbe vor Hunger. Mein Begleiter aber versicherte mir, daß dieser Mensch alle Tage auf einer andern Straße vor Hunger sterbe, und daß er davon lebe, indem ihn nämlich die Karlisten dafür bezahlten, durch solches Schauspiel das Volk gegen die Regierung zu verhetzen. Dieses Handwerk muß jedoch schlecht bezahlt werden, da viele dabei wirklich vor Hunger sterben. Es ist eine eigene Sache mit dem Verhungern; man würde hier täglich viele tausend Menschen in diesem Zustand sehen, wenn sie es nur längere Zeit darin aushalten könnten. So aber, gewöhnlich nach drei Tagen, welche ohne Nahrung verbracht worden, sterben die armen Hungerleider, einer nach dem anderen, und sie werden still eingescharrt, und man bemerkt sie kaum.

„Sehen Sie, wie glücklich das Volk ist", bemerkte mein Begleiter, indem er mir die vielen Wagen voll Masken zeigte, die laut jubelten, und die lustigsten Narreteien trieben. Die Boulevards gewährten wirklich einen überaus ergötzlich bunten Anblick, und ich dachte an das alte Sprüchwort: „Wenn der liebe Gott sich im Himmel langweilt, dann öffnet er das Fenster und betrachtet die Boulevards von Paris." Nur wollte es mich bedünken, als sei dabei mehr Gendarmerie aufgestellt, als zu einem harmlosen Vergnügen eben notwendig gewesen. Ein Republikaner, der mir begegnete, verdarb mir den Spaß, indem er mir versicherte, die meisten Masken, die sich am lustigsten gebärdeten, habe die Polizei eigens dafür bezahlt, damit man nicht klage, das Volk sei nicht mehr vergnügt. Inwieweit dieses wahr sein mag, will ich nicht bestimmen; die maskierten Männer und Weiber schienen sich ganz von innen heraus zu belustigen, und wenn die Polizei sie noch besonders dafür bezahlte, so war das sehr artig von der Polizei.

74

Ich rede von der Cholera, die seitdem hier herrscht, und zwar unumschränkt, und die, ohne Rücksicht auf Stand und Gesinnung, tausendweise ihre Opfer niederwirft.

Man hat jener Pestilenz um so sorgloser entgegengesehn, da aus London die Nachricht angelangt war, daß sie verhältnismäßig nur wenige hingerafft. Es schien anfänglich sogar darauf abgesehen zu sein, sie zu verhöhnen, und man meinte, die Cholera werde, ebensowenig wie jede andere große Reputation, sich hier in Ansehn erhalten können. Da war es nun der guten Cholera nicht zu verdenken, daß sie, aus Furcht sich lächerlich zu machen, zu einem Mittel griff, welches schon Robespierre und Napoleon als probat befunden, daß sie nämlich, um sich in Respekt zu setzen, das Volk dezimiert. Bei dem großen Elende, das hier herrscht, bei der kolossalen Unsauberkeit, die nicht bloß bei den ärmern Klassen zu finden ist, bei der Reizbarkeit des Volks überhaupt, bei seinem grenzenlosen Leichtsinne, bei dem gänzlichen Mangel an Vorkehrungen und Vorsichtsmaßregeln, mußte die Cholera hier rascher und furchtbarer als anderswo um sich greifen. Ihre Ankunft war den 29. März offiziell bekannt gemacht worden, und da dieses der Tag des Fastensonntags und das Wetter sonnig und lieblich war, so tummelten sich die Pariser um so lustiger auf den Boulevards, wo man sogar Masken erblickte, die, in karikierter Mißfarbigkeit und Ungestalt, die Furcht vor der Cholera und die Krankheit selbst verspotteten. Desselben Abends waren die Redouten besuchter als jemals; übermütiges Gelächter überjauchzte fast die lauteste Musik, man erhitzte sich beim Can-Can, einem nicht sehr zweideutigen Tanze, man schluckte dabei allerlei Eis und sonstig kaltes Getrinke: als plötzlich der lustigste der Arlequine eine allzugroße Kühle in den Beinen verspürte, und die Maske abnahm, und zu aller Welt Verwunderung ein veilchenblaues

Gesicht zum Vorscheine kam. Man merkte bald, daß solches kein Spaß sei, und das Gelächter verstummte, und mehrere Wagen voll Menschen fuhr man von der Redoute gleich nach dem Hôtel-Dieu, dem Zentralhospitale, wo sie, in ihren abenteuerlichen Maskenkleidern anlangend, gleich verschieden. Da man in der ersten Bestürzung an Ansteckung glaubte, und die ältern Gäste des Hôtel-Dieu ein gräßliches Angstgeschrei erhoben, so sind jene Toten, wie man sagt, so schnell beerdigt worden, daß man ihnen nicht einmal die buntscheckigen Narrenkleider auszog, und lustig, wie sie gelebt haben, liegen sie auch lustig im Grabe.

Nichts gleicht der Verwirrung, womit jetzt plötzlich Sicherungsanstalten getroffen wurden. Es bildete sich eine Gesundheitskommission, es wurden überall Hilfsstellen eingerichtet, und die Verordnung in Betreff der öffentlichen Gesundheitspflege sollte schleunigst in Wirksamkeit treten. Da kollidierte man zuerst mit den Interessen einiger tausend Menschen, die den öffentlichen Schmutz als ihre Domäne betrachten. Dieses sind die sogenannten Chiffonniers, die von dem Kehricht, der sich des Tags über vor den Häusern in den Kotwinkeln aufhäuft, ihren Lebensunterhalt ziehen. Mit großen Spitzkörben auf dem Rücken, und einem Hakenstock in der Hand, schlendern diese Menschen, bleiche Schmutzgestalten, durch die Straßen, und wissen mancherlei, was noch brauchbar ist, aus dem Kehricht aufzugabeln und zu verkaufen. Als nun die Polizei, damit der Kot nicht lange auf den Straßen liegen bleibe, die Säuberung derselben in Auftrag gab, und der Kehricht, auf Karren verladen, unmittelbar zur Stadt hinausgebracht ward, aufs freie Feld, wo es den Chiffoniers freistehen sollte, nach Herzenslust darin herumzufischen: da klagten diese Menschen, daß sie, wo nicht ganz brotlos, doch wenigstens in ihrem Erwerbe geschmälert worden, daß dieser Erwerb ein verjährtes Recht sei, gleichsam ein Eigentum, dessen man sie nicht nach Willkür berauben könnte. Es ist sonderbar, daß die Beweistümer, die sie, in dieser Hinsicht, vorbrachten, ganz dieselben sind, die auch unsere Krautjunker, Zunftherren, Gildemeister, Zehntenprediger, Fakultätsgenossen, und sonstige Vorrechtsbeflissene vorzubringen pflegen, wenn die alten Mißbräuche, wovon sie Nutzen ziehen, der Kehricht des Mittelalters, endlich fortgeräumt werden sollen, damit durch den verjährten Moder und Dunst unser jetziges Leben nicht verpestet werde. Als ihre Protestationen nichts halfen, suchten die Chiffonniers, gewalttätig die Reinigungsreform zu hintertreiben; sie versuchten eine kleine Kontrerevolution, und zwar in Verbindung mit alten Weibern, den Revendeuses, denen man verboten hatte, das übelriechende Zeug, das sie größtenteils von den Chiffonniers erhandeln, längs den Kais zum Wiederverkaufe auszukramen. Da sahen wir nun den widerwärtigsten Aufstand: die neuen Reinigungskarren wurden zerschlagen und in die Seine geschmissen; die Chiffonniers barrikadierten sich bei der Porte St.-Denis; mit ihren Regenschirmen fochten die alten Trödelweiber auf dem Châtelet; der Generalmarsch erscholl; der Bürgerthron zitterte; die Rente fiel; die Karlisten jauchzten. Letztere (Karlisten nannte man die Anhänger der durch die Julirevolution abgesetzten absoluten Monarchie) hatten endlich ihre natürlichsten Alliierten gefunden, Lumpensammler und alte Trödelweiber, die sich jetzt mit denselben Prinzipien geltend machten, als Verfechter des Herkömmlichen, der überlieferten Erbkehrichtsinteressen, der Verfaultheiten aller Art.

Als der Aufstand der Chiffonniers durch bewaffnete Macht gedämpft worden, und die Cholera noch immer nicht so wütend um sich griff, wie gewisse Leute es wünschten, die bei jeder Volksnot und Volksaufregung, wenn auch nicht den Sieg ihrer eigenen Sache, doch wenigstens den Untergang der jetzigen Regierung erhoffen, da vernahm man plötzlich das Gerücht: die vielen Menschen, die so rasch zur Erde bestattet würden, stürben nicht durch eine Krankheit, sondern durch Gift. Gift, hieß es, habe man in alle Lebensmittel zu streuen gewußt, auf den Gemüsemärkten, bei den Bäckern, bei den Fleischern, bei den Weinhändlern. Je wunderlicher die Erzählungen lauteten, desto begieriger wurden sie vom Volke aufgegriffen, und selbst die kopfschüttelnden Zweifler mußten ihnen Glauben schenken, als des Polizeipräfekten Bekanntmachung erschien. Die Polizei, welcher hier, wie überall, weniger daran gelegen ist, die Verbrechen zu vereiteln, als vielmehr sie gewußt zu haben, wollte entweder mit ihrer allgemeinen Wissenschaft prahlen, oder sie gedachte, bei jenen Vergiftungsgerüchten, sie mögen wahr oder falsch sein, wenigstens von der Regierung jeden Argwohn abzuwenden: genug, durch ihre unglückselige Bekanntmachung, worin sie ausdrücklich sagte, daß sie den Giftmischern auf der Spur sei, ward das böse Gerücht offiziell bestätigt, und ganz Paris geriet in die grauenhafteste Todesbestürzung.

„Das ist unerhört", schrieen die ältesten Leute, die selbst in den grimmigsten Revolutionszeiten keine solche Frevel erfahren hatten. „Franzosen, wir sind entehrt!" riefen die Männer, und schlugen sich vor die Stirne. Die Weiber, mit ihren kleinen Kindern, die sie angstvoll an ihr Herz drückten, weinten bitterlich, und jammerten: daß die unschuldigen Würmchen in ihren Armen stürben. Die armen Leute wagten weder zu essen noch zu trinken, und rangen die Hände vor Schmerz und Wut. Es war als ob die Welt unterginge. Besonders an den Straßenecken, wo die rotangestrichenen Weinläden stehen, sammelten und berieten sich die Gruppen, und dort war es meistens, wo man die Menschen, die verdächtig aussahen, durchsuchte, und wehe ihnen, wenn man irgend etwas Verdächtiges in ihren Taschen fand! Wie wilde Tiere, wie Rasende, fiel dann das Volk über sie her. Sehr viele retteten sich durch Geistesgegenwart; viele wurden durch die Entschlossenheit der Kommunalgarden, die an jenem Tage überall herumpatrouillierten, der Gefahr entrissen; andere wurden schwer verwundet und verstümmelt; sechs Menschen wurden aufs unbarmherzigste ermordet. Es gibt keinen gräßlichern Anblick, als solchen Volkszorn, wenn er nach Blut lechzt und seine wehrlosen Opfer hinwürgt. Dann wältzt sich durch die Straßen ein dunkles Menschenmeer, worin hie und da die Arbeiter in Hemdärmeln, wie weiße Sturzwellen, hervorschäumen, und das heult und braust, gnadenlos, heidnisch, dämonisch. An der Straße St.-Denis hörte ich den altberühmten Ruf „A la lanterne!“ und mit Wut erzählten mir einige Stimmen, man hänge einen Giftmischer. Die einen sagten, er sei ein Karlist; die andern sagten, es sei ein Priester, ein solcher sei alles fähig. Auf der Straße Vaugirard, wo man zwei Menschen, die ein weißes Pulver bei sich gehabt, ermordete, sah ich einen dieser Unglücklichen, als er noch etwas röchelte, und eben die alten Weiber ihre Holzschuhe von den Füßen zogen und ihn damit so lange auf den Kopf schlugen, bis er tot war. Er war ganz nackt, und blutrünstig zerschlagen und zerquetscht; nicht bloß die Kleider, sondern auch die Haare, die Scham, die Lippen und die Nase waren ihm abgerissen, und ein wüster Mensch band dem Leichnam einen Strick um die Füße, und schleifte ihn damit durch die Straße, während er beständig schrie: „Seht her: die tote Cholera!“ Ein wunderschönes, wutblasses Weibsbild mit entblößten Brüsten und blutbedeckten Händen stand dabei, und gab dem Leichname, als er ihr nahe kam, noch einen Tritt mit dem Fuße. Sie lachte, und bat mich, ihrem zärtlichen Handwerke einige Franks zu zollen, damit sie sich dafür ein schwarzes Trauerkleid kaufe; denn ihre Mutter sei vor einigen Stunden gestorben, an Gift.

Des andern Tages ergab sich aus den öffentlichen Blättern, daß die unglücklichen Menschen, die man so grausam ermordet hatte, ganz unschuldig gewesen, daß die verdächtigen Pulver, die man bei ihnen gefunden, entweder aus Kampfer, oder Chlorüre, oder sonstigen Schutzmitteln gegen die Cholera bestanden, und daß die vorgeblich Vergifteten ganz natürlich an der herrschenden Seuche gestorben waren. Das hiesige Volk, das, wie das Volk überall, rasch in Leidenschaft geratend, zu Greueln verleitet werden kann, kehrt jedoch ebenso rasch zur Milde zurück, und bereut mit rührendem Kummer seine Untat, wenn es die Stimme der Besonnenheit vernimmt. Mit solcher Stimme haben die Journale gleich des andern Morgens das Volk zu beschwichtigen und zu besänftigen gewußt, und es mag als ein Triumph der Presse signalisiert werden, daß sie im Stande war, dem Unheile, welches die Polizei angerichtet, so schnell Einhalt zu tun.

Seitdem ist hier alles ruhig. Eine Totenstille herrscht in ganz Paris. Ein steinerner Ernst liegt auf allen Gesichtern. Mehrere Abende lang sah man sogar auf den Boulevards wenig Menschen, und diese eilten einander schnell vorüber, die Hand oder ein Tuch vor dem Munde. Die Theater sind wie ausgestorben. Wenn ich in einen Salon trete, sind die Leute verwundert, mich noch in Paris zu sehen, da ich doch hier keine notwendigen Geschäfte habe. Die meisten Fremden, namentlich meine Landsleute, sind gleich abgereist. Gehorsame Kinder hatten von ihren Eltern Befehl erhalten, schleunigst nach Hause zu kommen. Gottesfürchtige Söhne erfüllten unverzüglich die zärtliche Bitte ihrer lieben Eltern, die ihre Rückkehr in die Heimat wünschten; ehre Vater und Mutter, damit du lange lebest auf Erden! Bei andern erwachte plötzlich eine unendliche Sehnsucht nach dem teuern Vaterlande, nach den romantischen Gauen des ehrwürdigen Rheins, nach den geliebten Bergen, nach dem holdseligen Schwaben, dem Lande der frommen Minne, der Frauentreue, der gemütlichen Lieder und der gesündern Luft. Man sagt, auf dem Rathaus seien seitdem über 120 000 Pässe ausgegeben worden. Obgleich die Cholera sichtbar zunächst die ärmere Klasse angriff, so haben doch die Reichen gleich die Flucht ergriffen. Gewissen Parvenüs war es nicht zu verdenken, daß sie flohen; denn sie dachten wohl, die Cholera, die weit her aus Asien kommt, weiß nicht, daß wir in der letzten Zeit viel Geld an der Börse verdient haben, und sie hält uns vielleicht noch für einen armen Lump, und läßt uns ins Gras beißen.

Es gehen jetzt viele verkleidete Priester im Volke herum, und behaupten, ein geweihter Rosenkranz sei ein Schutzmittel gegen die Cholera. Die Saint-Simonisten rechnen zu den Vorzügen ihrer Religion, daß kein Saint-Simonist an der herrschenden Krankheit sterben könne; denn da der Fortschritt ein Naturgesetz sei, und der soziale Fortschritt im Saint-Simonismus liege, so dürfe, solange die Zahl seiner Apostel noch unzureichend ist, keiner von denselben sterben. Die Bonapartisten behaupten: wenn man die Cholera an sich verspüre, so solle man gleich zur Vendômesäule hinaufschauen: man bleibe alsdann am Leben. So hat jeder seinen Glauben in dieser Zeit der Not. Was mich betrifft, ich glaube an Flanell. Gute Diät kann auch nicht schaden, nur muß man wieder nicht zu wenig essen, wie gewisse Leute, die des Nachts die Leibschmerzen des Hungers für Cholera halten. Es ist spaßhaft, wenn man sieht wie feig die Leute jetzt bei Tische sitzen, und die menschenfreundlichsten Gerichte mit Mißtrauen betrachten, und tiefseufzend die besten Bissen hinunterschlucken. Man soll, haben ihnen die Ärzte gesagt, keine Furcht haben und jeden Ärger vermeiden; nun aber fürchten sie, daß sie sich mal unversehens ärgern möchten, und ärgern sich wieder, daß sie deshalb Furcht hatten. Sie sind jetzt die Liebe selbst, und gebrauchen oft das Wort mon Dieu, und ihre Stimme ist hingehaucht milde, wie die einer Wöchnerin. Dabei riechen sie wie ambulante Apotheken, fühlen sich oft nach dem Bauche, und mit zitternden Augen fragen sie, jede Stunde, nach der Zahl der Toten. Daß man diese Zahl nie genau wußte, oder vielmehr, daß man von der Unrichtigkeit der angegebenen Zahl überzeugt war, füllte die Gemüter mit vagem Schrekken und steigerte die Angst ins Unermeßliche. In der Tat, die Journale haben seitdem eingestanden, daß in einem Tage, nämlich den zehnten April, an die zweitausend Menschen gestorben sind. Das Volk ließ sich nicht offiziell täuschen, und klagte beständig, daß mehr Menschen stürben, als man angebe. Mein Barbier erzählte mir, daß eine alte Frau auf dem Faubourg Montmartre die ganze Nacht am Fenster sitzen geblieben, um die Leichen zu zählen, die man vorbeitrüge; sie habe dreihundert Leichen gezählt, worauf sie selbst, als der Morgen anbrach, von dem Froste und den Krämpfen der Cholera ergriffen ward und bald verschied. Wo man nur hinsah auf den Straßen, erblickte man Leichenzüge, oder, was noch melancholischer aussieht, Leichenwagen, denen niemand folgte. Da die vorhandenen Leichenwagen nicht zureichten, mußte man allerlei andere Fuhrwerke gebrauchen, die, mit schwarzem Tuch überzogen, abenteuerlich genug aussahen. Auch daran fehlte es zuletzt, und ich sah Särge in Fiakern fortbringen; man legte sie in die Mitte, so daß aus den offenen Seitentüren die beiden Enden herausstanden. Widerwärtig war es anzuschauen, wenn die großen Möbelwagen, die man beim Ausziehen gebraucht, jetzt gleichsam als Totenomnibusse, als omnibus mortuis herumfuhren, und sich in den verschiedenen Straßen die Särge aufladen ließen, und sie dutzendweise zur Ruhestätte brachten.

Die Nähe eines Kirchhofs, wo die Leichenzüge zusammentrafen, gewährte erst recht den trostlosesten Anblick. Als ich einen guten Bekannten besuchen wollte und eben zur rechten Zeit kam, wo man seine Leiche auflud, erfaßte mich die trübe Grille, eine Ehre, die er mir mal erwiesen, zu erwidern, und ich nahm eine Kutsche und begleitete ihn nach Père-la-Chaise. Hier nun, in der Nähe des Kirchhofs, hielt plötzlich mein Kutscher still, und als ich, aus meinen Träumen erwachend, mich umsah, erblickte ich nichts als Himmel und Särge. Ich war unter einige hundert Leichenwagen geraten, die vor dem engen Kirchhofstore gleichsam Schlange standen, und in dieser schwarzen Umgebung, unfähig mich herauszuziehen, mußte ich einige Stunden ausdauern. Aus Langerweile frug ich den Kutscher nach dem Namen meiner Nachbarleiche, und, wehmütiger Zufall! er nannte mir da eine junge Frau, deren Wagen einige Monate vorher, als ich zu Lointier nach einem Balle fuhr, in ähnlicher Weise einige Zeit neben dem meinigen stille halten mußte. Nur daß die junge Frau damals mit ihrem hastigen Blumenköpfchen und lebhaften Mondscheingesichtchen öfters zum Kutschenfenster hinausblickte, und über die Verzögerung ihre holdeste Mißlaune ausdrückte. Jetzt war sie sehr still und vielleicht blau. Manchmal jedoch, wenn die Trauerpferde an den Leichenwagen sich schaudernd unruhig bewegten, wollte es mich bedünken, als regte sich die Ungeduld in den Toten selbst, als seien sie des Wartens müde, als hätten sie Eile ins Grab zu kommen; und wie nun gar an dem Kirchshofstore ein Kutscher dem andern vorauseilen wollte, und der Zug in Unordnung geriet, die Gendarmen mit blanken Säbeln dazwischen fuhren, hie und da ein Schreien und Fluchen entstand, einige Wagen umstürzten, die Särge auseinander fielen, die Leichen hervorkamen: da glaubte ich den entsetzlichsten aller Aufstände zu sehen, einen Totenaufstand.

Ich will, um die Gemüter zu schonen, hier nicht erzählen, was ich auf dem Père-la-Chaise gesehen habe. Genug, gefesteter Mann wie ich bin, konnte ich mich doch des tiefsten Grauens nicht erwehren. Man kann an den Sterbebetten das Sterben lernen und nachher mit heiterer Ruhe den Tod erwarten; aber das Begrabenwerden, unter die Choleraleichen, in die Kalkgräber, das kann man nicht lernen. Ich rettete mich so rasch als möglich auf den höchsten Hügel des Kirchhofs, wo man die Stadt so schön vor sich liegen sieht. Eben war die Sonne untergegangen, ihre letzten Strahlen schienen wehmütig Abschied zu nehmen, die Nebel der Dämmerung umhüllten wie weiße Laken das kranke Paris, und ich weinte bitterlich über die unglückliche Stadt, die Stadt der Freiheit, der Begeisterung und des Martyrtums, die Heilandstadt, die für die weltliche Erlösung der Menschheit schon so viel gelitten!

75

Das junge Mädchen sagte: „Der Herr muß sehr reich sein, denn er ist häßlich." Das Publikum urteilt in derselben Weise: Der Mann muß sehr gelehrt sein, denn er ist sehr langweilig.

*

Von Jakob Böhm sollte eigentlich auch die Rede sein. Aber ich habe mich noch nicht entschließen können ihn zu lesen. Ich laß mich nicht gern zum Narren halten.

Karl I. hatte von diesem theosophischen Schuster eine so große Idee, daß er eigens einen Gelehrten zu ihm nach Görlitz schickte, um ihn zu studieren. Dieser Gelehrte war glücklicher als sein königlicher Herr. Denn während dieser zu Whitehall den Kopf durch Cromwells Beil, hat jener zu Görlitz durch Jakob Böhms Theosophie, nur den Verstand verloren.

*

Auffenberg hab ich nicht gelesen — ich denke, er ist ungefähr wie Arlincourt, den ich auch nicht gelesen habe.

*

Es ist erstaunlich, wie in so kleinem Köpfchen eine solche Masse von Unwissenheit stecken kann —

*

Gutzkow — Er hat Heine nachahmen wollen, aber es fehlte ihm an aller Poesie, und er brachte es nur bis zur Nachahmung Börnes —

76

In früheren Zeiten verachteten die deutschen Dichter alle konventionellen Formen und der Name „deutscher Dichter" oder gar der Name „poetisches Genie" erlangte die unerfreulichste Bedeutung. Ein deutscher Dichter war ehemals ein Mensch, der einen abgeschabten, zerrissenen Rock trug, Kindtauf- und Hochzeitsgedichte für einen Taler das Stück verfertigte, statt der guten Gesellschaft, die ihn abwies, desto bessere Getränke genoß, auch wohl des Abends betrunken in der Gosse lag, zärtlich geküßt von Lunas gefühlvollen Strahlen. Wenn sie alt geworden, pflegten diese Menschen noch tiefer in ihr Elend zu versinken, und es war freilich ein Elend ohne Sorge, oder dessen einzige Sorge darin besteht: wo man den meisten Schnaps für das wenigste Geld haben kann?

So hatte auch ich mir einen deutschen Dichter vorgestellt. Wie angenehm verwundert war ich daher Anno 1819, als ich, ein ganz junger Mensch, die Universität Bonn besuchte, und dort die Ehre hatte, den Herrn Dichter A. W. Schlegel, das poetische Genie, von Angesicht zu Angesicht zu sehen. Es war, mit Ausnahme des Napoleon, der erste große Mann den ich damals gesehen, und ich werde nie diesen erhabenen Anblick vergessen. Noch heute fühle ich den heiligen Schauer, der durch meine Seele zog, wenn ich vor seinem Katheder stand und ihn sprechen hörte. Ich trug damals einen weißen Flauschrock, eine rote Mütze, lange blonde Haare und keine Handschuhe. Herr A. W. Schlegel trug aber Glacéhandschuh und war noch ganz nach der neuesten Pariser Mode gekleidet; er war noch ganz parfümiert von guter Gesellschaft und eau de mille fleurs; er war die Zierlichkeit und die Eleganz selbst, und wenn er vom Großkanzler von England sprach, setzte er hinzu „mein Freund", und neben ihm stand sein Bedienter in der freiherrlichst Schlegelschen Hauslivree, und putzte die Wachslichter, die auf silbernen Armleuchtern brannten, und nebst einem Glase Zuckerwasser vor dem Wundermanne auf dem Katheder standen. Livreebedienter! Wachslichter! silberne Armleuchter! mein Freund der Großkanzler von England! Glacéhandschuh! Zuckerwasser! welche unerhörte Dinge im Kollegium eines deutschen Professors! Dieser Glanz blendete uns junge Leute nicht wenig, und mich besonders, und ich machte auf Herren Schlegel damals drei Oden, wovon jede anfing mit den Worten: O du, der du, usw. Aber nur in der Poesie hätte ich es gewagt, einen so vornehmen Mann zu duzen. Sein Äußeres gab ihm wirklich eine gewisse Vornehmheit. Auf seinem dünnen Köpfchen glänzten nur noch wenige silberne Härchen, und sein Leib war so dünn, so abgezehrt, so durchsichtig, daß er ganz Geist zu sein schien, daß er fast aussah wie ein Sinnbild des Spiritualismus.

Trotzdem hatte er damals geheiratet, und er, der Chef der Romantiker, heuratete die Tochter des Kirchenrats Paulus zu Heidelberg, des Chefs der deutschen Rationalisten. Es war eine symbolische Ehe, die Romantik vermählte sich gleichsam mit dem Rationalismus; sie blieb aber ohne Früchte. Im Gegenteil, die Trennung zwischen der Romantik und dem Rationalismus wurde dadurch noch größer, und schon gleich am andern Morgen nach der Hochzeitsnacht lief der Rationalismus wieder nach Hause, und wollte nichts mehr mit der Romantik zu schaffen haben. Denn der Rationalismus, wie er denn immer vernünftig ist, wollte nicht bloß symbolisch vermählt sein, und, sobald er die hölzerne Nichtigkeit der romantischen Kunst erkannt, lief er davon. Ich weiß, ich rede hier dunkel und will mich daher so klar als möglich ausdrücken:

Typhon, der böse Typhon, haßte den Osiris (welcher, wie Ihr wißt, ein ägyptischer Gott ist), und als er ihn in seine Gewalt bekam, riß er ihn in Stücken. Isis, die arme Isis, die Gattin des Osiris, suchte diese Stücke mühsam zusammen, flickte sie aneinander und es gelang ihr den zerrissenen Gatten wieder ganz herzustellen; ganz? ach nein, es fehlte ein Hauptstück, welches die arme Göttin nicht wiederfinden konnte, arme Isis! Sie mußte sich daher begnügen mit einer Ergänzung von Holz, aber Holz ist nur Holz, arme Isis! Hierdurch entstand nun in Ägypten ein skandalöser Mythos und in Heidelberg ein mystischer Skandal.

77

Ich fürchte fast, es sei nicht wahr, denn es ist gedruckt.

✻

Der schönen Literatur und den schönen Künsten wurde die Kantsche Philosophie, wegen ihrer abstrakten Trockenheit, sehr schädlich. Zum Glück mischte sie sich nicht in die Kochkunst.

✻

Lese das Buch, langweilig, schlafe drüber ein, im Schlafe träume ich weiterzulesen, erwache vor Langeweile, und das dreimal —

✻

Ein Buch will seine Zeit, wie ein Kind. Alle schnell in wenigen Wochen geschriebenen Bücher erregen bei mir ein gewisses Vorurteil gegen den Verfasser. Eine honette Frau bringt ihr Kind nicht vor dem neunten Monat zur Welt.

✻

Herr A. W. Schlegel ist geboren zu Hannover den 5ten September 1767. Ich weiß das nicht von ihm selber. Ich war nie so ungalant ihn über sein Alter zu befragen. Jenes

Datum fand ich, wenn ich nicht irre, in Schindels „Lexikon der deutschen Schriftstellerinnen". Herr A. W. Schlegel ist daher jetzt 64 Jahre alt. Herr Alexander v. Humboldt und andere Naturforscher behaupten er sei älter.

*

Die Regierung hätte aber das Buch gar nicht zu verbieten brauchen, es wäre dennoch gelesen worden.

78

An die hohe Bundesversammlung

Mit tiefer Betrübnis erfüllt mich der Beschluß, den Sie in Ihrer einunddreißigsten Sitzung von 1835 gefaßt haben. Ich gestehe Ihnen, meine Herren, zu dieser Betrübnis gesellt sich auch die höchste Verwunderung. Sie haben mich angeklagt, gerichtet und verurteilt, ohne daß Sie mich weder mündlich noch schriftlich vernommen, ohne daß jemand mit meiner Verteidigung beauftragt worden, ohne daß irgend eine Ladung an mich ergangen. So handelte nicht in ähnlichen Fällen das heilige römische Reich, an dessen Stelle der deutsche Bund getreten ist; Doktor Martin Luther, glorreichen Andenkens, durfte, versehen mit freiem Geleite, vor dem Reichstage erscheinen, und sich frei und öffentlich gegen alle Anklagen verteidigen. Fern ist von mir die Anmaßung mich mit dem hochteuren Manne zu vergleichen, der uns die Denkfreiheit in religiösen Dingen erkämpft hat; aber der Schüler beruft sich gern auf das Beispiel des Meisters. Wenn Sie, meine Herren, mir nicht freies Geleit bewilligen wollen, mich vor Ihnen in Person zu verteidigen, so bewilligen Sie mir wenigstens freies Wort in der deutschen Druckwelt und nehmen Sie das Interdikt zurück, welches Sie gegen alles, was ich schreibe, verhängt haben. Diese Worte sind keine Protestation, sondern nur eine Bitte. Wenn ich mich gegen etwas verwahre, so ist es allenfalls gegen die Meinung des Publikums, welches mein erzwungenes Stillschweigen für ein Eingeständnis strafwürdiger Tendenzen oder gar für ein Verleugnen meiner Schriften ansehen könnte. Sobald mir das freie Wort vergönnt ist, hoffe ich bündigst zu erweisen, daß meine Schriften nicht aus irreligiöser und immoralischer Laune, sondern aus einer wahrhaft religiösen und moralischen Synthese hervorgegangen sind, einer Synthese, welcher nicht bloß eine neue literarische Schule, benamset das *junge Deutschland,* sondern unsere gefeiertsten Schriftsteller, sowohl Dichter als Philosophen, seit langer Zeit gehuldigt haben. Wie aber auch, meine Herren, Ihre Entscheidung über meine Bitte ausfalle, so seien Sie doch überzeugt, daß ich immer den Gesetzen meines Vaterlandes gehorchen werde. Der Zufall, daß ich mich außer dem Bereich Ihrer Macht befinde, wird mich nie verleiten, die Sprache des Haders zu führen; ich ehre in Ihnen die höchsten Autoritäten einer geliebten Heimat. Die persönliche Sicherheit, die mir der Aufenthalt im Auslande gewährt, erlaubt mir glücklicherweise, ohne Besorgnis vor Mißdeutung, Ihnen, meine Herren, in geziemender Untertänigkeit, die Versicherungen meiner tiefsten Ehrfurcht darzubringen.

Paris, Cité Bergère Nr. 3, den 28. Jan. 1836

Heinrich Heine, beider Rechte Doktor

79

Die Zeit der Gedichte ist bei mir zu Ende, ich kann wahrhaftig kein gutes Gedicht mehr zu Tage fördern, und die Kleindichter in Schwaben, statt mir zu grollen, sollten sie mich vielmehr brüderlichst in ihre Schule aufnehmen... Das wird auch wohl das Ende des Spaßes sein, daß ich in der schwäbischen Dichterschule, mit Fallhütchen auf dem Kopf, neben den andern auf das kleine Bänkchen zu sitzen komme, und das schöne Wetter besinge, die Frühlingssonne, die Maienwonne, die Gelbveiglein, und die Quetschenbäume. Ich hatte längst eingesehen, daß es mit den Versen nicht mehr recht vorwärts ging und deshalb verlegte ich mich auf gute Prosa. Da man aber in der Prosa nicht ausreicht mit dem schönen Wetter, Frühlingssonne, Maienwonne, Gelbveiglein und Quetschenbäumen, so mußte ich auch für die neue Form einen neuen Stoff suchen; dadurch geriet ich auf die unglückliche Idee mich mit Ideen zu beschäftigen, und ich dachte nach über die innere Bedeutung der Erscheinungen, über die letzten Gründe der Dinge, über die Bestimmung des Menschengeschlechts, über die Mittel wie man die Leute besser und glücklicher machen kann, usw. Die Begeisterung, die ich von Natur für diese Stoffe empfand, erleichterte mir ihre Behandlung, und ich konnte bald in einer äußerst schönen, vortrefflichen Prosa meine Gedanken darstellen ... Aber ach! als ich es endlich im Schreiben so weit gebracht hatte, da ward mir das Schreiben selber verboten. Ihr kennt den Bundestagsbeschluß vom Dezember 1835, wodurch meine ganze Schriftstellerei mit dem Interdikte belegt ward. Ich weinte wie ein Kind! Ich hatte mir so viel Mühe gegeben mit der deutschen Sprache, mit dem Akkusativ und Dativ, ich wußte die Worte so schön an einander zu reihen, wie Perl an Perl, ich fand schon Vergnügen an dieser Beschäftigung, sie verkürzte mir die langen Winterabende des Exils, ja, wenn ich deutsch schrieb, so konnte ich mir einbilden, ich sei in der Heimat, bei der Mutter ... Und jetzt ward mir das Schreiben verboten!

Nun ... Selbst entschiedenste Gegner unter den deutschen Staatsmännern haben mir wissen lassen, daß die Strenge des erwähnten Bundestagsbeschlusses nicht den *ganzen* Schriftsteller treffen sollte, sondern nur den politischen und religiösen Teil desselben, der poetische Teil desselben dürfe sich unverhindert aussprechen, in Gedichten, Dramen, Novellen, in jenen schönen Spielen der Phantasie, für welche ich so viel Genie besitze ... Ich könnte fast auf den Gedanken geraten, man wolle mir einen Dienst leisten und mich zwingen, meine Talente nicht für undankbare Themata zu vergeuden ... In der Tat, sie waren sehr undankbar, haben mir nichts als Verdruß und Verfolgung zugezogen ... Gott lob! ich werde mit Gendarmen auf den besseren Weg geleitet, und bald werde ich bei Euch sein, Ihr Kinder der schwäbischen Schule, und wenn ich nicht auf der Reise den Schnupfen bekomme, so sollt Ihr Euch freuen, wie fein meine Stimme, wenn ich mit Euch das schöne Wetter besinge, die Frühlingssonne, die Maienwonne, die Gelbveiglein, die Quetschenbäume.

80

Herr Karl Mayer, welcher auf Latein Carolus Magnus heißt, ist ein Dichter der schwäbischen Schule und man versichert, daß er den Geist und den Charakter derselben am treuesten offenbare; er ist eine matte Fliege und besingt Maikäfer. Er soll sehr berühmt sein in der ganzen Umgegend von Waiblingen, vor dessen Toren man ihm eine Statue setzen will, und zwar eine Statue von Holz und in Lebensgröße. Dieses hölzerne Ehrenbild des Sängers soll alle Jahre mit Ölfarbe neu angestrichen werden, alle Jahr, im Frühling, wenn die Gelbveiglein düften und die Maikäfer summen. Auf dem Piedestal wird die Inschrift zu lesen sein: dieser Ort darf nicht verunreinigt werden!

81

Jean Paul. Man hat ihn den Einzigen genannt. Ein treffliches Urteil, das ich jetzt erst ganz begreife, nachdem ich vergeblich darüber nachgesonnen, an welcher Stelle man in einer Literaturgeschichte von ihm reden müßte.

Er steht ganz isoliert in seiner Zeit.

Sein Herz und seine Schriften waren eins und dasselbe. Diese Eigenschaft, diese Ganzheit finden wir auch bei den Schriftstellern des heutigen jungen Deutschlands, die ebenfalls keinen Unterschied machen wollen zwischen Leben und Schreiben, die nimmermehr die Politik trennen von Wissenschaft, Kunst und Religion, und die zu gleicher Zeit Künstler, Tribune und Apostel sind.

Ja, ich wiederhole das Wort Apostel, denn ich weiß kein bezeichnenderes Wort. Ein neuer Glaube beseelt sie mit einer Leidenschaft, von welcher die Schriftsteller der früheren Periode keine Ahnung hatten. Es ist dieses der Glaube an den Fortschritt, ein Glaube, der aus dem Wissen entsprang.

Wir haben die Lande gemessen, die Naturkräfte gewogen, die Mittel der Industrie berechnet, und siehe, wir haben ausgefunden: daß diese Erde groß genug ist; daß sie jedem hinlänglichen Raum bietet, die Hütte seines Glückes darauf zu bauen; daß diese Erde uns alle anständig ernähren kann, wenn wir alle arbeiten und nicht einer auf Kosten des anderen leben will; und daß wir nicht nötig haben die größere und ärmere Klasse an den Himmel zu verweisen.

82

Ein geistreicher Franzose — vor einigen Jahren hätten diese Worte einen Pleonasmus gebildet — nannte mich einst einen romantique défroqué, einen „der Kutte entlaufenen Romantiker". Ich hege eine Schwäche für alles was Geist ist, und so boshaft die Benennung war, hat sie mich dennoch höchlich ergötzt. Sie ist treffend. Trotz meiner exterminatorischen Feldzüge gegen die Romantik, blieb ich doch selbst immer ein Romantiker, und ich war es in einem höhern Grade, als ich selbst ahnte. Nachdem ich dem Sinne für romantische Poesie in Deutschland die tödlichsten Schläge beigebracht, beschlich mich selbst wieder eine unendliche Sehnsucht nach der blauen Blume im Traumlande der Romantik, und ich ergriff die bezauberte Laute und sang ein Lied, worin ich mich allen holdseligen Übertreibungen, aller Mondscheintrunkenheit, allem blühenden Nachtigallen-Wahnsinn der einst so geliebten Weise hingab. Ich weiß, es war „das letzte freie Waldlied der Romantik", und ich bin ihr letzter Dichter: mit mir ist die alte lyrische Schule der Deutschen geschlossen, während zugleich die neue Schule, die moderne deutsche Lyrik, von mir eröffnet ward.

83

An einen politischen Dichter

Du singst wie einst Tyrtäus sang,
Von Heldenmut beseelet,
Doch hast du schlecht dein Publikum
Und deine Zeit gewählet.

Beifällig horchen sie dir zwar,
Und loben schier begeistert:
Wie edel dein Gedankenflug,
Wie du die Form bemeistert.

Sie pflegen auch beim Glase Wein
Ein Vivat dir zu bringen,
Und manchen Schlachtgesang von dir
Lautbrüllend nachzusingen.

Der Knecht singt gern ein Freiheitslied
Des Abends in der Schenke:
Das fördert die Verdauungskraft
Und würzet die Getränke.

84

Die Tendenz

Deutscher Sänger! sing und preise
Deutsche Freiheit, daß dein Lied
Unsrer Seelen sich bemeistre
Und zu Taten uns begeistre,
In Marseillerhymnenweise.

Girre nicht mehr wie ein Werther,
Welcher nur für Lotten glüht —
Was die Glocke hat geschlagen,
Sollst du deinem Volke sagen,
Rede Dolche, rede Schwerter!

Sei nicht mehr die weiche Flöte,
Das idyllische Gemüt —
Sei des Vaterlands Posaune,
Sei Kanone, sei Kartaune,
Blase, schmettre, donnre, töte!

Blase, schmettre, donnre täglich,
Bis der letzte Dränger flieht —
Singe nur in dieser Richtung,
Aber halte deine Dichtung
Nur so allgemein als möglich.

85

(An Heinrich Laube)

Ihr Brief hat mir viel Vergnügen gemacht. Daß Sie wieder die „Elegante" eingenommen, ist gewiß für uns alle sehr erfreulich, ich sage *uns* und verstehe darunter den hohen Adel der Literatur, die letzten vornehmen Köpfe, die noch nicht guillotiniert sind. Aber wird der herrschende Plebs sich jetzt nicht noch einiger zusammenrotten und gegen uns losschimpfen? Ich sehe die Sachen aus der Ferne besser ein, und wenigstens für mich sehe ich ein schlimmeres Schicksal voraus als die Vergessenheit, wenn ich mit euch jetzt Opposition bilde gegen den Phrasenpatriotismus und Zeitgeschmack. Es ist der feigen Lüge eines Gutzkows und Konsorten bereits gelungen, meine politischen Überzeugungen zu verdächtigen, und ich, der ich vielleicht der entschiedenste aller Revolutionäre bin, der ich auch keinen Fingerbreit von der graden Linie des Fortschritts gewichen, der ich alle großen Opfer gebracht der großen Sache — ich gelte jetzt für einen Abtrünnigen, für einen Kriecher! Was wird das erst geben, wenn ich in direktem Gegensatz gegen die Scheinhelden und Maulpatrioten und sonstigen Vaterlandsretter auftrete?

86

Dieser Artikel, betitelt „Études sur l'Allemagne", schließt sich direkt an zwei andre Artikel von Ihnen, die ich in der Presse gelesen und die „Georg Herwegh" überschrieben sind. Sie schildern darin mit einer löblichen Vorliebe die poetischen Verdienste des jungen Dichters, Verdienste, an denen ich auch nicht mit dem leisesten Wörtchen mäkeln möchte. Und nicht bloß den Autor feiern Sie, sondern auch den Menschen. Sie versichern uns, daß er schön gekleidet gehe, Sie rühmen seine schönen Augen und bemerken dabei, daß er im Gespräche die Augen niederzuschlagen pflege. Ich weiß nicht, was Sie ihm gesagt haben, worüber er die Augen niederschlug, aber es ist gewiß möglich, daß er es getan. Jeder hat so seine Methode; ich z. B. pflege mir manchmal die Nase zuzuhalten, wie Sie wohl bemerkt haben werden, als ich zuletzt die Ehre hatte, Sie zu sehen. Sie teilen auch den unglücklichen Brief mit, den Herr Herwegh dem König von Preußen schrieb und woran ich höchstens den Stil tadele; der große Dichter kann nicht schreiben. Der König von Preußen antwortete freilich in einem noch schlechteren Gendarmerie-Stil. Daß Sie aber, mein Herr, die ganze Bewegung Deutschlands, die jüngere Schule der Hegelianer, Strauß, Bruno Bauer, Feuerbach, Marx, Ruge, die „Hallischen Jahrbücher", alle Sturm-und-Drang-Männer der Gegenwart, um Herrn Georg Herwegh gruppieren, daß Sie diesen zum Mittelpunkt des Kampfs und Gegenkampfs machen, das ist mehr als absurd. Der Brief des Herrn Herwegh, den Sie als ein welthistorisches Ereignis schildern und woran Sie die ganze gouvernementale Reaktion in Preußen knüpfen, war nur ein ergötzliches Intermezzo, worin beide Akteure sich lächerlich machten.

87

Die Audienz

(Eine alte Fabel)

Ich laß nicht die Kindlein, wie Pharao,
Ersäufen im Nilstromwasser;
Ich bin auch kein Herodestyrann,
Kein Kinderabschlachtenlasser.

Ich will, wie einst mein Heiland tat,
Am Anblick der Kinder mich laben;
Laß zu mir kommen die Kindlein, zumal
Das große Kind aus Schwaben.

So sprach der König; der Kämmerer lief,
Und kam zurück und brachte
Herein das große Schwabenkind,
Das seinen Diener machte.

Der König sprach: Du bist wohl ein Schwab?
Das ist just keine Schande.
Geraten! erwidert der Schwab, ich bin
Geboren im Schwabenlande.

Stammst du von den sieben Schwaben ab?
Frug jener. Ich tu abstammen
Nur von einem einzgen, erwidert der Schwab,
Doch nicht von allen zusammen.

Der König frug ferner: Sind dieses Jahr
Die Knödel in Schwaben geraten?
Ich danke der Nachfrag, antwortet der Schwab,
Sie sind sehr gut geraten.

Habt ihr noch große Männer? frug
Der König. Im Augenblicke
Fehlt es an großen, erwidert der Schwab,
Wir haben jetzt nur dicke.

Hat Menzel, frug weiter der König, seitdem
Noch viel Maulschellen erhalten?
Ich danke der Nachfrag, erwidert der Schwab,
Er hat noch genug an den alten.

Der König sprach: Du bist nicht so dumm
Als wie du aussiehst, mein Holder.
Das kommt, erwidert der Schwab, weil mich
In der Wiege vertauscht die Kobolder.

Der König sprach: Es pflegt der Schwab
Sein Vaterland zu lieben —
Nun sage mir, was hat dich fort
Aus deiner Heimat getrieben!

Der Schwabe antwortet: Tagtäglich gabs
Nur Sauerkraut und Rüben;
Hätt meine Mutter Fleisch gekocht,
So wär ich dort geblieben.

Erbitte dir eine Gnade, sprach
Der König. Da kniete nieder
Der Schwabe und rief: O geben Sie, Sire,
Dem Volke die Freiheit wieder!

Der Mensch ist frei, es hat die Natur
Ihn nicht geboren zum Knechte —
O geben Sie, Sire, dem deutschen Volk
Zurück seine Menschenrechte!

Der König stand erschüttert tief —
Es war eine schöne Szene; —
Mit seinem Rockärmel wischte sich
Der Schwab aus dem Auge die Träne.

Der König sprach endlich: Ein schöner Traum.
Leb wohl, und werde gescheiter;
Und da du ein Somnambülericht,
So geb ich dir zwei Begleiter,

Zwei sichre Gendarmen, die sollen dich
Bis an die Grenze führen —
Leb wohl! ich muß zur Parade gehn,
Schon hör ich die Trommel rühren.

So hat die rührende Audienz
Ein rührendes Ende genommen.
Doch ließ der König seitdem nicht mehr
Die Kindlein zu sich kommen.

88

Große deutsche Philosophen, die etwa zufällig einen Blick in diese Blätter werfen, werden vornehm die Achseln zukken über den dürftigen Zuschnitt alles dessen, was ich hier vorbringe. Aber sie mögen gefälligst bedenken, daß das wenige, was ich sage, ganz klar und deutlich ausgedrückt ist, während ihre eigenen Werke, zwar sehr gründlich, unermeßbar gründlich, sehr tiefsinnig, stupend tiefsinnig, aber eben so unverständlich sind. Was helfen dem Volke die verschlossenen Kornkammern, wozu es keinen Schlüssel hat? Das Volk hungert nach Wissen und dankt mir für das Stückchen Geistesbrot, das ich ehrlich mit ihm teile.

Ich glaube, es ist nicht Talentlosigkeit, was die meisten deutschen Gelehrten davon abhält, über Religion und Philosophie sich populär auszusprechen. Ich glaube, es ist Scheu vor den Resultaten ihres eigenen Denkens, die sie nicht wagen, dem Volke mitzuteilen. Ich, ich habe nicht diese Scheu, denn ich bin kein Gelehrter, ich selber bin Volk. Ich bin kein Gelehrter, ich gehöre nicht zu den siebenhundert Weisen Deutschlands. Ich stehe mit dem großen Haufen vor den Pforten ihrer Weisheit, und ist da irgend eine Wahrheit durchgeschlüpft, und ist diese Wahrheit bis zu mir gelangt, dann ist sie weit genug: — ich schreibe sie mit hübschen Buchstaben auf Papier und gebe sie dem Setzer; der setzt sie in Blei und gibt die dem Drucker; dieser druckt sie und sie gehört dann der ganzen Welt.

89

Vielleicht eben, weil die Großen dieser Erde ihrer Obermacht gewiß sind, und im Herzen beschlossen haben sie ewig zu unserem Unglück zu mißbrauchen, sind sie von der Notwendigkeit des Christentums für ihre Völker überzeugt, und es ist im Grunde ein zartes Menschlichkeitsgefühl, daß sie sich für die Erhaltung dieser Religion so viele Mühe geben!

Das endliche Schicksal des Christentums ist also davon abhängig, ob wir dessen noch bedürfen.

90

Die Geschichte von der Baseler Nachtigall kommt mir hier ins Gedächtnis, und da Ihr sie wahrscheinlich nicht kennt, so will ich sie erzählen.

Im Mai 1433, zur Zeit des Konzils, ging eine Gesellschaft Geistlicher in einem Gehölze bei Basel spazieren, Prälaten und Doktoren, Mönche von allen Farben, und die disputierten über theologische Streitigkeiten, und distinguierten und argumentierten, oder stritten über Annaten, Expektativen und Reservationen, oder untersuchten, ob Thomas von Aquino ein größerer Philosoph sei als Bonaventura, was weiß ich! Aber plötzlich, mitten in ihren dogmatischen und abstrakten Diskussionen, hielten sie inne, und blieben wie angewurzelt stehen vor einem blühenden Lindenbaum, worauf eine Nachtigall saß, die in den weichsten und zärtlichsten Melodien jauchzte und schluchzte. Es ward den gelehrten Herren dabei so wunderselig zu Mute, die warmen Frühlingstöne drangen ihnen in die scholastisch verklausulierten Herzen, ihre Gefühle erwachten aus dem dumpfen Winterschlaf, sie sahen sich an mit staunendem Entzücken; — als endlich einer von ihnen die scharfsinnige Bemerkung machte, daß solches nicht mit rechten Dingen zugehe, daß diese Nachtigall wohl ein Teufel sein könne, daß dieser Teufel sie mit seinen holdseligen Lauten von ihren christlichen Gesprächen abziehen, und zu Wollust und sonstig süßen Sünden verlocken wolle, und er hub an zu exorzieren, wahrscheinlich mit der damals üblichen Formel: adjuro te per tum, qui venturus est, judicare vivos et mortuos etc. etc. Bei dieser Beschwörung, sagt man, habe der Vogel geantwortet: „ja, ich bin ein böser Geist!" und sei lachend davongeflogen, diejenigen aber, die seinen Gesang gehört, sollen noch selbigen Tages erkrankt und bald darauf gestorben sein.

Diese Geschichte bedarf wohl keines Kommentars. Sie trägt ganz das grauenhafte Gepräge einer Zeit, die alles, was süß und lieblich war, als Teufelei verschrie. Die Nachtigall sogar wurde verleumdet und man schlug ein Kreuz, wenn sie sang. Der wahre Christ spazierte, mit ängstlich verschlossenen Sinnen, wie ein abstraktes Gespenst, in der blühenden Natur umher.

91

Es kann sein, daß es den lieben Gott verdrießt, wenn ihm die Physiker so mißtrauisch auf die Finger sehen, denn sogar in der jüngsten Zeit, wo die Religion so sehr gefährdet ist, hat er es verschmäht, sie durch irgend ein eklatantes Wunder zu unterstützen. Vielleicht wird er von jetzt an, bei allen neuen Religionen, die er auf dieser Erde einführt, sich auf gar keine heiligen Kunststücke mehr einlassen, und die Wahrheiten der neuen Lehren immer durch die Vernunft beweisen; was auch am vernünftigsten ist.

Indem Luther den Satz aussprach, daß man seine Lehre nur durch die Bibel selber, oder durch vernünftige Gründe, widerlegen müsse, war der menschlichen Vernunft das Recht eingeräumt, die Bibel zu erklären und sie, die Vernunft, war als oberste Richterin in allen religiösen Streitfragen anerkannt. Dadurch entstand in Deutschland die sogenannte Geistesfreiheit, oder, wie man sie ebenfalls nennt, die Denkfreiheit. Das Denken ward ein Recht und die Befugnisse der Vernunft wurden legitim.

Seit Luther disputierte man auf öffentlichem Markt, und in der deutschen Landessprache und ohne Scheu und Furcht.

Die Fürsten, welche die Reformation annahmen, haben diese Denkfreiheit gesetzlich anerkannt, und eine wichtige, weltwichtige Blüte derselben ist die deutsche Philosophie.

In der Tat, nicht einmal in Griechenland hat der menschliche Geist sich so frei aussprechen können wie in Deutschland, seit der Mitte des vorigen Jahrhunderts bis zur französischen Invasion. Namentlich in Preußen herrschte eine grenzenlose Gedankenfreiheit. Der Marquis von Brandenburg hatte begriffen, daß er, der nur durch das protestantische Prinzip ein legitimer König von Preußen sein konnte, auch die protestantische Denkfreiheit aufrecht erhalten mußte.

Seitdem freilich haben sich die Dinge verändert, und der natürliche Schirmvogt unserer protestantischen Denkfreiheit hat sich, zur Unterdrückung derselben, mit der römisch-katholischen Partei verständigt, und er benutzt oft dazu die Waffe, die das Papsttum zuerst gegen uns ersonnen und angewandt: die Zensur.

Sonderbar! Wir Deutschen sind das stärkste und das klügste Volk. Unsere Fürstengeschlechter sitzen auf allen Thronen Europas, unsere Rothschilde beherrschen alle Börsen der Welt, unsere Gelehrten regieren in allen Wissenschaften, wir haben das Pulver erfunden und die Buchdruckerei; — und dennoch, wer bei uns eine Pistole losschießt, bezahlt drei Taler Strafe, und wenn wir in den „Hamburger Correspondent" setzen wollen: „meine liebe Gattin ist in Wochen gekommen, mit einem Töchterlein, schön wie die Freiheit!" dann greift der Herr Doktor Hoffmann zu seinem Rotstift und streicht uns „die Freiheit".

Wird dieses noch lange geschehen können? Ich weiß nicht. Aber ich weiß, die Frage der Preßfreiheit, die jetzt in Deutschland so heftig diskutiert wird, knüpft sich bedeutungsvoll an die obigen Betrachtungen, und ich glaube ihre Lösung ist nicht schwer, wenn man bedenkt, daß die Preßfreiheit nichts anderes ist als die Konsequenz der Denkfreiheit und folglich ein protestantisches Recht. Für Rechte dieser Art hat der Deutsche schon sein bestes Blut gegeben, und er drüfte wohl dahin gebracht werden, noch einmal in die Schranken zu treten.

Dasselbe ist anwendbar auf die Frage von der akademischen Freiheit, die jetzt so leidenschaftlich die Gemüter in Deutschland bewegt. Seit man entdeckt zu haben glaubt, daß auf den Universitäten am meisten politische Aufregung, nämlich Freiheitsliebe, herrscht seitdem wir den Souveränen von allen Seiten eingeredet, daß man diese Institute unterdrücken, oder doch wenigstens in gewöhnliche Unterrichtsanstalten verwandeln müsse. Da werden nun Plane geschmiedet und das Pro und Contra diskutiert. Die öffentlichen Gegner der Universitäten, eben so wenig wie die öffentlichen Verteidiger, die wir bisher vernommen, scheinen aber die letzten Gründe der Frage nicht zu verstehen. Jene begreifen nicht, daß die Jugend überall, und unter allen Disziplinen, für die Interessen der Freiheit begeistert sein wird, und daß, wenn man die Universitäten unterdrückt, jene begeisterte Jugend anderswo, und vielleicht, in Verbindung mit der Jugend des Handelsstands und der Gewerbe, sich desto tatkräftiger aussprechen wird.

92

Gott ist identisch mit der Welt. Er manifestiert sich in den Pflanzen, die ohne Bewußtsein ein kosmisch-magnetisches Leben führen. Er manifestiert sich in den Tieren, die in ihrem sinnlichen Traumleben eine mehr oder minder dumpfe Existenz empfinden. Aber am herrlichsten manifestiert er sich in dem Menschen, der zugleich fühlt und denkt, der sich selbst individuell zu unterscheiden weiß von der objektiven Natur, und schon in seiner Vernunft die Ideen trägt, die sich ihm in der Erscheinungswelt kund geben. Im Menschen kommt die Gottheit zum Selbstbewußtsein, und solches Selbstbewußtsein offenbart sich wieder durch den Menschen.

Gott ist daher der eigentliche Helf der Weltgeschichte, diese ist sein beständiges Denken, sein beständiges Handeln, sein Wort, seine Tat; und von der ganzen Menschheit kann man mit Recht sagen, sie ist eine Inkarnation Gottes!

Gott ist daher der eigentliche Held der Weltgeschichte, Gotte des Deisten dadurch, daß er in der Welt selbst ist, während letzterer ganz außer, oder was dasselbe ist, über der Welt ist. Der Gott des Deisten regiert die Welt von oben herab, als ein von ihm abgesondertes Etablissement. Nur in Betreff der Art dieses Regierens differenzieren unter einander die Deisten. Die Hebräer denken sich Gott als einen donnernden Tyrannen; die Christen als einen liebenden Vater; die Schüler Rousseaus, die ganze Genfer Schule, denken sich ihn als einen weisen Künstler, der die Welt verfertigt hat, ungefähr wie ihr Papa seine Uhren verfertigt, und als Kunstverständige bewundern sie das Werk und preisen den Meister dort oben.

Dem Deisten, welcher also einen außerweltlichen oder überweltlichen Gott annimmt, ist nur der Geist heilig, indem er letzteren gleichsam als den göttlichen Atem betrachtet, den der Weltschöpfer dem menschlichen Leibe, dem aus Lehm gekneteten Werk seiner Hände eingeblasen hat. Die Juden achteten daher den Leib als etwas Geringes, als eine armselige Hülle des Ruach hakodasch, des heiligen Hauchs, des Geistes, und nur diesem widmeten sie ihre Sorgfalt, ihre Ehrfurcht, ihren Kultus. Sie wurden daher ganz eigentlich *das* Volk des Geistes, keusch, genügsam, ernst, abstrakt, halsstarrig, geeignet zum Martyrtum, und ihre sublimste Blüte ist Jesus Christus. Dieser ist im wahren Sinne des Wortes der inkarnierte Geist, und tiefsinnig bedeutungsvoll ist die schöne Legende, daß ihn eine leiblich unberührte, immakulierte Jungfrau, nur durch geistige Empfängnis, zur Welt gebracht habe.

Hatten aber die Juden den Leib nur mit Geringschätzung betrachtet, so sind die Christen auf dieser Bahn noch weiter gegangen, und betrachteten ihn als etwas Verwerfliches, als etwas Schlechtes, als das Übel selbst. Da sehen wir nun, einige Jahrhunderte nach Christi Geburt, eine Religion emporsteigen, welche ewig die Menschheit in Erstaunen setzen, und den spätesten Geschlechtern die schauerlichste Bewunderung abtrotzen wird. Ja, es ist eine große, heilige, mit unendlicher Süßigkeit erfüllte Religion, die dem Geiste auf dieser Erde die unbedingteste Herrschaft erobern wollte — Aber diese Religion war eben allzuerhaben, allzurein, allzugut für diese Erde, wo ihre Idee nur in der Theorie proklamiert, aber niemals in der Praxis ausgeführt werden konnte. Der Versuch einer Ausführung dieser Idee hat in der Geschichte unendlich viel herrliche Erscheinungen hervorgebracht, und die Poeten aller Zeiten werden noch lange davon singen und sagen. Der Versuch, die Idee des Christentums zur Ausführung zu bringen, ist jedoch, wie wir endlich sehen, aufs kläglichste verunglückt, und dieser unglückliche Versuch hat der Menschheit Opfer gekostet, die unberechenbar sind, und trübselige Folge derselben ist unser jetziges soziales Unwohlsein in ganz Europa. Wenn wir noch, wie viele glauben, im Jugendalter der Menschheit leben, so gehörte das Christentum gleichsam zu ihren überspanntesten Studentenideen, die weit mehr ihrem Herzen als ihrem Verstande Ehre machen. Die Materie, das Weltliche, überließ das Christentum den Händen Cäsars und seiner jüdischen Kammerknechte, und begnügte sich damit, ersterem die Oberherrschaft abzusprechen und letztere in der öffentlichen Meinung herabzuwürdigen — aber siehe! das gehaßte Schwert und das verachtete Geld erringen dennoch am Ende die Obergewalt und die Repräsentanten des Geistes müssen sich mit ihnen verständigen. Ja, aus diesem Verständnis ist sogar eine solidarische Allianz geworden. Nicht bloß die römischen, sondern auch die englischen, die preußischen, kurz alle privilegierten Priester haben sich verbündet mit Cäsar und Konsorten zur Unterdrückung der Völker. Aber durch diese Verbindung geht die Religion des Spiritualismus desto schneller zu Grunde. Zu dieser Einsicht gelangen schon einige Priester, und um die Religion zu retten, geben sie sich das Ansehen, als entsagten sie jener verderblichen Allianz, und sie laufen über in unsere Reihen, sie setzen die rote Mütze auf, sie schwören Tod und Haß allen Königen, den sieben Blutsäufern, sie verlangen die irdische Gütergleichheit, sie fluchen, trotz Marat und Robespierre. — Unter uns gesagt, wenn Ihr sie genau betrachtet, so findet Ihr: sie lesen Messe in der Sprache des Jakobinismus, und wie sie einst dem Cäsar das Gift beigebracht, versteckt in der Hostie, so suchen sie jetzt dem Volke ihre Hostien beizubringen, indem sie solche in revolutionärem Gifte verstecken; denn sie wissen, wir lieben dieses Gift.

Vergebens jedoch ist all Euer Bemühen! Die Menschheit ist aller Hostien überdrüssig, und lechzt nach nahrhafterer Speise, nach echtem Brot und schönem Fleisch. Die Menschheit lächelt mitleidig über jene Jugendideale, die sie trotz aller Anstrengung nicht verwirklichen konnte, und sie wird männlich praktisch. Die Menschheit huldigt jetzt dem irdischen Nützlichkeitssystem, sie denkt ernsthaft an eine bürgerlich wohlhabende Einrichtung, an vernünftigen Haushalt, und an Bequemlichkeit für ihr späteres Alter. Da ist wahrlich nicht mehr die Rede davon, das Schwert in den Händen des Cäsars, und gar den Säckel in den Händen seiner Knechte zu lassen. Dem Fürstendienst wird die privilegierte Ehre entrissen und die Industrie wird der alten Schmach entlastet. Die nächste Aufgabe ist: gesund zu werden; denn wir fühlen uns noch sehr schwach in den Gliedern. Die heiligen Vampire des Mittelalters haben uns so viel Lebensblut ausgesaugt. Und dann müssen der Materie noch große Sühnopfer geschlachtet werden, damit sie die alten Beleidigungen verzeihe. Es wäre sogar ratsam, wenn wir Festspiele anordneten, und der Materie noch mehr außerordentliche Entschädigungs-Ehren erwiesen. Denn das Christentum, unfähig die Materie zu vernichten, hat sie überall verleumdet, es hat die edelsten Genüsse herabgewürdigt, und die Sinne mußten heucheln und es entstand Lüge und Sünde. Wir müssen unseren Weibern neue Hemden und neue Gedanken anziehen, und alle unsere Gefühle müssen wir durchräuchern, wie nach einer überstandenen Pest.

Es ist eine irrige Meinung, daß der Pantheismus die Menschen zur Gleichgültigkeit führe. Im Gegenteil, das Bewußtsein seiner Göttlichkeit wird den Menschen auch zur Kundgebung derselben begeistern, und jetzt erst werden die wahren Großtaten des wahren Heroentums diese Erde verherrlichen.

Die politische Revolution, die sich auf die Prinzipien des französischen Materialismus stützt, wird in den Pantheisten keine Gegner finden, sondern Gehülfen, aber Gehülfen, die ihre Überzeugungen aus einer tieferen Quelle, aus einer religiösen Synthese, geschöpft haben. Wir befördern das Wohlsein der Materie, das materielle Glück der Völker, nicht weil wir gleich den Materialisten den Geist mißachten, sondern weil wir wissen, daß die Göttlichkeit des Menschen sich auch in seiner leiblichen Erscheinung kund gibt, und das Elend den Leib, das Bild Gottes zerstört oder abwertet, und der Geist dadurch ebenfalls zu Grunde geht. Das große Wort der Revolution, das Saint-Just ausgesprochen: Brot zu essen, ist das Recht des Menschen, lautet bei uns: Brot zu essen, ist das göttliche Recht des Menschen. Wir kämpfen nicht für die Menschenrechte des Volks, sondern für die Gottesrechte des Menschen. Hierin, und in noch manchen andern Dingen, unterscheiden wir uns von den Männern der Revolution. Wir wollen keine Sansculotten sein, keine frugalen Bürger, keine wohlfeile Präsidenten. Wir stiften eine Demokratie gleichherrlicher, gleichheiliger, gleichbeseligter Götter. Ihr verlangt einfache Trachten, enthaltsame Sitten und ungewürzte Genüsse; wir hingegen verlangen Nektar und Ambrosia, Purpurmäntel, kostbare Wohlgerüche, Wollust und Pracht, lachenden Nymphentanz, Musik und Komödien — Seid deshalb nicht ungehalten, Ihr tugendhaften Republikaner! Auf Eure zensorische Vorwürfe entgegnen wir Euch, was schon ein Narr des Shakespeare sagte: meinst du, weil du tugendhaft bist, solle es auf dieser Erde keine angenehmen Torten und keinen süßen Sekt mehr geben?

93

In der Tat, unsere Enkel werden ein Ammenmärchen zu vernehmen meinen, wenn man ihnen erzählt, was wir geglaubt und gelitten! Und sie werden uns sehr bemitleiden!

Wenn sie einst, eine freudige Götterversammlung, in ihren Tempelpalästen sitzen, um den Altar, den sie sich selber geweiht haben, und sich von alten Menschheitsgeschichten unterhalten, die schönen Enkel, dann erzählt vielleicht einer der Greise, daß es ein Zeitalter gab, in welchem ein Toter als Gott angebetet und durch ein schauerliches Leichenmahl gefeiert ward, wo man sich einbildete, das Brot, welches man esse, sei sein Fleisch, und der Wein, den man trinke, sei sein Blut. Bei dieser Erzählung werden die Wangen der Frauen erbleichen und die Blumenkränze sichtbar erbeben auf ihren schönlockichten Häuptern. Die Männer aber werden neuen Weihrauch auf den Herd-Altar streuen, um durch Wohlduft die düsteren, unheimlichen Erinnerungen zu verscheuchen.

94

Luther erschütterte Deutschland — aber Franz Drake beruhigte es wieder: er gab uns die Kartoffel.

*

Geflügel bekommen wir nur dann, wenn uns etwa eine Fliege in die Suppe fällt.

*

„Ironie haben wir nicht" — rief Nannerl, die schlanke Kellnerin, die in diesem Augenblick vorbeisprang — „aber jedes andre Bier können Sie doch haben."

*

Im warmen Nestchen einer dürren Pappel sitzt der Spatz und die Spätzin und piepen von häuslicher Zufriedenheit und ehlichem Glück —

*

Wie die Spartaner ihre Kinder vor der Trunkenheit bewahrten, indem sie ihnen als warnendes Beispiel einen berauschten Heloten zeigten: so sollten wir in unseren Erzie-

hungsanstalten einen Holländer füttern, dessen sympathielose, gehäbige Fischnatur den Kindern einen Abscheu vor der Nüchternheit einflößen möge. Wahrlich diese holländische Nüchternheit ist ein weit fataleres Laster als die Besoffenheit eines Heloten. Ich möchte Mynheer prügeln . . .

Aber nein, keine Exzesse!

*

Aber so sind die Menschen, es wird ihnen sehr leicht, in Eifer zu geraten, wenn sie über Sünden sprechen, die ihnen kein Vergnügen machen würden.

*

Es gibt Leute, welche glauben, sie könnten den Schmetterling ganz genau betrachten, wenn sie ihn mit einer Nadel aufs Papier festgestochen haben. Das ist eben so törigt wie grausam. Der angeheftete, ruhige Schmetterling ist kein Schmetterling mehr. Den Schmetterling muß man betrachten wenn er um die Blumen gaukelt . . .

*

Den deutschen Universitäten muß man nachrühmen, daß sie den deutschen Schriftsteller, mehr als jede andere Zunft, mit allerlei Narren versorgen, und besonders Göttingen habe ich immer in dieser Hinsicht zu schätzen gewußt. Dies ist auch der geheime Grund, weshalb ich mich für die Erhaltung der Universitäten erkläre.

*

„Welch ein Unglück, daß ich gebildete Eltern habe! Ich muß von Morgen bis Abend alles Mögliche auswendig lernen und still sitzen und artig sein, während die ungebildeten Kinder da unten den ganzen Tag glücklich herumlaufen und sich amüsieren können!"

*

Er wußte, daß er von Spionen umgeben war, und einst sagte er mir: „da geht beständig ein Kerl hinter mir her, der mich auf allen Straßen verfolgt, vor allen Häusern stehen bleibt, wo ich hineingehe und gewiß von irgend einer Regierung teuer dafür bezahlt wird. Wüßte ich nur, welche Regierung, ich würde ihr schreiben, daß ich das Geld selbst verdienen möchte, daß ich selber ihr täglich einen gewissenhaften Rapport abstatten wolle, wie ich den ganzen Tag zugebracht, mit wem ich gesprochen, wohin ich gegangen: ja, für die Hälfte des Geldes zu liefern, das dieser Kerl, der beständig hinter mir einher geht, sich zahlen läßt; denn ich muß ja alle diese Gänge ohnedies machen. Ich könnte vielleicht davon leben, daß ich mein eigener Spion werde."

✲

Er hat es in der Ignoranz am weitesten gebracht.

✲

Die Tiroler sind schön, heiter, ehrlich, brav, und von unergründlicher Geistesbeschränktheit.

✲

Merkur hatte zu wählen zwischen den zwei Industrien, die im wesentlichen nicht sehr verschieden, da bei beiden die Aufgabe gestellt ist, das fremde Eigentum so wohlfeil als möglich zu erlangen: aber der pfiffige Gott bedachte, daß der Diebesstand in der öffentlichen Meinung keine so hohe Achtung genießt, wie der Handelsstand, daß jener von der Polizei verpönt, während dieser von den Gesetzen sogar privilegiert ist, daß die Kaufleute jetzt auf der Leiter der Ehre die höchste Staffel erklimmen, während die vom Diebesstand manchmal eine minder angenehme Leiter besteigen müssen, daß sie Freiheit und Leben aufs Spiel setzen, während der Kaufmann nur seine Kapitalien oder nur die seiner Freunde einbüßen kann, und der pfiffigste der Götter ward Kaufmann, und um es vollständig zu sein, ward er sogar Holländer.

95

Es ist eine eigne Sache um die Schriftstellerei. Der Eine

hat Glück in der Ausübung derselben, der Andre hat Unglück. Das schlimmste Mißgeschick trifft vielleicht meinen armen Freund Hinrich Kitzler, Magister Artium zu Göttingen. Keiner dort ist so gelehrt, keiner so ideenreich, keiner so fleißig wie dieser Freund, und dennoch ist bis auf dieser Stunde noch kein Buch von ihm auf der Leipziger Messe zum Vorschein gekommen. Der alte Stiefel auf der Bibliothek lächelt immer, wenn Hinrich Kitzler ihn um ein Buch bat, dessen er sehr bedürftig sei für ein Werk, welches er eben unter der Feder habe. Es wird noch lange unter der Feder bleiben! murmelte dann der alte Stiefel, während er die Bücherleiter hinaufstieg. Sogar die Köchinnen lächelten, wenn sie auf der Bibliothek die Bücher abholten: „für den Kitzler." Der Mann galt allgemein für einen Esel, und im Grunde war er nur ein ehrlicher Mann. Keiner kannte die wahre Ursache warum nie ein Buch von ihm herauskam, und nur durch Zufall entdeckte ich sie, als ich ihn einst um Mitternacht besuchte, um mein Licht bei ihm anzuzünden; denn er war mein Stubennachbar. Er hatte eben sein großes Werk über die Vortreflichkeit des Christentums vollendet; aber er schien sich darob keineswegs zu freuen und betrachtete mit Wehmut sein Manuskript. Nun wird dein Name doch endlich, sprach ich zu ihm, im Leipziger Meßkatalog unter den fertig gewordenen Büchern prangen! Ach nein, seufzte er aus tiefster Brust, auch dieses Werk werde ich ins Feuer werfen müssen, wie die vorigen ... Und nun vertraute er mir sein schreckliches Geheimnis. Den armen Magister traf wirklich das schlimmste Mißgeschick, jedesmal wenn er ein Buch schrieb. Nachdem er nämlich für das Thema, das er beweisen wollte, alle seine Gründe entwikkelt, glaubte er sich verpflichtet die Einwürfe, die etwa ein Gegner anführen könnte, ebenfalls mitzuteilen; er ergrübelte alsdann vom entgegengesetzten Standpunkte aus die scharfsinnigsten Argumente, und indem diese unbewußt in seinem Gemüte Wurzel faßten, geschah es immer, daß, wenn das Buch fertig war, die Meinungen des armen Verfassers sich allmählich umgewandelt hatten, und eine dem Buche ganz entgegengesetzte Überzeugung in seinem Geiste erwachte. Er war alsdann auch ehrlich genug, den Lorbeer des literarischen Ruhmes auf dem Altar der Wahrheit zu opfern, d. h. sein Manuskript ins Feuer zu werfen. Darum seufzte er aus so tiefer Brust, als er die Vortrefflichkeit des Christentums bewiesen hatte. Da habe ich nun, sprach er traurig, zwanzig Körbe Kirchenväter exzerpiert; da habe ich nun ganze Nächte am Studiertische gehockt und Acta Sanctorum gelesen, während auf deiner Stube Punsch getrunken und der Landesvater besungen wurde; da habe ich nun für theologische Novitäten, deren ich zu meinem Werke bedurfte, 38 sauer erworbene Taler an Vandenhoek et Ruprecht bezahlt, statt mir für das Geld einen Pfeifenkopf zu kaufen; da habe ich nun gearbeitet wie ein Hund seit zwei Jahren, zwei kostbaren Lebensjahren ... und alles um mich lächerlich zu machen, um wie ein ertappter Prahler die Augen niederzuschlagen, wenn die Frau Kirchenrätin Planck mich fragt: wann wird Ihre Vortrefflichkeit des Christentums herauskommen? Ach! Das Buch ist fertig, fuhr der arme Mann fort, und würde auch dem Publikum gefallen; denn ich habe den Sieg des Christentums über das Heidentum darin verherrlicht und ich habe bewiesen, daß dadurch auch die Wahrheit und die Vernunft über Heuchelei und Wahnsinn gesiegt. Aber, ich Unglückseliger, in tiefster Brust fühle ich daß — — —

Sprich nicht weiter! rief ich mit gerechter Entrüstung, wage nicht, Verblendeter, das Erhabene zu schwärzen und das Glänzende in den Staub zu ziehn! Wenn du auch die Wunder des Evangeliums leugnen möchtest, so kannst du doch nicht leugnen, daß der Sieg des Evangeliums selber ein Wunder war. Eine kleine Schar wehrloser Menschen drang in die große Römerwelt, trotzte ihren Schergen und Weisen, und triumphierte durch das bloße Wort. Aber welch ein Wort! Das morsche Heidentum erbebte und krachte bei dem Worte dieser fremden Männer und Frauen, die ein neues Himmelreich ankündigten und nichts fürchteten auf der alten Erde, nicht die Tatzen der wilden Tiere, nicht den Grimm der noch wilderen Menschen, nicht das Schwert, nicht die Flamme ... denn sie selber waren Schwert und

Flamme, Flamme und Schwert Gottes! Dieses Schwert hat das welke Laub und dürre Reisig abgeschlagen von dem Baume des Lebens und dadurch geheilt von der einfressenden Fäulnis; diese Flamme hat den erstarrten Stamm wieder von innen erwärmt, daß frisches Laub und duftige Blüten hervorsproßten ... es ist die schauerlich erhabenste Erscheinung der Weltgeschichte dieses erste Auftreten des Christentums, sein Kampf und sein vollkommener Sieg.

Ich sprach diese Worte mit desto würdigerem Ausdruck, da ich an jenem Abend sehr viel Eimbecker Bier zu mir genommen hatte, und meine Stimme desto volltönender erscholl.

Hinrich Kitzler ließ sich aber dadurch keineswegs verblüffen, und mit einem ironisch schmerzlichen Lächeln sprach er: Bruderherz! gib dir keine überflüssige Mühe. Alles was du jetzt sagst, habe ich selber, in diesem Manuskripte, weit besser und weit gründlicher auseinandergesetzt. Hier habe ich den verworfenen Weltzustand zur Zeit des Heidentums aufs grellste ausgemalt, und ich darf mir schmeicheln, daß meine kühnen Pinselstriche an die Werke der besten Kirchenväter erinnern. Ich habe gezeigt, wie lasterhaft die Griechen und Römer geworden, durch das böse Beispiel jener Götter, welche, nach den Schandtaten die man ihnen nachsagte, kaum würdig gewesen wären für Menschen zu gelten. Ich habe unumwunden ausgesprochen, daß sogar Jupiter, der oberste der Götter, nach dem königlich hannövrischen Kriminalrechte, hundertmal das Zuchthaus, wo nicht gar den Galgen, verdient hätte. Dagegen habe ich die Moralsprüche, die im Evangelium vorkommen, gehörig verdeutlicht und gezeigt wie, nach dem Muster ihres göttlichen Vorbilds, die ersten Christen, trotz der Verachtung und Verfolgung, welche sie dafür erduldeten, nur die schönste Sittenreinheit gelehrt und ausgeübt haben. Das ist die schönste Partie meines Werks, wo ich begeisterungsvoll schilderte, wie das junge Christentum, der kleine David, mit dem alten Heidentum in die Schranken tritt und diesen großen Goliath tötet. Aber ach! dieser Zweikampf erscheint mir seitdem in einem sonderbaren Lichte — — — Ach! alle

Lust und Liebe für meine Apologie versiegte mir in der Brust, als ich mir lebhaft ausdachte, wie etwa ein Gegner den Triumph des Evangeliums schildern könnte. Zu meinem Unglück fielen mir einige neuere Schriftsteller, z. B. Edward Gibbon, in die Hände, die sich eben nicht besonders günstig über jenen Sieg aussprachen und nicht sehr davon erbaut schienen, daß die Christen, wo das geistige Schwert und die geistige Flamme nicht hinreichten, zu dem weltlichen Schwert und der weltlichen Flamme ihre Zuflucht nahmen. Ja, ich muß gestehen, daß mich endlich für die Reste der Heidentums, jene schönen Tempel und Statuen, ein schauerliches Mitleid anwandelte; denn sie gehörten nicht mehr der Religion, die schon lange, lange vor Christi Geburt, tot war, sondern sie gehörten der Kunst, die da ewig lebt. Es trat mir einst feucht in die Augen, als ich zufällig auf der Bibliothek „Die Schutzrede für die Tempel“ las, worin der alte Grieche Libanius die frommen Barbaren aufs schmerzlichste beschwor, jene teuren Meisterwerke zu schonen, womit der bildende Geist der Hellenen die Welt verziert hatte. Aber vergebens! Jene Denkmäler einer Frühlingsperiode der Menschheit, die nie wiederkehren wird und die nur einmal hervorblühen konnte, gingen unwiederbringlich zu Grunde, durch den schwarzen Zerstörungseifer der Christen — — —

Nein, fuhr der Magister fort in seiner Rede, ich will nicht nachträglich, durch Herausgabe dieses Buches, Teil nehmen an solchem Frevel, nein, das will ich nimmermehr ... Und Euch, Ihr zerschlagenen Statuen der Schönheit, Euch, Ihr Manen der toten Götter, Euch, die Ihr nur noch liebliche Traumbilder seid im Schattenreiche der Poesie, Euch opfere ich dieses Buch!

Bei diesen Worten warf Hinrich Kitzler sein Manuskript in die Flammen des Kamines, und von der Vortrefflichkeit des Christentums blieb nichts übrig als graue Asche. —

96

Himmel! welche entsetzliche Wortfügungen; welche hochverräterische Zeitwörter! welche majestätsverbrecherische Akkusative! welche Imperative! welche polizeiwidrige Fragezeichen! welche Metaphern, deren bloßer Schatten schon zu zwanzig Jahr Festungsstrafe berechtigte. Aber trotz des Grauens, den mir jene Briefe einflößten, weckten sie in mir eine Erinnerung, die sehr komischer Art, die mich fast bis zum Lachen erheiterte, und die ich hier durchaus nicht verschweigen kann. Ich gestehe es, die ganze Erscheinung Börnes, wie sie sich in jenen Briefen offenbarte, erinnerte mich an den alten Polizeivogt, der, als ich ein kleiner Knabe war, in meiner Vaterstadt regierte. Ich sage regierte, da er mit unumschränktem Stock die öffentliche Ruhe verwaltend, uns kleinen Buben einen ganz majestätischen Respekt einflößte und uns schon durch seinen bloßen Anblick gleich auseinander jagte, wenn wir auf der Straße gar zu lärmige Spiele trieben. Dieser Polizeivogt wurde plötzlich wahnsinnig und bildete sich ein, er sei ein kleiner Gassenjunge, und zu unserer unheimlichsten Verwunderung sahen wir, wie er, der allmächtige Straßenbeherrscher, statt Ruhe zu stiften, uns zu dem lautesten Unfug aufforderte. „Ihr seid viel zu zahm“, rief er, „ich aber will Euch zeigen, wie man Spektakel machen muß!“ Und dabei fing er an wie ein Löwe zu brüllen oder wie ein Kater zu miauen, und er klingelte an den Häusern, daß die Türglocke abriß, und er warf Steine gegen die klirrenden Fensterscheiben, immer schreiend: ich will Euch lehren, Jungens, wie man Spektakel macht! Wir kleinen Buben amüsierten uns sehr über den Alten und liefen jubelnd hinter ihm drein, bis man ihn ins Irrenhaus abführte.

Während der Lektüre der Börneschen Briefe dachte ich wahrhaftig immer an den alten Polizeivogt, und mir war oft, als hörte ich wieder seine Stimme: ich will Euch lehren, wie man Spektakel macht!

In den mündlichen Gesprächen Börnes war die Steigerung seines politischen Wahnsinns minder auffallend, da sie im Zusammenhang blieb mit den Leidenschaften, die in seiner nächsten Umgebung wüteten, sich beständig schlagfertig hielten und nicht selten auch tatsächlich zuschlugen. Als ich

Börne zum zweitenmal besuchte, in der Rue de Provence, wo er sich definitiv einquartiert hatte, fand ich in seinem Salon eine Menagerie von Menschen, wie man sie kaum im zoologischen Garten finden möchte. Im Hintergrunde kauerten einige deutsche Eisbären, welche Tabak rauchten, fast immer schwiegen und nur dann und wann einige vaterländische Donnerworte im tiefsten Brummbaß hervorbrachten. Neben ihnen hockte auch ein polnischer Wolf, welcher eine rote Mütze trug und manchmal die süßlich fadesten Bemerkungen mit heiserer Kehle heulte. Dann fand ich dort einen französischen Affen, der zu den häßlichsten gehörte, die ich jemals gesehen; er schnitt beständig Gesichter, damit man sich das schönste darunter aussuchen möge. Das unbedeutendste Subjekt in jener Börneschen Menagerie war ein Herr *, Sohn des alten *, eines Weinhändlers in Frankfurt am Main, der ihn gewiß in sehr nüchterner Stimmung gezeugt, ... eine lange, hagere Gestalt, die wie der Schatten einer Eau-de-Cologne-Flasche aussah, aber keineswegs wie der Inhalt derselben roch. Trotz seines dünnen Aussehens trug er, wie Börne behauptete, zwölf wollene Unterjacken; denn ohne dieselben würde er gar nicht existieren. Börne machte sich beständig über ihn lustig:

„Ich präsentiere Ihnen hier einen *, es ist freilich kein * erster Größe, aber er ist doch mit der Sonne verwandt, er empfängt von derselben sein Licht ... er ist ein untertäniger Verwandter der Herrn von Rothschild ... Denken Sie sich, Herr *, ich habe diese Nacht im Traum den Frankfurter Rothschild hängen sehen, und Sie waren es, welcher ihm den Strick um den Hals legte ...“

Herr * erschrak bei diesen Worten, und wie in Todesangst rief er: „Herr Berne, ich bitte Ihnen, sagen Sie das nicht weiter ... ich hab Grind ...“ — „Ich hab Grind“ — wiederholte mehrmals der junge Mensch, und indem er sich gegen mich wandte, bat er mich mit leiser Stimme ihm in eine Ecke des Zimmers zu folgen, um mir seine delikate „Posiziaun“ zu vertrauen. „Sehen Sie“, flüsterte er heimlich, „ich habe eine delikate Posiziaun. Von der einen Seite ist Madame Wohl auf dem Wollgraben meine Tante und auf der anderen Seite ist die Frau von Herrn von Rothschild auch so zu sagen, meine Tante. Ich bitte Ihnen, erzählen Sie nicht im Hause des Herrn Baron v. Rothschild, daß Sie mich hier bei Berne gesehen haben ... ich hab Grind."

Börne machte sich über diesen Unglücklichen beständig lustig und besonders hechelte er ihn wegen der mundfaulen und kauderwälschen Art wie er das Französische aussprach. „Mein lieber Landsmann", sagte er, „die Franzosen haben Unrecht über Sie zu lachen; sie offenbaren dadurch ihre Unwissenheit. Verständen sie deutsch, so würden sie einsehen, wie richtig Ihre Redensarten konstruiert sind, nämlich vom deutschen Standpunkte aus ... Und warum sollen Sie Ihre Nationalität verleugnen? Ich bewundere sogar, mit welcher Gewandtheit Sie Ihre Muttersprache, das Frankfurter Mauscheln, ins Französische übertragen ... Die Franzosen sind ein unwissendes Volk, und werden es nie dahin bringen, ordentlich deutsch zu lernen. Sie haben keine Geduld ... Wir Deutschen sind das geduldigste und gelehrigste Volk ... Wie viel müssen wir schon als Knaben lernen! wie viel Latein! wie viel Griechisch, wie viel persische Könige, und ihre ganze Sippschaft bis zum Großvater! ... ich wette, so ein unwissender Franzose weiß sogar in seinen alten Tagen noch nicht, daß die Mutter des Cyrus Frau Mandane geheißen und eine geborne Astyages war. Auch haben wir die besten Handbücher für alle Wissenschaften herausgegeben. Neanders Kirchengeschichte und Meyer Hirschs Rechenbuch sind klassisch. Wir sind ein denkendes Volk und weil wir so viel Gedanken hatten, daß wir sie nicht alle aufschreiben konnten, haben wir die Buchdruckerei erfunden, und weil wir manchmal vor lauter Denken und Bücherschreiben oft das liebe Brot nicht hatten, erfanden wir die Kartoffel.

Das deutsche Volk, brummte der deutsche Patriot aus seiner Ecke, hat auch das Pulver erfunden.

Börne wandte sich rasch nach dem Patrioten, der ihn mit dieser Bemerkung unterbrochen hatte, und sprach sarkastisch lächelnd: „Sie irren sich, mein Freund, man kann nicht so eigentlich behaupten, daß das deutsche Volk das Pulver erfunden habe. Das deutsche Volk besteht aus dreißig Millionen Menschen. Nur einer davon hat das Pulver erfunden ... die übrigen, 29,999,999 Deutsche, haben das Pulver nicht erfunden. — Übrigens ist das Pulver eine gute Erfindung, ebenso wie die Druckerei, wenn man nur den rechten Gebrauch davon macht. Wir Deutsche aber benutzen die Presse, um die Dummheit, und das Pulver, um die Sklaverei zu verbreiten —"

97

Ein verwachsener, krummbeinigter Schustergeselle trat auf und behauptete, alle Menschen seien gleich ... Ich ärgerte mich nicht wenig über diese Impertinenz ... Es war das erste und letzte Mal, daß ich einer Volksversammlung beiwohnte.

Dieses eine Mal war aber auch hinreichend ... Ich will dir gern, lieber Leser, bei dieser Gelegenheit ein Geständnis machen, das du eben nicht erwartest. Du meinst vielleicht, der höchste Ehrgeiz meines Lebens hätte immer darin bestanden, ein großer Dichter zu werden, etwa gar auf dem Kapitol gekrönt zu werden, wie weiland Messer Francesco Petrarcha ... Nein, es waren vielmehr die großen Volksredner, die ich immer beneidete, und ich hätte für mein Leben gern auf öffentlichem Markte, vor einer bunten Versammlung, das große Wort erhoben, welches die Leidenschaften aufwühlt oder besänftigt und immer eine augenblickliche Wirkung hervorbringt. Ja, unter vier Augen will ich es dir gern eingestehen, daß ich in jener unerfahrenen Jugendzeit, wo uns die komödiantenhaften Gelüste anwandeln, mich oft in eine solche Rolle hineindachte. Ich wollte durchaus ein großer Redner werden, und wie Demosthenes deklamierte ich zuweilen am einsamen Meeresstrand, wenn Wind und Wellen brausten und heulten; so übt man seine Lungen und gewöhnt sich dran, mitten im größten Lärm einer Volksversammlung zu sprechen. Nicht selten sprach ich auch auf freiem Felde vor einer großen Anzahl Ochsen und Kühe, und es gelang mir, das versammelte Rindviehvolk zu überbrüllen. Schwerer schon ist es, vor Schafen eine Rede zu halten. Bei allem, was du ihnen sagst, diesen Schafsköpfen, wenn du sie ermahnst, sich zu befreien, nicht wie ihre Vorfahren geduldig zur Schlachtbank zu wandern ... sie antworten dir, nach jedem Satze, mit einem so unerschütterlich gelassenen Mäh! Mäh! daß man die Beherrschung verlieren kann. Kurz, ich tat alles, um, wenn bei uns einmal eine Revolution aufgeführt werden möchte, als deutscher Volksredner auftreten zu können. Aber ach! schon gleich bei der ersten Probe merkte ich, daß ich in einem solchen Stücke meine Lieblingsrolle nimmermehr tragieren kann. Und lebten sie noch, weder Demosthenes, noch Cicero, noch Mirabeau könnten in einer deutschen Revolution als Sprecher auftreten: denn bei einer deutschen Revolution wird geraucht. Denkt Euch meinen Schreck, als ich in Paris der obenerwähnten Volksversammlung beiwohnte, fand ich sämtliche Vaterlandsretter mit Tabakspfeifen im Maule, und der ganze Saal war so erfüllt von schlechtem Knasterqualm, daß er mir gleich auf die Brust schlug und es mir platterdings unmöglich gewesen wäre, ein Wort zu reden ...

Ich kann den Tabaksqualm nicht vertragen, und ich merkte, daß in einer deutschen Revolution die Rolle eines Großsprechers in der Weise Börnes & Konsorten nicht für mich paßte. Ich merkte überhaupt, daß die deutsche Tribunalkarriere nicht eben mit Rosen, und am allerwenigsten mit reinlichen Rosen bedeckt. So z. B. mußt du allen diesen Zuhörern, „lieben Brüdern und Gevattern" recht derb die Hand drücken. Es ist vielleicht metaphorisch gemeint, wenn Börne behauptet: im Fall ihm ein König die Hand gedrückt, würde er sie nachher ins Feuer halten, um sie zu reinigen; es ist aber durchaus nicht bildlich, sondern ganz buchstäblich gemeint, daß ich, wenn mir das Volk die Hand gedrückt, sie nachher waschen werde.

Man weiß in wirklichen Revolutionszeiten das Volk mit eignen Augen gesehen, mit eigner Nase gerochen haben, man muß mit eignen Ohren anhören, wie dieser souveräne

Rattenkönig sich ausspricht, um zu begreifen, was Mirabeau andeuten will mit den Worten: „Man macht keine Revolution mit Lavendelöl.“

So lange wir die Revolutionen in den Büchern lesen, sieht das alles sehr schön aus, und es ist damit, wie mit jenen Landschaften, die, kunstreich gestochen auf dem weißen Velinpapier, so rein, so freundlich aussehen, aber nachher, wenn man sie in Natura betrachtet, vielleicht an Grandiosität gewinnen, doch einen sehr schmutzigen und schäbbigen Anblick in den Einzelheiten gewähren; die in Kupfer gestochenen Misthaufen riechen nicht, und der in Kupfer gestochene Morast ist leicht mit den Augen zu durchwaten!

98

Werden wir endlich von unseren Eichenwäldern den rechten Gebrauch machen, nämlich zu Barrikaden für die Befreiung der Welt? Werden wir, denen die Natur so viel Tiefsinn, so viel Kraft, so viel Mut erteilt hat, endlich unsere Gottesgaben benutzen und das Wort des großen Meisters, die Lehre von den Rechten der Menschheit, begreifen, proklamieren und in Erfüllung bringen?

Es sind jetzt sechs Jahre, daß ich, zu Fuß das Vaterland durchwandernd, auf die Wartburg ankam und die Zelle besuchte, wo Doktor Luther gehaust. Ein braver Mann, auf den ich keinen Tadel kommen lasse; er vollbrachte ein Riesenwerk, und wir wollen ihm immer dankbar die Hände küssen für das, was er tat. Wir wollen nicht mit ihm schmollen, daß er unsere Freunde allzu unhöflich anließ, als sie in der Exegese des göttlichen Wortes etwas weiter gehen wollten als er selber, als sie auch die irdische Gleichheit in Vorschlag brachten ... Ein solcher Vorschlag war freilich damals noch unzeitgemäß, und Meister Hemling, der dir dein Haupt abschlug, armer Thomas Münzer, er war in gewisser Hinsicht wohl berechtigt zu solchem Verfahren: denn er hatte das Schwert in Händen, und sein Arm war stark!

Auf der Wartburg besuchte ich auch die Rüstkammer, wo die alten Harnische hängen, die alten Pickelhauben, Tartschen, Hellebarden, Flammberge, die eiserne Garderobe des Mittelalters. Ich wandelte nachsinnend im Saale herum mit einem Universitätsfreunde, einem jungen Herrn vom Adel, dessen Vater damals einer der mächtigsten Viertelfürsten in unserer Heimat war, und das ganze zitternde Ländchen beherrschte. Auch seine Vorfahren sind mächtige Barone gewesen, und der junge Mann schwelgte in heraldischen Erinnerungen bei Anblick der Rüstungen und der Waffen, die wie ein angehefteter Zettel meldete, irgend einem Ritter seiner Sippschaft angehört hatten. Als er das lange Schwert des Ahnherrn von dem Haken herablangte und aus Neugier versuchte, ob er es wohl handhaben könnte, gestand er, daß es ihm doch etwas zu schwer sei, und er ließ entmutigt den Arm sinken. Als ich dieses sah, als ich sah, wie der Arm des Enkels zu schwach für das Schwert seiner Väter, da dachte ich heimlich in meinem Sinn: Deutschland könnte frei sein.

99

Von Rheinbayern sollte die deutsche Revolution ausgehen. Zweibrücken war das Bethlehem, wo die junge Freiheit, der Heiland, in der Wiege lag und welterlösend greinte. Neben dieser Wiege brüllte manches Öchslein, das späterhin, als man auf seine Hörner zählte, sich als ein sehr gemütliches Rindvieh erwies. Man glaubte ganz sicher, daß die deutsche Revolution in Zweibrücken beginnen würde, und alles war dort reif zum Ausbruch. Aber, wie gesagt, die Gemütlichkeit einiger Personen vereitelte jenes polizeiwidrige Unterfangen. Da war z. B. unter den verschwornen Bipontinern ein gewaltiger Bramarbas, der immer am lautesten wütete, der von Tyrannenhaß am tollsten übersprudelte, und dieser sollte, mit der ersten Tat vorangehend, eine Schildwache, die einen Hauptposten bewachte, gleich niederstehen ... „Was! — rief der Mann, als man ihm diese Ordre gab, — was! mir, mir konntet Ihr eine so schauderhafte, so abscheuliche, so blutdürstige Handlung zumuten? Ich, Ich soll eine unschuldige Schildwache umbringen? Ich, der ich ein Familienvater bin! Und diese Schildwache ist vielleicht ebenfalls ein Familienvater. Ein Familienvater soll einen Familienvater ermorden! ja töten! umbringen!"

Da der Dr. Pistor, einer der Zweibrücker Helden, welcher mir diese Geschichte erzählte, jetzt dem Bereiche jeder Verantwortlichkeit entsprungen ist, darf ich ihn wohl als Gewährsmann nennen. Er versicherte mir, daß die deutsche Revolution durch die erwähnte Sentimentalität des Familienvaters vor der Hand vertagt wurde. Und doch war der Moment ziemlich günstig. Nur damals und während den Tagen des Hambacher Festes hätte mit einiger Aussicht guten Erfolges die allgemeine Umwälzung in Deutschland versucht werden können. Jene Hambacher Tage waren der letzte Termin den die Göttin der Freiheit uns gewährte; die Sterne waren günstig; seitdem erlosch jede Möglichkeit des Gelingens. Dort waren sehr viele Männer der Tat versammelt die selber von ernstem Willen glühten und auf die sicherste Hülfe rechnen konnten. Jeder sah ein, es sei der rechte Moment zu dem großen Wagnis, und die meisten setzten gerne Glück und Leben aufs Spiel ... Wahrlich, es war nicht die Furcht, welche damals nur das Wort entzügelte und die Tat zurückdämmte. — Was war es aber, was die Männer von Hambach abhielt die Revolution zu beginnen?

Ich wage es kaum zu sagen, denn es klingt unglaublich, aber ich habe die Geschichte aus authentischer Quelle, nämlich von einem Mann, der als wahrheitsliebender Republikaner bekannt und selber zu Hambach in dem Komitee saß, wo man über die anzufangende Revolution debattierte; er gestand mir nämlich im Vertrauen: als die Frage der Kompetenz zur Sprache gekommen, als man darüber stritt, ob die zu Hambach anwesenden Patrioten auch wirklich kompetent seien im Namen von ganz Deutschland eine Revolution anzufangen? da seien diejenigen, welche zur raschen Tat rieten, durch die Mehrheit überstimmt worden, und die Entscheidung lautete: „man sei nicht kompetent".

O Schilda, mein Vaterland!

Es ist die beste Geschichte, die ich auf dieser Erde erfahren habe. Wenn ich daran denke, vergesse ich alle Kümmernisse dieses irdischen Jammertals, und vielleicht einst, nach dem Tode, in der nebligten Langeweile des Schattenreichs wird die Erinnerung an diese Kompetenzgeschichte mich aufheitern können ...

O Schilda, mein Vaterland!

Ist dieses Geschichte nicht wert, mit goldenen Buchstaben auf Samt gestickt zu werden? Ich möchte sie jedenfalls in Verse bringen und in Musik setzen lassen, damit sie großen Königskindern als Wiegenlied vorgesungen werde ... Ihr könnt ruhig schlafen —, Ihr habt nichts zu riskieren, die deutsche Revolution ist noch weit von Euch entfernt, gut Ding will Weile und die Frage der Kompetenz ist noch nicht entschieden ...

O Schilda, mein Vaterland!

100

(An Heinrich Laube)

Für alles, was Sie mir Freundliches geschrieben und über mich gedruckt haben, danke ich mit ganzer Seele. Sein Sie überzeugt, daß ich Sie verstehe und also wahrhaft schätze und ehre. Sie stehen höher als alle die anderen, die nur das Äußerliche der Revolution und nicht die tieferen Fragen derselben verstehen. Diese Fragen betreffen weder Formen noch Personen, weder die Einführung einer Republik noch die Beschränkung einer Monarchie, sondern sie betreffen das materielle Wohlsein des Volkes. Die bisherige spiritualistische Religion war heilsam und notwendig, solange der größte Teil der Menschen im Elend lebten und sich mit der himmlischen Seligkeit vertrösten mußten. Seit aber, durch die Fortschritte der Industrie und Ökonomie, es möglich geworden, die Menschen aus ihrem materiellen Elende herauszuziehen und auf Erden zu beseligen, seitdem — Sie verstehen mich. Und die Leute werden uns schon verstehen, wenn wir ihnen sagen, daß sie in der Folge alle Tage Rindfleisch statt Kartoffel essen sollen und weniger arbeiten und mehr tanzen werden. — Verlassen Sie sich darauf, die Menschen sind keine Esel. —

Ich schreibe diese Zeilen im Bette meiner schönhüftigen Freundin, die mich diese Nacht nicht fortließ, aus Furcht, daß ich zu Hause arretiert würde.

101

Paris, 3. März 1848. Ich habe Ihnen über die Ereignisse der drei großen Februartage noch nicht schreiben können, denn der Kopf war mir ganz betäubt. Beständig Getrommel, Schießen und Marseillase. Letztere, das unaufhörliche Lied, sprengte mir fast das Gehirn und ach! das staatsgefährlichste Gedankengesindel, das ich dort seit Jahren eingekerkert hielt, brach wieder hervor. Um den Aufruhr, der in meinem Gemüte entstand, einigermaßen zu dämpfen, summte ich zuweilen vor mich hin irgend eine heimatlich fromme Melodie, z. B. „Heil dir im Siegerkranz" oder „Üb du nur Treu und Redlichkeit" — vergebens. Der welsche Teufelsgesang überdröhnte in mir alle bessern Laute. Ich fürchte die dämonischen Freveltöne werden in Bälde auch Euch zu Ohren kommen und Ihr werdet ebenfalls ihre verlockende Macht erfahren. So ungefähr muß das Lied geklungen haben, das der Rattenfänger von Hameln pfiff. Wiederholt sich der große Autor? Geht ihm die Schöpfungskraft aus? Hat er das Drama das er uns diesen Februar zum Besten gab, nicht schon vor achtzehn Jahren ebenfalls zu Paris aufführen lassen unter dem Titel „die Juliusrevolution"? Aber ein gutes Stück kann man zweimal sehen. Jedenfalls ist es verbessert und vermehrt, und zumal der Schluß ist neu und ward mit rauschendem Beifall aufgenommen. Ich hatte einen guten Platz um der Vorstellung beizuwohnen, ich hatte gleichsam einen Sperrsitz, da die Straße, wo ich mich zufällig befand, von beiden Seiten durch Barrikaden gesperrt wurde. Gelegenheit hatte ich hier vollauf das Talent zu bewundern das die Franzosen bei dem Bau ihrer Barrikaden beurkunden. Jene hohen Bollwerke und Verschanzungen, zu deren Anfertigung die deutsche Gründlichkeit ganze Tage bedürfte, sie werden hier in einigen Minuten improvisiert, sie springen wie durch Zauber aus dem Boden hervor, und man sollte glauben die Erdgeister hätten dabei unsichtbar die Hand im Spiel. Die Franzosen sind das Volk der Geschwindigkeit. Die Heldentaten die sie in jenen Februartagen verrichteten, erfüllen uns ebenfalls mit Erstaunen. Die Todesverachtung womit die französischen Arbeiter gefochten haben, sollte uns eigentlich nur deshalb in Verwunderung setzen, weil sie keineswegs aus einem religiösen Bewußtsein entspringt und keinen Halt findet in dem schönen Glauben an ein Jenseits, wo man den Lohn dafür bekömmt, daß man hier auf Erden fürs Vaterland gestorben ist. Eben so groß wie die Tapferkeit, ich möchte auch sagen ebenso uneigennützig, war die Ehrlichkeit wodurch jene armen Leute in Kittel und Lumpen sich auszeichneten.

Die Reichen waren nicht wenig darüber erstaunt, daß die armen Hungerleider, die während drei Tagen in Paris herrschten, sich doch nie an fremdem Eigentum vergriffen. Die Reichen zitterten für ihre Geldkasten und machten große Augen als nirgends gestohlen wurde. Die Strenge, womit das Volk gegen etwelche Diebe verfuhr, die man auf der Tat ertappte, war manchen sogar nicht ganz recht, und es ward gewissen Leuten beinahe unheimlich zu Mute als sie vernahmen, daß man Diebe auf der Stelle erschieße. Unter einem solchen Regimente, dachten sie, ist man am Ende doch seines Lebens nicht sicher.

102

Erinnerung aus Krähwinkels Schreckenstagen

Wir Bürgermeister und Senat,
Wir haben folgendes Mandat
Stadtväterlichst an alle Klassen
Der treuen Bürgerschaft erlassen.

Ausländer, Fremde, sind es meist,
Die unter uns gesät den Geist
Der Rebellion. Dergleichen Sünder,
Gottlob! sind selten Landeskinder.

Auch Gottesleugner sind es meist;
Wer sich von seinem Gotte reißt,
Wird endlich auch abtrünnig werden
Von seinen irdischen Behörden.

Der Obrigkeit gehorchen, ist
Die erste Pflicht für Jud und Christ.
Es schließe jeder seine Bude
Sobald es dunkelt, Christ und Jude.

Wo ihrer drei beisammen stehn,
Da soll man auseinander gehn.
Des Nachts soll niemand auf den Gassen
Sich ohne Leuchte sehen lassen.

Es liefre seine Waffen aus
Ein jeder in dem Gildenhaus;
Auch Munition von jeder Sorte
Wird deponiert am selben Orte.

Wer auf der Straße räsoniert,
Wird unverzüglich füsiliert;
Das Räsonieren durch Gebärden
Soll gleichfalls hart bestrafet werden.

Vertrauet Eurem Magistrat,
Der fromm und liebend schützt den Staat
Durch huldreich hochwohlweises Walten;
Euch ziemt es, stets das Maul zu halten.

103

Im Oktober 1849

Gelegt hat sich der starke Wind,
Und wieder stille wirds daheime;
Germania, das große Kind,
Erfreut sich wieder seiner Weihnachtsbäume.

Wir treiben jetzt Familienglück —
Was höher lockt, das ist vom Übel —
Die Friedensschwalbe kehrt zurück,
Die einst genistet in des Hauses Giebel.

Gemütlich ruhen Wald und Fluß,
Von sanftem Mondlicht übergossen;
Nur manchmal knallts — Ist das ein Schuß? —
Es ist vielleicht ein Freund, den man erschossen.

104

Die Wahl-Esel

Die Freiheit hat man satt am End,
Und die Republik der Tiere
Begehrte, daß ein einzger Regent
Sie absolut regiere.

Jedwede Tiergattung versammelte sich,
Wahlzettel wurden geschrieben;
Parteisucht wütete fürchterlich,
Intrigen wurden getrieben.

Das Komitee der Esel ward
Von Alt-Langohren regieret;
Sie hatten die Köpfe mit einer Kokard,
Die schwarz-rot-gold, verzieret.

Es gab eine kleine Pferdepartei,
Doch wagte sie nicht zu stimmen;
Sie hatte Angst vor dem Geschrei
Der Alt-Langohren, der grimmen.

Als einer jedoch die Kandidatur
Des Rosses empfahl, mit Zeter
Ein Alt-Langohr in die Rede ihm fuhr,
Und schrie: Du bist ein Verräter!

Du bist ein Verräter, es fließt in dir
Kein Tropfen vom Eselsblute;
Du bist kein Esel, ich glaube schier,
Dich warf eine welsche Stute.

Du stammst vom Zebra vielleicht, die Haut
Sie ist gestreift zebräisch;
Auch deiner Stimme näselnder Laut
Klingt ziemlich ägyptisch-hebräisch.

Und wärst du kein Fremdling, so bist du doch nur
Verstandesesel, ein kalter;
Du kennst nicht die Tiefen der Eselsnatur,
Dir klingt nicht ihr mystischer Psalter.

Ich aber versenkte die Seele ganz
In jenes süße Gedösel;
Ich bin ein Esel, in meinem Schwanz
Ist jedes Haar ein Esel.

Ich bin kein Römling, ich bin kein Slaw;
Ein deutscher Esel bin ich,
Gleich meinen Vätern. Sie waren so brav,
So pflanzenwüchsig, so sinnig.

Sie spielten nicht mit Galanterei
Frivole Lasterspiele;
Sie trabten täglich, frisch-fromm-fröhlich-frei,
Mit ihren Säcken zur Mühle.

Die Väter sind nicht tot! Im Grab
Nur ihre Häute liegen,
Die sterblichen Hüllen. Vom Himmel herab
Schaun sie auf uns mit Vergnügen.

Verklärte Esel im Gloria-Licht!
Wir wollen Euch immer gleichen
Und niemals von dem Pfad der Pflicht
Nur einen Fingerbreit weichen.

O welche Wonne, ein Esel zu sein!
Ein Enkel von solchen Langohren!
Ich möcht es von allen Dächern schrein:
Ich bin als ein Esel geboren.

Der große Esel, der mich erzeugt,
Er war von deutschem Stamme;
Mit deutscher Eselsmilch gesäugt
Hat mich die Mutter, die Mamme.

Ich bin ein Esel, und will getreu,
Wie mein Väter, die Alten,
An der alten, lieben Eselei,
Am Eseltume halten.

Und weil ich ein Esel, so rate ich Euch,
Den Esel zum König zu wählen;
Wir stiften das große Eselreich,
Wo nur die Esel befehlen.

Wir alle sind Esel! I-A! I-A!
Wir sind keine Pferdeknechte.
Fort mit den Rossen! Es lebe, hurra!
Der König vom Eselsgeschlechte!

So sprach der Patriot. Im Saal
Die Esel Beifall rufen.
Sie waren alle national,
Und stampften mit den Hufen.

Sie haben des Redners Haupt geschmückt
Mit einem Eichenkranze.
Er dankte stumm, und hochbeglückt
Wedelt' er mit dem Schwanze.

105

Friedliche Gesinnung. Wünsche: bescheidene Hütte, Stroh-

dach, aber gutes Bett, gutes Essen, Milch und Butter, sehr frisch, vor dem Fenster Blumen, vor der Türe einige schöne Bäume, und wenn der liebe Gott mich ganz glücklich machen will, läßt er mir die Freude erleben, daß an diesen Bäumen etwa sechs bis sieben meiner Feinde aufgehängt werden — Mit gerührtem Herzen werde ich ihnen vor ihrem Tode alle Unbill verzeihen, die sie mir im Leben zugefügt — ja, man muß seinen Feinden verzeihen, aber nicht früher, als bis sie gehenkt worden. — Versöhnlichkeit, Liebe, Barmherzigkeit.

❃

Warum die Rose besingen, Aristokrat! besing die demokratische Kartoffel, die das Volk nährt! —

❃

Allerdings! es hegt in dem Begriff liberal etwas durchaus Aristokratisches, ein Überheben des einen, der gnädig und duldsam genugsam ist, dem anderen eine Gabe, Freiheit, Recht, Geltung darzureichen. Der Name eines Liberalen ist auch in Frankreich gegenwärtig bereits veraltet. Noch einmal! Nur Aristokraten sind liberal und Volksfreunde allein frei gesinnt.

❃

Höflichkeit: Wenn man einen König prügelt, muß man zugleich aus Leibeskräften „Es lebe der König!" rufen.

❃

Für die Völker ist nichts wichtiger, als sich zu kennen. Irrtümer können hier die blutigsten Folgen haben.

106

Unser Vaterland ist ein gesegnetes Land; es wachsen hier freilich keine Zitronen und keine Goldorangen, auch krüppelt sich der Lorbeer nur mühsam fort auf deutschem Boden, aber faule Äpfel gedeihen bei uns in erfreulichster Fülle, und alle unsere großen Dichter wußten davon ein Lied zu singen. Bei jenem Aufstand, wo ich Krone und

Kopf verlieren sollte, verlor ich keins von beiden, und die absurden Anschuldigungen, womit man den Pöbel gegen mich aufhetzte, sind seitdem, ohne daß ich mich zu einer Widerrede herabzulassen brauchte, aufs kläglichste verschollen. Die Zeit übernahm meine Rechtfertigung, und auch die respektiven deutschen Regierungen, ich muß es dankbar anerkennen, haben sich in dieser Beziehung verdient um mich gemacht. Die Verhaftsbefehle, die von der deutschen Grenze an, auf jeder Station, die Heimkehr des Dichters mit Sehnsucht erwarten, werden gehörig renoviert, jedes Jahr, um die heilige Weihnachtszeit, wenn an den Christbäumen die gemütlichen Lämpchen funkeln. Wegen solcher Unsicherheiten der Wege wird mir das Reisen in den deutschen Gauen schier verleidet, ich feiere deshalb meine Weihnachten in der Fremde, und werde auch in der Fremde, im Exil, meine Tage beschließen. Die wackern Kämpen für Licht und Wahrheit, die mich der Wankelmütigkeit und des Knechtsinns beschuldigten, gehen unterdessen im Vaterlande sehr sicher umher, als wohlbestallte Staatsdiener, oder als Würdeträger einer Gilde, oder als Stammgäste eines Klubs, wo sie sich des Abends patriotisch erquicken am Rebensafte des Vater Rhein und an meerumschlungenen schleswigholsteinschen Austern.

107

Der tugendhafte Hund

Ein Pudel, der mit gutem Fug
Den schönen Namen Brutus trug,
War vielberühmt im ganzen Land
Ob seiner Tugend und seinem Verstand.
Er war ein Muster der Sittlichkeit,
Der Langmut und Bescheidenheit.
Man hörte ihn loben, man hörte ihn preisen
Als einen vierfüßigen Nathan den Weisen.
Er war ein wahres Hundejuwel!
So ehrlich und treu! eine schöne Seel!

Auch schenkte sein Herr in allen Stücken
Ihm volles Vertrauen, er konnte ihn schicken
Sogar zum Fleischer. Der edle Hund
Trug dann einen Hängekorb im Mund,
Worin der Metzger das schöngehackte
Rindfleisch, Schaffleisch, auch Schweinefleisch packte. —
Wie lieblich und lockend das Fett gerochen,
Der Brutus berührte keinen Knochen,
Und ruhig und sicher, mit stoischer Würde,
Trug er nach Hause die kostbare Bürde.

Doch unter den Hunden wird gefunden
Auch eine Menge von Lumpenhunden
— Wie unter uns —, gemeine Köter,
Tagdiebe, Neidharde, Schwerenöter,
Die ohne Sinn für sittliche Freuden
Im Sinnenrausch ihr Leben vergeuden!
Verschworen hatten sich solche Racker
Gegen den Brutus, der treu und wacker,
Mit seinen Korb im Maule, nicht
Gewichen von dem Pfad der Pflicht. —
Und eines Tages, als er kam
Vom Fleischer und seinen Rückweg nahm
Nach Hause, da ward er plötzlich von allen
Verschwornen Bestien überfallen;
Da ward ihm der Korb mit dem Fleisch entrissen,
Da fielen zu Boden die leckersten Bissen,
Und fraßbegierig über die Beute
Warf sich die ganze hungrige Meute —
Brutus sah anfangs dem Schauspiel zu,
Mit philosophischer Seelenruh;
Doch als er sah, daß solchermaßen
Sämtliche Hunde schmausten und fraßen,
Da nahm auch er an der Mahlzeit teil
Und speiste selbst eine Schöpsenkeul.

Moral

Auch du, mein Brutus, auch du, du frißt?
So ruft wehmütig der Moralist.
Ja, böses Beispiel kann verführen;
Und, ach! gleich allen Säugetieren,
Nicht ganz und gar volkommen ist
Der tugendhafte Hund — er frißt!

108

Hoffart

O Gräfin Gudel von Gudelfeld,
Dir huldigt die Menschheit, denn du hast Geld!
Du wirst mit Vieren kutschieren,
Man wird dich bei Hof präsentieren.
Es trägt dich die goldne Karosse
Zum kerzenschimmernden Schlosse;
Es rauschet deine Schleppe
Hinauf die Marmortreppe;
Dort oben, in bunten Reihen,
Da stehen die Diener und schreien:
Madame la comtese de Gudelfeld.

Stolz, in der Hand den Fächer,
Wandelst du durch die Gemächer.
Belastet mit Diamanten
Und Perlen und Brüsseler Kanten,
Dein weißer Busen schwellet
Und freudig überquellet.
Das ist ein Lächeln und Nicken
Und Knixen und tiefes Bücken!
Die Herzogin von Pavia
Die nennt dich: cara mia.
Die Junker und die Schranzen,
Die wollen mit dir tanzen;
Und der Krone witziger Erbe
Ruft laut im Saal: Süperbe
Schwingt sie den Steiß, die Gudelfeld!

Doch, Ärmste, hast du einst kein Geld,
Dreht dir den Rücken die ganze Welt.
Es werden die Lakaien
Auf deine Schleppe speien.
Statt Bückling und Scherwenzen
Gibts nur Impertinenzen.
Die cara mia bekreuzt sich,
Und der Kronprinz ruft und schneuzt sich:
Nach Knoblauch riecht die Gudelfeld.

109

Der Asra

Täglich ging die wunderschöne
Sultanstochter auf und nieder
Um die Abendzeit am Springbrunn.
Wo die weißen Wasser plätschern.

Täglich stand der junge Sklave
Um die Abendzeit am Springbrunn,
Wo die weißen Wasser plätschern;
Täglich ward er bleich und bleicher.

Eines Abends trat die Fürstin
Auf ihn zu mit raschen Worten:
Deinen Namen will ich wissen,
Deine Heimat, deine Sippschaft!

Und der Sklave sprach: Ich heiße
Mohamet, ich bin aus Yemmen,
Und mein Stamm sind jene Asra,
Welche sterben, wenn sie lieben.

110

Das Sklavenschiff

1

Der Superkargo Mynher van Koek
Sitzt rechnend in seiner Kajüte;
Er kalkuliert der Ladung Betrag
Und die probabeln Profite.

„Der Gummi ist gut, der Pfeffer ist gut,
Dreihundert Säcke und Fässer;
Ich habe Goldstaub und Elfenbein —
Die schwarze Ware ist besser.

Sechshundert Neger tauschte ich ein
Spottwohlfeil am Senegalflusse.
Das Fleisch ist hart, die Sehnen sind stramm,
Wie Eisen vom besten Gusse.

Ich hab zum Tausche Branntewein,
Glasperlen und Stahlzeug gegeben;
Gewinne daran achthundert Prozent,
Bleibt mir die Hälfte am Leben.

Bleiben mir Neger dreihundert nur
Im Hafen von Rio-Janeiro,
Zahlt dort mir hundert Dukaten per Stück,
Das Haus Gonzales Perreiro."

Da plötzlich wird Mynher van Koek
Aus seinen Gedanken gerissen;
Der Schiffschirurgius tritt herein,
Der Doktor van der Smissen.

Das ist eine klapperdürre Figur,
Die Nase voll roter Warzen —
Nun, Wasserfeldscherer, ruft van Koek,
Wie gehts meinen lieben Schwarzen?

Der Doktor dankt der Nachfrage und spricht:
„Ich bin zu melden gekommen,
Daß heute nacht die Sterblichkeit
Bedeutend zugenommen.

Im Durchschnitt starben täglich zwei,
Doch heute starben sieben,
Vier Männer, drei Frauen — Ich hab den Verlust
Sogleich in die Kladde geschrieben.

Ich inspizierte die Leichen genau;
Denn diese Schelme stellen
Sich manchmal tot, damit man sie
Hinabwirft in die Wellen.

Ich nahm den Toten die Eisen ab;
Und wie ich gewöhnlich tue,
Ich ließ die Leichen werfen ins Meer
Des Morgens in der Fruhe.

Es schossen alsbald hervor aus der Flut
Haifische, ganze Heere,
Sie lieben so sehr das Negerfleisch;
Das sind meine Pensionäre.

Sie folgten unseres Schiffes Spur,
Seit wir verlassen die Küste;
Die Bestien wittern den Leichengeruch,
Mit schnupperndem Fraßgelüste.

Es ist possierlich anzusehn,
Wie sie nach den Toten schnappen!
Die faßt den Kopf, die faßt das Bein,
Die andern schlucken die Lappen.

Ist alles verschlungen, dann tummeln sie sich
Vergnügt um des Schiffes Planken
Und glotzen mich an, als wollten sie
Sich für das Frühstück bedanken."

Doch seufzend fällt ihm in die Red
Van Koek: Wie kann ich lindern
Das Übel? wie kann ich die Progression
Der Sterblichkeit verhindern?

Der Doktor erwidert: „Durch eigne Schuld
Sind viele Schwarze gestorben;
Ihr schlechter Odem hat die Luft
Im Schiffsraum so sehr verdorben.

Auch starben viele durch Melancholie,
Dieweil sie sich tödlich langweilen;
Durch etwas Luft, Musik und Tanz
Läßt sich die Krankheit heilen."

Da ruft van Koek: „Ein guter Rat!
Mein teurer Wasserfeldscherer
Ist klug wie Aristoteles,
Des Alexanders Lehrer.

Musik! Musik! Die Schwarzen solln
Hier auf dem Verdecke tanzen.
Und wer sich beim Hopsen nicht amüsiert,
Den soll die Peitsche kuranzen."

2

Hoch aus dem blauen Himmelszelt
Viel tausend Sterne schauen,
Sehnsüchtig glänzend, groß und klug,
Wie Augen von schönen Frauen.

Sie blicken hinunter in das Meer,
Das weithin überzogen
Mit phosphorstrahlendem Purpurduft;
Wollüstig girren die Wogen.

Kein Segel flattert am Sklavenschiff,
Es liegt wie abgetakelt;
Doch schimmern Laternen auf dem Verdeck,
Wo Tanzmusik spektakelt.

Die Fiedel streicht der Steuermann,
Der Koch, der spielt die Flöte,
Ein Schiffsjung schlägt die Trommel dazu,
Der Doktor bläst die Trompete.

Und Schnedderedeng und Dideldumdei —
Die Tänze nehmen kein Ende.
Am Fockmast steht Mynher van Koek
Und faltet betend die Hände:

Sie stampfen den Boden mit tobender Lust,
Und manche schwarze Schöne
Umschlingt wollüstig den nackten Genoß —
Dazwischen ächzende Töne.

Der Büttel ist maître des plaisirs,
Und hat mit Peitschenhieben
Die lässigen Tänzer stimuliert,
Zum Frohsinn angetrieben.

Und Dideldumdei und Schnedderedeng!
Der Lärme lockt aus den Tiefen
Die Ungetüme der Wasserwelt,
Die dort blödsinnig schliefen.

Schlaftrunken kommen geschwommen heran
Haifische, viele hundert;
Sie glotzen nach dem Schiff hinauf,
Sie sind verdutzt, verwundert.

Sie merken, daß die Frühstückstund
Noch nicht gekommen, und gähnen,
Aufsperrend den Rachen; die Kiefer sind
Bepflanzt mit Sägezähnen.

„Um Christi willen verschone, o Herr,
Das Leben der schwarzen Sünder!
Erzürnten sie dich, so weißt du ja,
Sie sind so dumm wie die Rinder.

Verschone ihr Leben um Christi willn,
Der für uns alle gestorben!
Denn bleiben mir nicht dreihundert Stück,
So ist mein Geschäft verdorben."

111

Der Wanzerich

Es saß ein brauner Wanzerich
Auf einem Pfennig und spreizte sich
Wie ein Rentier, und sprach: „Wer Geld hat,
Auch Ehr und Ansehn in der Welt hat.

Wer Geld hat, ist auch lieblich und schön —
Es kann kein Weib ihm widerstehn;
Die Weiber erbleichen schon und zittern,
Sobald sie meinen Odem wittern.

Ich habe manche Sommernacht
Im Bett der Königin zugebracht;
Sie wälzte sich auf ihren Matratzen,
Und mußte sich beständig kratzen."

Ein lustiger Zeisig, welcher gehört
Die prahlenden Worte, war drob empört;
Im heiteren Unmut sein Schnäbelein schliff er,
Und auf das Insekt ein Spottlied pfiff er.

Gemein und schmutzig, der Wanzerich,
Wie Wanzen pflegen, rächte er sich:
Er sagte, daß ihm der Zeisig grollte,
Weil er kein Geld ihm borgen wollte.

*

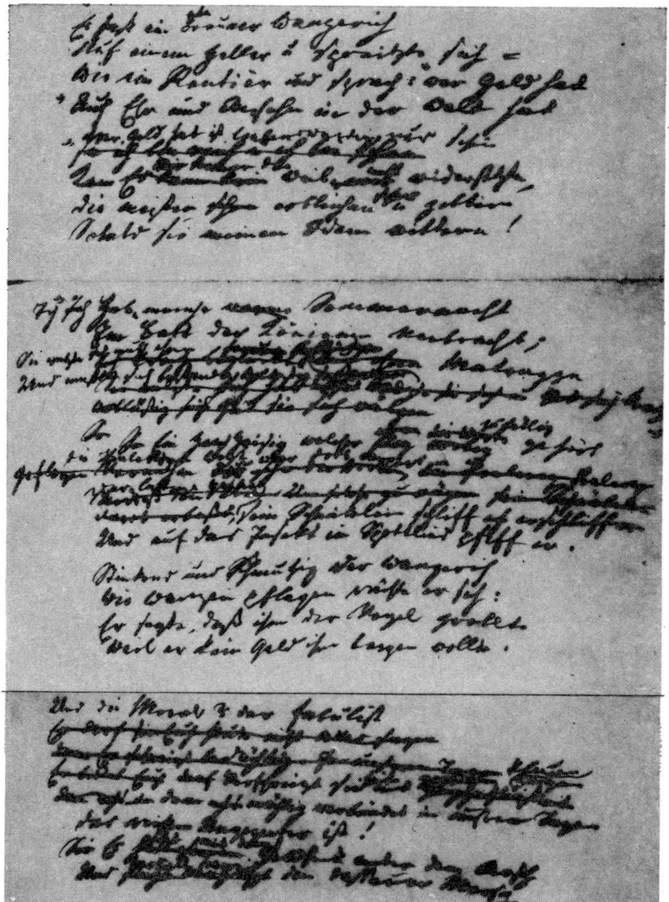

Und die Moral? Der Fabulist
Verschweigt sie heute mit klugem Zagen,
Denn mächtig verbündet in unseren Tagen
Das reiche Ungeziefer ist.
Es sitzt mit dem Geldsack unter dem Arsch
Und trommelt siegreich den Dessauer Marsch.

112

Weltlauf

Hat man viel, so wird man bald
Noch viel mehr dazu bekommen.
Wer nur wenig hat, dem wird
Auch das wenige genommen.

Wenn du aber gar nichts hast,
Ach, so lasse dich begraben —
Denn ein Recht zum Leben, Lump,
Haben nur die etwas haben.

113

Die schlesischen Weber

Im düstern Auge keine Träne,
Sie sitzen am Webstuhl und fletschen die Zähne;
Deutschland, wir weben dein Leichentuch,
Wir weben hinein den dreifachen Fluch —
Wir weben, wir weben!

Ein Fluch dem Gotte, zu dem wir gebeten
In Winterskälte und Hungersnöten;
Wir haben vergebens gehofft und geharrt,
Er hat uns geäfft und gefoppt und genarrt —
Wir weben, wir weben!

Ein Fluch dem König, dem König der Reichen,
Den unser Elend nicht konnte erweichen,
Der den letzten Groschen von uns erpreßt
Und uns wie Hunde erschießen läßt —
Wir weben, wir weben!

Ein Fluch dem falschen Vaterlande,
Wo nur gedeihen Schmach und Schande,
Wo jede Blume früh geknickt,
Wo Fäulnis und Moder den Wurm erquickt —
Wir weben, wir weben!

Das Schiffchen fliegt, der Webstuhl kracht,
Wir weben emsig Tag und Nacht —
Altdeutschland, wir weben dein Leichentuch,
Wir weben hinein den dreifachen Fluch,
Wir weben, wir weben!

114

Die deutsche Nationalität, wird sie nicht Schaden leiden durch die gänzliche Verschmelzung mit den Juden? Unsere Nationalisten, sogenannte Patrioten, die nur Rasse und Vollblut und dergleichen Roßkammgedanken im Kopfe tragen, diese Nachzügler des Mittelalters werden bald mit Gegnern zusammentreffen, die allen ihren Träumen von germanischer, romanischer und slawischer Volkstümlichkeit ein schreckliches Ende machen dürften, so daß es ihnen nicht mehr in den Sinn kommen wird, an der Deutschheit der Juden zu mäkeln. Ich spreche hier namentlich von jener Verbrüderung der Arbeiter in allen Ländern, von dem wilden Heer des Proletariats, das alles Nationalitätenwesen vertilgen will, um einen gemeinschaftlichen Zweck in ganz Europa zu verfolgen, die Verwirklichung der wahren Demokratie!

115

„Hier können Sies lesen, hier stehts gedruckt: ‚Deutschland ist mit großen Dingen schwanger!‘ Ja, das ist wahr,

Weberlied.

Im düstern Auge keine Thräne,
Sie sitzen am Web'stuhl und fletschen die Zähne;
Alt-Deutschland, wir weben dein Leichentuch,
Wir weben hinein den dreifachen Fluch.
Wir weben, wir weben!

Ein Fluch dem Gotte, dem blinden, dem tauben,
Zu dem wir gebetet mit kindlichem Glauben.
Wir haben vergeblich gehofft und geharrt,
Er hat uns geäfft und gefoppt und genarrt.
Wir weben, wir weben!

Ein Fluch dem König, dem König der Reichen,
Den unser Elend nicht konnte erweichen,
Der uns den letzten Groschen erpreßt
Und uns, wie die Hunde, erschießen läßt.
Wir weben, wir weben!

Ein Fluch dem falschen Vaterlande,
Wo nur gedeihen Trug und Schande,
Wo nur Verwesung und Todtengeruch;
Alt-Deutschland, wir weben dein Leichentuch.
Wir weben, wir weben!

Heinrich Heine.

Druck von

Deutschland geht schwanger mit großen Dingen; aber das wird eine schwere Entbindung geben. Und hier bedarfs eines männlichen Geburtshelfers, und der muß mit eisernen Instrumenten agieren. Was glauben Sie?"

Ich glaube, Deutschland ist gar nicht schwanger.

„Nein, nein, Sie irren sich. Es wird vielleicht eine Mißgeburt zur Welt kommen, aber Deutschland wird gebären."

✻

Haben Sie schon gehört, wir haben Revolution in Hamburg? Auf öffentlicher Straße —

✻

In Revolutionszeiten bleibt uns nur die Wahl zwischen Töten und Sterben.

✻

Ich will prophezein: Ihr werdet einmal im Winter eine Revolution erleben — die wird schrecklicher sein. Wenn das Blut im Schnee rinnt — — —

✻

Der Hund, dem man einen Maulkorb anlegte, bellt mit dem Hintern — Das Denken auf Umweg äußert sich noch mißduftiger, durch Perfidie des Ausdrucks —

✻

Sie schimpfen auf ihn, aber doch immer mit einem gewissen Respekt — während sie mit der rechten Hand Kot auf ihn werfen, halten sie in der linken den Hut —

116

O, welch ein glücklicher Sterblicher ist ein römischer Abbate, der nicht bloß der Kirche Christi, sondern auch dem Apoll und den Musen dient. Er selbst ist ihr Liebling, und die drei Göttinnen der Anmut halten ihm das Tintenfaß, wenn er seine Sonette verfertigt, die er in der Akademie der Arkadier mit zierlichen Kadenzen rezitiert. Er ist ein Kunstkenner, und er braucht nur den Hals einer jungen Sängerin zu betasten, um voraussagen zu können, ob sie einst eine celeberrima cantatrice, eine diva, eine Weltprimadonna, sein wird. Er versteht sich auf Antiquitäten, und über den ausgegrabenen Torso einer griechischen Bacchantin schreibt er eine Abhandlung im schönsten Ciceronianischen Latein, die er dem Oberhaupte der Christenheit, dem pontifex maximus, wie er ihn nennt, ehrfurchtsvoll widmet. Und gar welcher Gemäldekenner ist der Signor Abbate, der die Maler in ihren Ateliers besucht und ihnen über ihre weiblichen Modelle die feinsten anatomischen Beobachtungen mitteilt. Der Schreiber dieser Blätter hätte ganz das Zeug dazu gehabt, ein solcher Abbate zu werden und im süßesten dolce far niente dahinzuschlendern durch die Bibliotheken, Galerien, Kirchen und Ruinen der ewigen Stadt, studierend im Genusse und genießend im Studium, und ich hätte Messe gelesen vor den auserlesensten Zuhörern, ich wäre auch in der heiligen Woche als strenger Sittenprediger auf die Kanzel getreten, freilich auch hier niemals in ascetische Roheit ausartend — ich hätte am meisten die römischen Damen erbaut, und wäre vielleicht durch solche Gunst und Verdienste in der Hierarchie der Kirche zu den höchsten Würden gelangt, ich wäre vielleicht ein monsignore geworden, ein Violettstrumpf, sogar der rote Hut konnte mir auf den Kopf fallen — und wie das Sprüchlein heißt:

Es ist kein Pfäfflein noch so klein,
Es möchte gern ein Päpstlein sein —

so hätte ich am Ende vielleicht gar jenen erhabensten Ehrenposten erklommen — denn obgleich ich von Natur nicht ehrgeizig bin, so würde ich dennoch die Ernennung zum Papste nicht ausgeschlagen haben, wenn die Wahl des Conclaves auf mich gefallen wäre. Es ist dieses jedenfalls ein sehr anständiges und auch mit gutem Einkommen versehenes Amt, das ich gewiß mit hinlänglichem Geschick versehen konnte, ich hätte mich ruhig niedergesetzt auf den Stuhl Petri, allen frommen Christen, sowohl Priestern als Laien, das Bein hinstreckend zum Fußkuß. Ich hätte mich ebenfalls mit gehöriger Seelenruhe durch die Pfeilergänge der großen

Basilika in Triumph herumtragen lassen, und nur im wakkelndsten Falle würde ich mich ein bißchen festgeklammert haben an der Armlehne des goldnen Sessels, den sechs stämmige karmoisinrote Camerieren auf ihren Schultern tragen, während nebenher glatzköpfige Kapuziner mit brennenden Kerzen und galonierte Lakaien wandeln, welche ungeheuer große Pfauenwedel emporhalten und das Haupt des Kirchenfürsten befächeln — wie gar lieblich zu schauen ist auf dem Prozessions-Gemälde des Horaz Vernet. Mit einem gleichen unerschütterlichen sazerdotalen Ernste — denn ich kann sehr ernst sein, wenn es durchaus nötig ist — hätte ich auch vom Lateran herab der ganzen Christenheit den jährlichen Segen erteilt; in Pontificalibus, mit der dreifachen Krone auf dem Kopfe, und umgeben von einem Generalstab von Rothüten und Bischofsmützen, Goldbrokatgewändern und Kutten von allen Couleuren, hätte sich Meine Heiligkeit auf dem hohen Balkon dem Volke gezeigt, das tief unten, in unabsehbar wimmelnder Menge, mit gebeugten Köpfen und kniend hingelagert — und ich hätte ruhig die Hände ausgestreckt und den Segen erteilt, der Stadt und der Welt.

Aber, wie du wohl weißt, geneigter Leser, ich bin kein Papst geworden, auch kein Kardinal, nicht mal ein römischer Nuntius, und wie in der weltlichen, so auch in der geistlichen Hierarchie habe ich weder Amt noch Würden errungen. Ich habe es, wie die Leute sagen, auf dieser schönen Erde zu nichts gebracht. Es ist nichts aus mir geworden, nichts als ein Dichter.

117

O das Volk, dieser arme König in Lumpen, hat Schmeichler gefunden, die viel schamloser, als die Höflinge von Byzanz und Versailles, ihm ihren Weihrauchkessel an den Kopf schlugen. Diese Hoflakaien des Volkes rühmen beständig seine Vortrefflichkeiten und Tugenden und rufen begeistert: wie schön ist das Volk! wie gut ist das Volk! wie intelligent ist das Volk! — Nein, ihr lügt. Das arme

Volk ist nicht schön; im Gegenteil, es ist sehr häßlich. Aber diese Häßlichkeit entstand durch den Schmutz und wird mit demselben schwinden, sobald wir öffentliche Bäder erbauen, wo Seine Majestät das Volk sich unentgeltlich baden kann. Ein Stückchen Seife könnte dabei nicht schaden, und wir werden dann ein Volk sehen, das hübsch propre ist, ein Volk, das sich gewaschen hat. Das Volk, dessen Güte so sehr gepriesen wird, ist gar nicht gut; es ist manchmal so böse wie einige andere Potentaten. Aber seine Bosheit kommt vom Hunger; wir müssen sorgen, daß das souveräne Volk immer zu essen habe; sobald allerhöchst dasselbe gehörig gefüttert und gesättigt sein mag, wird es Euch auch huldvoll und gnädig anlächeln, ganz wie die andern. Seine Majestät das Volk ist ebenfalls nicht sehr intelligent; es ist vielleicht dümmer als die andern, es ist fast so bestialisch dumm wie seine Günstlinge. Liebe und Vertrauen schenkt es nur denjenigen, die den Jargon seiner Leidenschaft reden oder heulen, während es jeden braven Mann haßt, der die Sprache der Vernunft mit ihm spricht, um es zu erleuchten und zu veredeln. So ist es in Paris, so war es in Jerusalem. Laßt dem Volk die Wahl zwischen dem Gerechtesten der Gerechten und dem scheußlichsten Straßenräuber, seid sicher, es ruft: „Wir wollen den Barnabas! Es lebe der Barnabas!“ — Der Grund dieser Verkehrtheit ist die Unwissenheit; dieses Nationalübel müssen wir zu tilgen suchen durch öffentliche Schulen für das Volk, wo ihm der Unterricht auch mit den dazugehörigen Butterbröten und sonstigen Nahrungsmitteln unentgeltlich erteilt werde. — Und wenn jeder im Volke in den Stand gesetzt ist; sich alle beliebigen Kenntnisse zu erwerben, werdet Ihr bald auch ein intelligentes Volk sehen. — Vielleicht wird dasselbe am Ende noch so gebildet, so geistreich, so witzig sein, wie wir es sind, nämlich wie ich und du, mein teurer Leser, und wir bekommen bald noch andre gelehrte Friseure, welche Verse machen wie Monsieur Jasmin zu Toulouse, und noch viele andre philosophische Flickschneider, welche ernsthafte Bücher schreiben, wie unser Landsmann, der famose Weitling.

Bei dem Namen dieses famosen Weitling taucht mir plötzlich mit all ihrem komischen Ernste die Szene meines ersten und letzten Zusammentreffens mit dem damaligen Tageshelden wieder im Gedächtnis herauf. Der liebe Gott, der von der Höhe seiner Himmelsburg alles sieht, lachte wohl herzlich über die saure Miene, die ich geschnitten haben muß, als mir in dem Buchladen meines Freundes Campe zu Hamburg der berühmte Schneidergesell entgegentrat und sich als einen Kollegen ankündigte, der sich zu denselben revolutionären und atheistischen Doktrinen bekenne. Ich hätte wirklich in diesem Augenblick gewünscht, daß der liebe Gott gar nicht existiert haben möchte, damit er nur nicht die Verlegenheit und Beschämung sähe, worin mich eine solche saubre Genossenschaft versetzte! Der liebe Gott hat mir gewiß alle meine alten Frevel von Herzen verziehen, wenn er die Demütigung in Anschlag brachte, die ich bei jenem Handwerksgruß des ungläubigen Knotentums, bei jenem kollegialistischen Zusammentreffen mit Weitling empfand. Was meinen Stolz am meisten verletzte, war der gänzliche Mangel an Respekt, den der Bursche an den Tag legte, während er mit mir sprach. Er behielt die Mütze auf dem Kopf, und während ich vor ihm stand, saß er auf einer kleinen Holzbank, mit der einen Hand sein zusammengezogenes rechtes Bein in die Höhe haltend, so daß er mit dem Knie fast sein Kinn berührte, mit der andern Hand rieb er beständig dieses Bein oberhalb der Fußknöchel. Diese unehrerbietige Positur hatte ich anfangs den kauernden Handwerksgewöhnungen des Mannes zugeschrieben, doch er belehrte mich eines Bessern, als ich ihn befrug, warum er beständig in erwähnter Weise sein Bein riebe? Er sagte mir nämlich im unbefangen gleichgültigsten Tone, als handle es sich von einer Sache die ganz natürlich, daß er in den verschiedenen deutschen Gefängnissen, worin er gesessen, gewöhnlich mit Ketten belastet worden sei; und da manchmal der eiserne Ring, welcher das Bein anschloß, etwas zu eng gewesen, habe er an jener Stelle eine juckende Empfindung bewahrt, die ihn zuweilen veranlasse, sich dort zu reiben. Bei diesem naiven Geständnis muß der Schreiber dieser

Blätter ungefähr so ausgesehen haben, wie der Wolf in der äsopischen Fabel, als er seinen Freund den Hund befragt hatte, warum das Fell an seinem Halse so abgescheuert sei, und dieser zur Antwort gab: des Nachts legt man mich an die Kette. — Ja, ich gestehe, ich wich einige Schritte zurück, als der Schneider solchermaßen mit seiner widerwärtigen Familiarität von den Ketten sprach, womit ihn die deutschen Schließer zuweilen belästigten, wenn er im Loch saß — „Loch! Schließer! Ketten!" lauter fatale Coterieworte einer geschlossenen Gesellschaft, womit man mir eine schreckliche Vertrautheit zumutete. Und es war hier nicht die Rede von jenen metaphorischen Ketten, die jetzt die ganze Welt trägt, die man mit dem größten Anstand tragen kann, und die sogar bei Leuten von gutem Tone in die Mode gekommen — nein, bei den Mitgliedern jener geschlossenen Gesellschaft sind Ketten gemeint in ihrer eisernsten Bedeutung, Ketten, die man mit einem eisernen Ring ans Bein befestigt — und ich wich einige Schritte zurück, als der Schneider Weitling von solchen Ketten sprach. Nicht etwa die Furcht vor dem Sprichwort: mitgefangen, mitgehangen! nein, mich schreckte vielmehr das Nebeneinandergehenktwerden.

118

Die Wanderratten

**Es gibt zwei Sorten Ratten:
Die hungrigen und satten.
Die satten bleiben vergnügt zu Haus,
Die hungrigen aber wandern aus.**

**Sie wandern viel tausend Meilen,
Ganz ohne Rasten und Weilen,
Gradaus in ihrem grimmigen Lauf,
Nicht Wind noch Wetter hält sie auf.**

Sie klimmen wohl über die Höhen,
Sie schwimmen wohl durch die Seen;
Gar manche ersäuft oder bricht das Genick,
Die lebenden lassen die toten zurück.

Es haben diese Käuze
Gar fürchterliche Schnäuze;
Sie tragen die Köpfe geschoren egal,
Ganz radikal, ganz rattenkahl.

Die radikale Rotte
Weiß nichts von einem Gotte.
Sie lassen nicht taufen ihre Brut,
Die Weiber sind Gemeindegut.

Der sinnliche Rattenhaufen,
Er will nur fressen und saufen,
Er denkt nicht, während er säuft und frißt,
Daß unsre Seele unsterblich ist.

So eine wilde Ratze,
Die fürchtet nicht Hölle, nicht Katze;
Sie hat kein Gut, sie hat kein Geld
Und wünscht aufs neue zu teilen die Welt.

Die Wanderratten, o wehe!
Sie sind schon in der Nähe.
Sie rücken heran, ich höre schon
Ihr Pfeifen — die Zahl ist Legion.

O wehe! wir sind verloren,
Sie sind schon vor den Toren!
Der Bürgermeister und Senat,
Sie schütteln die Köpfe, und keiner weiß Rat.

Die Bürgerschaft greift zu den Waffen,
Die Glocken läuten die Pfaffen.
Gefährdet ist das Palladium
Des sittlichen Staats, das Eigentum.

Nicht Glockengeläute, nicht Pfaffengebete,
Nicht hochwohlweise Senatsdekrete,
Auch nicht Kanonen, viel Hundertpfünder,
Sie helfen Euch heute, Ihr lieben Kinder!

Heut helfen Euch nicht die Wortgespinste
Der abgelebten Redekünste.
Man fängt nicht Ratten mit Syllogismen,
Sie springen über die feinsten Sophismen.

Im hungrigen Magen Eingang finden
Nur Suppenlogik mit Knödelgründen,
Nur Argumente von Rinderbraten,
Begleitet mit Göttinger Wurst-Zitaten.

Ein schweigender Stockfisch, in Butter gesotten,
Behaget den radikalen Rotten
Viel besser als ein Mirabeau
Und alle Redner seit Cicero.

119

Die Vernichtung des Glaubens an den Himmel hat nicht bloß eine moralische, sondern auch eine politische Wichtigkeit: die Massen tragen nicht mehr mit christlicher Geduld ihr irdisches Elend, und lechzen nach Glückseligkeit auf Erden.

Der Kommunismus ist eine natürliche Folge dieser veränderten Weltanschauung, und er verbreitet sich über ganz Deutschland. Es ist eine ebenso natürliche Erscheinung, daß die Proletarier in ihrem Ankampf gegen das Bestehende die fortgeschrittensten Geister, die Philosophen der großen Schule, als Führer besitzen; diese gehen über von der Doktrin zur Tat, dem letzten Zweck alles Denkens, und formulieren das Programm. Wie lautet es? Ich hab es längst geträumt und ausgesprochen in den Worten: „Wir wollen keine Sanskülotten sein, keine frugale Bürger, keine wohlfeile Präsidenten. Wir stiften eine Demokratie gleichherrlicher, gleichheiliger, gleichbeseligter Götter. Ihr verlangt einfache Trachten, enthaltsame Sitten und ungewürzte Genüsse, wir hingegen verlangen Nektar und Ambrosia, Purpurmäntel, kostbare Wohlgerüche, Wollust und Pracht, lachenden Nymphentanz, Musik und Komödien.

120

(An Varnhagen v. Ense)

Mein Freund, Herr Lassalle, der Ihnen diesen Brief bringt, ist ein junger Mann von den ausgezeichnetsten Geistesgaben, mit der gründlichsten Gelehrsamkeit, mit dem weitesten Wissen, mit dem größten Scharfsinn, der mir je vorgekommen; mit der reichsten Begabnis der Darstellung verbindet er eine Energie des Wissens und eine Gewandtheit im Handeln, die mich in Erstaunen setzen, und wenn seine Sympathie für mich nicht erlöscht, so erwarte ich von ihm den tätigsten Vorschub. Jedenfalls war diese Vereinigung von Wissen und Können, von Talent und Charakter für mich eine freudige Erscheinung, und Sie, bei Ihrer Vielseitigkeit im Anerkennen, werden gewiß ihr volle Gerechtigkeit widerfahren lassen. Herr Lassalle ist nun einmal so ein ausgeprägter Sohn der neuen Zeit, der nichts von jener Entsagung und Bescheidenheit wissen will, womit wir uns mehr oder minder heuchlerisch in *unserer* Zeit hindurchgehungert und hindurchgefaselt. — Dieses neue Geschlecht will genießen und sich geltend machen im Sichtbaren; wir, die Alten, beugten uns demütig vor dem Unsichtbaren, haschten nach Schattenküssen und blauen Blumengerüchen, entsagten und flennten und waren doch vielleicht glücklicher als jene harten Gladiatoren, die so stolz dem Kampftode entgegengehen. Das tausendjährige Reich der Romantik hat ein Ende, und ich selbst war sein letzter und abgedankter Fabelkönig. Hätte ich nicht die Krone vom Haupte fortgeschmissen und den Kittel angezogen, sie hätten mich richtig geköpft. Vor vier Jahren hatte ich, ehe ich abtrünnig wurde von mir selber, noch ein Gelüste, mit den alten Traumgenossen herumzutummeln im Mondschein — und ich schrieb den

„Atta Troll“, den Schwanengesang der untergehenden Periode, und Ihnen habe ich ihn gewidmet. Das gebührte Ihnen, denn Sie sind immer mein wahlverwandtester Waffenbruder gewesen, in Spiel und Ernst; Sie haben gleich mir die alte Zeit begraben helfen und bei der neuen Hebammendienst geleistet — ja, wir haben sie zutage gefördert und erschrecken. — Es geht uns wie dem armen Huhn, das Enteneier ausgebrütet hat und mit Entsetzen sieht, wie die junge Brut sich ins Wasser stürzt und wohlgefällig schwimmt!

121

(An Jean Jaques Dubochet)

Seit ich die Ehre hatte, Sie zu sehen, hat sich mein Gesundheitszustand verschlechtert. Ein schreckliches Unglück hat mich getroffen, ich bin jetzt völlig gelähmt; ich habe den Gebrauch meiner Beine ganz verloren, so daß ich mein Bett nicht mehr verlassen kann. Es ist sehr hart, auf einer Matratze festgenagelt zu sein, wenn alle Welt auf den Beinen ist und alle Dinge im Fluß sind. Die Nachrichten, die ich aus meinem Vaterland erhalte, vergrößern meine Qual. In dem Augenblick, wo es darum geht, mit größter Anstrengung das Werk meines ganzen Lebens fortzuführen, bin ich zur Trägheit verdammt, und ich kann nicht einmal den Notschreien meiner Freunde antworten, die von mir die gewohnte Hilfe erwarten. Unsere Feinde haben in Deutschland die Oberhand. Die sogenannte „nationale“ Partei, die Teutomanen, brüsten sich in ihrem Übermut, der ebenso lächerlich wie rücksichtslos ist, ihre Großsprechereien sind unglaublich. Sie träumen von nichts anderem als davon, ihrerseits die Hauptrolle in der Weltgeschichte zu spielen, alle im Osten und Westen verlorenen Stämme Deutschland wieder einzuverleiben, und wenn Sie sich nicht beeilen, ihnen das Elsaß wiederzugeben, werden sie nicht säumen, auch Lothringen zu verlangen, und Gott weiß, wo sie mit ihren teutomanischen Ansprüchen haltmachen werden. Sie wollen den Krieg, und sie sympathisieren in diesem Punkt mit unseren Fürsten, die nichts Besseres begehren, als das kriegerische und kämpferische Feuer ihrer aufrührerischen Untertanen gegen das Ausland zu hetzen. Ich habe vom Rheinufer sehr betrübliche Nachrichten erhalten; die ergebensten Freunde Frankreichs, die seit zwanzig Jahren in den Rheinprovinzen an der Zerstörung der preußischen Macht arbeiteten, wagen nicht mehr, gegen das Umsichgreifen des nationalen Geistes zu kämpfen, und haben die Farben des deutschen Kaiserreiches gehißt.

122

Daß die Zukunft den Kommunisten gehört, dieses Bekenntnis machte ich im Ton der Besorgnis und äußersten Furcht, und — ach! das war keineswegs Verstellung! Wahrhaftig, nur mit Schauder und Schrecken denke ich an die Zeit, da diese finsteren Bilderstürmer zur Herrschaft gelangen werden; mit ihren schwieligen Händen werden sie erbarmungslos alle Marmorstatuen der Schönheit zerbrechen, die meinem Herzen so teuer sind; sie werden alle jene Spielereien und phantastischen Nichtigkeiten der Kunst zerschmettern, die der Dichter so liebte; sie werden meine Lorbeerhaine zerstören und dort Kartoffeln anpflanzen; die Lilien, die weder spannen noch arbeiten und doch ebenso herrlich gekleidet waren wie der König Salomo in aller seiner Pracht, sie werden ausgerissen werden aus dem Boden der Gesellschaft, es sei denn, sie nehmen die Spindel zur Hand; die Rosen, jene müßigen Bräute der Nachtigallen, wird das gleiche Geschick treffen; die Nachtigallen, diese unnützen Sänger, werden vertrieben werden und ... — ach! mein Buch der Lieder wird dem Gewürzkrämer dazu dienen, Tüten zu drehen, in die er den armen alten Frauen der Zukunft Kaffee und Tabak schütten wird. Ach! ich sehe all dies voraus, und ich bin von einer unaussprechlichen Traurigkeit ergriffen, wenn ich an den Untergang denke, mit dem das siegreiche Proletariat meine Verse bedroht, die mit der ganzen alten romantischen Welt vergehen werden.
Und dennoch, ich bekenne es mit Freimut, übt eben dieser Kommunismus, so feindlich er allen meinen Interessen und

meinen Neigungen ist, auf meine Seele einen Reiz aus, dem ich mich nicht entziehen kann; zwei Stimmen erheben sich in meiner Brust zu seinen Gunsten, zwei Stimmen, die sich nicht zum Schweigen bringen lassen wollen, die vielleicht im Grunde nur teuflische Einflüsterungen sind — aber was immer sie seien, ich bin davon besessen, und keine Macht der Teufelsbeschwörung kann sie bändigen.

Denn die erste dieser Stimmen ist die der Logik. Der Teufel ist ein Logiker! sagt Dante. Wenn ich diesen ersten Satz nicht widerlegen kann, „daß alle Menschen das Recht haben zu essen", so bin ich gezwungen, mich auch allen anderen *Folgerungen* zu unterwerfen. Wenn ich daran denke, so laufe ich Gefahr, den Verstand zu verlieren. Ich sehe alle Dämonen der Wahrheit mich im Triumph umtanzen, und schließlich bemächtigt sich meines Herzens eine großmütige Verzweiflung, und ich rufe aus: sie ist schon seit langem gerichtet, verurteilt, diese alte Gesellschaft! Möge die Gerechtigkeit ihren Lauf nehmen! Möge sie zerbrochen werden, diese alte Welt, wo die Unschuld zugrunde ging, wo die Selbstsucht gedieh, wo der Mensch vom Menschen ausgebeutet wurde! Mögen sie von Grund aus zerstört werden, diese übertünchten Grabstätten, in denen die Lüge und die Verderbnis herrschten! Und gesegnet sei der Gewürzkrämer, der einst aus meinen Gedichten Tüten drehen wird, um Kaffee oder Tabak für die armen, guten alten Weiber hineinzuschütten, die sich vielleicht in unserer jetzigen Welt der Ungerechtigkeit eine solche Annehmlichkeit haben versagen müssen — die Gerechtigkeit nehme ihren Lauf, und sollte die Welt darüber zu grunde gehen!

Die zweite der beiden gebieterischen Stimmen, die mich umstricken, ist noch mächtiger und noch infernalischer als die erste, denn sie ist die des Hasses, des Hasses, den ich gegen eine Partei hege, deren schrecklichster Gegner der Kommunismus und die aus diesem Grunde unser gemeinsamer Feind ist. Ich spreche von der Partei der sogenannten Repräsentanten der Nationalität in Deutschland, von jenen falschen Patrioten, deren Vaterlandsliebe in nichts anderem besteht als in einer idiotischen Abneigung gegen das Fremde und gegen die Nachbarvölker, und die jeden Tag ihre Galle verspritzen, besonders gegen Frankreich. Ja, diese Überbleibsel oder Nachfahren der Teutomanen von 1815, die nur ihr altes ultrateutsches Narrenkostüm modernisiert haben und sich ein wenig die Ohren haben stutzen lassen — mein ganzes Leben lang habe ich sie verabscheut und bekämpft, und jetzt, da das Schwert der Hand des Sterbenden entfällt, fühle ich mich getröstet durch die Überzeugung, daß der Kommunismus, der sie als erste auf seinem Wege finden wird, ihnen den Gnadenstoß versetzen wird; sicherlich wird das kein Keulenschlag sein, nein, mit einem einfachen Fußtritt wird der Riese sie zertreten, wie man eine Kröte zertritt. Das wird sein Debüt sein. Aus Haß gegen die Parteigänger des Nationalismus könnte ich den Kommunisten fast meine Liebe zuwenden. Wenigstens sind sie keine Heuchler, die immer die Religion und das Christentum im Munde führen. Die Kommunisten haben allerdings keine Religion (kein Mensch ist vollkommen), die Kommunisten sind sogar Atheisten (was sicherlich eine große Sünde ist), aber als Hauptdogma bekennen sie sich zum unbedingtesten Weltbürgertum, zu einer weltumspannenden Liebe zu allen Vökern, zu einer alle Menschen erfassenden Bruderschaft von Gleichen, zu freien Bürgern dieses Erdballs. Dieses grundlegende Dogma ist das gleiche, das einst das Evangelium gepredigt hat, dergestalt, daß dem Geist und der Wahrheit nach die Kommunisten sehr viel christlicher sind als unsere sogenannten germanischen Patrioten, jene beschränkten Verfechter einer exklusiven Nationalität.

Ich rede zu viel, jedenfalls mehr, als mir die Vorsicht und das Halsleiden, von dem ich gerade befallen bin, gestatten.

123

Existiere ich wirklich noch? Mein Leib ist so sehr in die Krümpe gegangen, daß schier nichts übrig geblieben als die Stimme, und mein Bett mahnt mich an das tönende Grab des Zauberers Merlinus, welches sich im Walde Brozeliand in der Bretagne befindet, unter hohen Eichen, deren Wipfel wie grüne Flammen gen Himmel lodern. Ach, um diese Bäume und ihr frisches Wesen beneide ich dich, Kollege Merlinus, denn kein grünes Blatt rauscht herein in meine Matratzengruft zu Paris, wo ich früh und spat nur Wagengerassel, Gehämmer, Gekeife und Klaviergeklimper vernehme. Ein Grab ohne Ruhe, der Tod ohne die Privilegien der Verstorbenen, die kein Geld auszugeben und keine Briefe oder gar Bücher zu schreiben brauchen — das ist ein trauriger Zustand. Man hat mir längst das Maß genommen zum Sarg, auch zum Nekrolog, aber ich sterbe so langsam, daß solches nachgrade langweilig wird für mich, wie für meine Freunde. Doch Geduld, alles hat sein Ende. Ihr werdet eines Morgens die Bude geschlossen finden, wo euch die Puppenspiele meines Humors so oft ergötzten.

Was soll aber, wenn ich tot bin, aus den armen Hanswürsten werden, die ich seit Jahren bei jenen Darstellungen benutzt hatte? Was soll z. B. aus Maßmann werden? Ungern verlaß ich ihn, und es erfaßt mich schier eine tiefe Wehmut, wenn ich denke an die Verse:

Ich sehe die kurzen Beinchen nicht mehr,
Nicht mehr die platte Nase;
Er schlug wie ein Pudel, frisch, fromm, fröhlich, frei,
Die Purzelbäume im Grase.

Und er versteht Latein. Ich habe freilich in meinen Schriften so oft das Gegenteil behauptet, daß niemand mehr meine Behauptung bezweifelte, und der Ärmste ein Stichblatt der allgemeinen Verhöhung ward. Die Schulbuben frugen ihn, in welcher Sprache der Don Quixote geschrieben sei? und wenn mein armer Maßmann antwortete: in spanischer Sprache — erwiderten sie, er irre sich, derselbe sei lateinisch geschrieben und das käme ihm so spanisch vor. Sogar die eigene Gattin war grausam genug, bei häuslichen Mißverständnissen auszurufen, sie wundere sich, daß ihr Mann sie nicht verstehe, da sie doch Deutsch und kein Latein gesprochen habe. Die Maßmännische Großmutter, eine Wäscherin von unbescholtener Sittlichkeit und die einst für Friedrich den Großen gewaschen, hat sich über die Schmach ihres Enkels zu Tode gegrämt; der Onkel, ein wackerer altpreußischer Schuhflicker, bildete sich ein, die ganze Familie sei schimpfiert, und vor Verdruß ergab er sich dem Trunk.

Ich bedaure, daß meine jugendliche Unbesonnenheit solches Unheil angerichtet. Die würdige Waschfrau kann ich leider nicht wieder ins Leben zurückrufen, und den zartfühlenden Oheim, der jetzt zu Berlin in der Gosse liegt, kann ich nicht mehr des Schnapses entwöhnen; aber ihn selbst, meinen armen Hanswurst Maßmann, will ich in der öffentlichen Meinung wieder rehabilitieren, indem ich alles was ich über seine Lateinlosigkeit, seine lateinische Impotenz, seine magna linguae romanae ignorantia jemals geäußert habe, feierlich widerrufe.

So hätte ich denn mein Gewissen erleichtert. Wenn man auf dem Sterbebette liegt, wird man sehr empfindsam und weichselig, und möchte Frieden machen mit Gott und der Welt. Ich gestehe es, ich habe manchen gekratzt, manchen gebissen, und war kein Lamm. Aber glaubt mir, jene gepriesenen Lämmer der Sanftmut würden sich minder frömmig gebärden, besäßen sie die Zähne und die Tatzen des Tigers. Ich kann mich rühmen, daß ich mich solcher angebornen Waffen nur selten bedient habe. Seit ich selbst der Barmherzigkeit Gottes bedürftig, habe ich allen meinen Feinden Amnestie erteilt; manche schöne Gedichte, die gegen sehr hohe und sehr niedrige Personen gerichtet waren, wurden deshalb in vorliegender Sammlung nicht aufgenommen. Gedichte, die nur halbweg Anzüglichkeiten gegen den lieben Gott selbst enthielten, habe ich mit ängstlichstem Eifer den Flammen überliefert. Es ist besser, daß die Verse brennen als der Versifex. Ja, wie mit der Kreatur, habe ich auch mit dem Schöpfer Frieden gemacht, zum größten Ärgernis meiner aufgeklärten Freunde, die mir Vorwürfe machten über dieses Zurückfallen in den alten Aberglauben, wie sie meine Heimkehr zu Gott zu nennen beliebten. Andere, in ihrer Intoleranz, äußerten sich herber. Der gesamte hohe Klerus des Atheismus hat seinen Bann über mich ausgesprochen, und es gibt fanatische Pfaffen des Unglaubens, die mich gerne auf die Folter spannten, damit ich meine Ketzereien bekenne. Zum Glück stehen ihnen keine andern Folterinstrumente zu Gebote als ihre Schriften. Aber ich will auch ohne Tortur alles bekennen. Ja, ich bin zurückgekehrt zu Gott, wie der verlorene Sohn, nachdem ich lange Zeit bei den Hegelianern die Schweine gehütet. War es die Misère, die mich zurücktrieb?

Ausdrücklich widersprechen muß ich jedoch dem Gerüchte, als hätten mich meine Rückschritte bis zur Schwelle irgendeiner Kirche oder gar in ihren Schoß geführt. Nein, meine religiösen Überzeugungen und Ansichten sind frei geblieben von jeder Kirchlichkeit; kein Glockenklang hat mich verlockt, keine Altarkerze hat mich geblendet. Ich habe mit keiner Symbolik gespielt und meiner Vernunft nicht ganz entsagt. Ich habe nichts abgeschworen, nicht einmal meine alten Heidengötter, von denen ich mich zwar abgewendet, aber scheidend in Liebe und Freundschaft. Es war im Mai 1848, an dem Tage, wo ich zum letzten Male ausging, als ich Abschied nahm von den holden Idolen, die ich angebetet in den Zeiten meines Glücks. Nur mit Mühe schleppte ich mich bis zum Louvre, und ich brach fast zusammen, als ich in den erhabenen Saal trat, wo die hochgebenedeite Göttin der Schönheit, Unsere liebe Frau von Milo, auf ihrem Postamente steht. Zu ihren Füßen lag ich lange, und ich weinte so heftig, daß sich dessen ein Stein erbarmen mußte. Auch schaute die Göttin mitleidig auf mich herab, doch zugleich so trostlos, als wollte sie sagen: siehst du denn nicht, daß ich keine Arme habe und also nicht helfen kann?

Ich breche hier ab, denn ich gerate in einen weinerlichen Ton, der vielleicht überhandnehmen kann, wenn ich bedenke, daß ich jetzt auch von Dir, teurer Leser, Abschied nehmen soll. Eine gewisse Rührung beschleicht mich bei diesem Gedanken; denn ungern trenne ich mich von Dir. Der Autor gewöhnt sich am Ende an sein Publikum, als wäre es ein vernünftiges Wesen. Auch Dich scheint es zu betrüben, daß ich Dir Lebewohl sagen muß; Du bist gerührt, mein teurer Leser, und kostbare Perlen fallen aus Deinen Tränensäckchen. Doch beruhige Dich, wir werden uns wiedersehen in einer besseren Welt, wo ich Dir auch bessere Bücher zu schreiben gedenke!

124

Wir dürfen es nicht verhehlen, weder aus Pietät, noch aus Klugheit, wir wollen es nicht verschweigen: der Mann, welcher einst am kühnsten in Deutschland die Religion des Pantheismus ausgesprochen, welcher die Heiligung der Natur und die Wiedereinsetzung des Menschen in seine Gottesrechte am lautesten verkündet, dieser Mann ist abtrünnig geworden von seiner eigenen Lehre, er hat den Altar verlassen, den er selber eingeweiht, er ist zurückgeschlichen in den Glaubensstall der Vergangenheit, er ist jetzt gut katholisch und predigt einen außerweltlichen, persönlichen Gott, „der die Torheit begangen habe, die Welt zu erschaffen". Mögen immerhin die Altgläubigen ihre Glocken läuten und Kyrie eleison singen, ob solcher Bekehrung — es beweist aber nichts für ihre Meinung, es beweist nur, daß der Mensch sich dem Katholizismus zuneigt, wenn er müde und alt wird, wenn er seine physischen und geistigen Kräfte verloren, wenn er nicht mehr genießen und denken kann. Auf dem Totenbette sind so viele Freidenker bekehrt worden — aber macht nur kein Rühmens davon! Diese Bekehrungsgeschichten gehören höchstens zur Pathologie und würden nur schlechtes Zeugnis geben für Eure Sache. Sie bewiesen am Ende nur, daß es Euch nicht möglich war, jene Freidenker zu bekehren, so lange sie mit gesunden Sinnen unter Gottes freiem Himmel umherwandelten und ihrer Vernunft völlig mächtig waren.

125

Ich liege zusammengekrümmt, Tag und Nacht in Schmerzen, und wenn ich auch an einen Gott glaube, so glaube ich doch manchmal nicht an einen guten Gott. Die Hand dieses großen Tierquälers liegt schwer auf mir.

*

In dunkeln Zeiten wurden die Völker am besten durch die Religion geleitet, wie in stockfinstrer Nacht ein Blinder unser bester Wegweiser ist; er kennt dann Wege und Stege besser als ein Sehender — Es ist aber töricht, sobald es Tag ist, noch immer die alten Blinden als Wegweiser zu gebrauchen —

*

Die römische Kirche stirbt an jener Krankheit, wovon niemand genest: Erschöpfung durch die Macht der Zeit. Weise, wie sie ist, lehnt sie alle Ärzte ab: sie hat in ihrer langen Praxis so manchen Greis schneller als nötig sterben sehen, weil ein energischer Arzt ihn kurieren wollte. Doch wird ihre Agonie noch lange dauern. Sie wird uns alle überleben, den Verfasser dieses Artikels, den Drucker, der ihn setzt, selbst den kleinen Lehrjungen, der die Druckbogen abholt —

*

Seit zwei Jahren brauche ich keine Medizin mehr oder vielmehr leidet meine Frau nicht mehr, daß mir eine Medizinflasche über die Schwelle kommt, und auch alle Ärzte hat sie zum Teufel gejagt, mit Ausnahme eines einzigen, den ich oft monatelang nicht sehe und der von so kleiner Statur ist, daß ich beinahe sagen kann, ich brauche gar keinen Arzt. Man muß von allen Übeln das kleinste wählen.

*

Ich möchte tot oder ein solch gesunder Kerl sein, der kein Arzneimittel braucht. Elend, dein Name ist Heinrich Heine.

*

Fortdauer nach dem Tode: Gott hat nichts manifestiert, was darauf hinweist, auch redet Moses nicht davon. Es ist Gott vielleicht gar nicht recht, daß die Frommen die Fortdauer so fest annehmen — In seiner väterlichen Güte will er uns vielleicht damit eine Surprise machen —

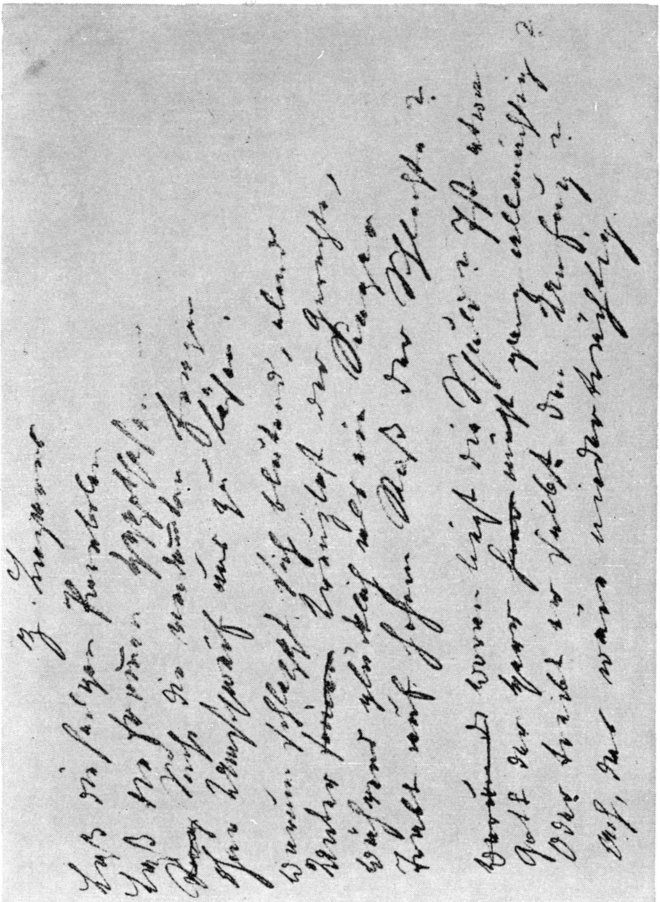

126

Zum Lazarus

Laß die heilgen Parabolen,
Laßt die frommen Hypothesen —
Suche die verdammten Fragen
Ohne Umschweif uns zu lösen.

Warum schleppt sich blutend, elend,
Unter Kreuzlast der Gerechte,
Während glücklich als ein Sieger
Trabt auf hohem Roß der Schlechte?

Woran liegt die Schuld? Ist etwa
Unser Herr nicht ganz allmächtig?
Oder treibt er selbst den Unfug?
Ach, das wäre niederträchtig.

Also fragen wir beständig,
Bis man uns mit einer Handvoll
Erde endlich stopft die Mäuler —
Aber ist das eine Antwort?

127

(An Alexandre Dumas)

Vor einigen Wochen äußerten Sie in Ihrem Blatt die Absicht, mich bald besuchen zu wollen. Das war ein guter Gedanke. Wenn Sie aber, das möchte ich ankündigen, Ihren Besuch noch lange aufschieben, könnte es wohl geschehen, daß Sie mich nicht mehr in meiner gegenwärtigen Wohnung, Rue d'Amsterdam 50, fänden und daß ich schon zu einer anderen Wohnung abgereist wäre, zu einem Ort, der mir völlig unbekannt ist, so daß ich bei meinem Portier meine neue Adresse nicht hinterlassen könnte, für den Fall, daß zu spät kommende Freunde wie Sie nach mir fraggen sollten. Ich mache mir über meinen zukünftigen Aufenthaltsort keine großen Gedanken; ich weiß nur, daß man durch einen dunklen und stinkenden Gang dort eintritt, und dieser Eingang mißfällt mir im voraus; auch meine Frau weint, wenn ich von diesem Umzug spreche.

128

Rückschau

Ich habe gerochen alle Gerüche
In dieser holden Erdenküche;
Was man genießen kann in der Welt,
Das hab ich genossen wie je ein Held!
Hab Kaffee getrunken, hab Kuchen gegessen,
Hab manche schöne Puppe besessen;
Trug seidne Westen, den feinsten Frack,
Mir klingelten auch Dukaten im Sack.
Wie Gellert ritt ich auf hohem Roß;
Ich hatte ein Haus, ich hatte ein Schloß.
Ich lag auf der grünen Wiese des Glücks,
Die Sonne grüßte goldigsten Blicks;
Ein Lorbeerkranz umschloß die Stirn,
Er duftete Träume mir ins Gehirn,
Träume von Rosen und ewigem Mai —
Es ward mir so selig zu Sinne dabei,
So dämmersüchtig, so sterbefaul —
Mir flogen gebratne Tauben ins Maul,
Und Englein kamen, und aus den Taschen
Sie zogen hervor Champagnerflaschen —
Das waren Visionen, Seifenblasen —
Sie platzten — Jetzt lieg ich auf feuchtem Rasen,
Die Glieder sind mir rheumatisch gelähmt,
Und meine Seele ist tief beschämt.
Ach, jede Lust, ach, jeden Genuß
Hab ich erkauft durch herben Verdruß;
Ich ward getränkt mit Bitternissen
Und grausam von den Wanzen gebissen;
Ich ward bedrängt von schwarzen Sorgen,
Ich mußte lügen, ich mußte borgen

Bei reichen Buben und alten Vetteln —
Ich glaube sogar, ich mußte betteln.
Jetzt bin ich müd vom Rennen und Laufen,
Jetzt will ich mich im Grabe verschnaufen.
Lebt wohl! Dort oben, ihr christlichen Brüder,
Ja, das versteht sich, dort sehn wir uns wieder.

129

Der Scheidende

Erstorben ist in meiner Brust
Jedwede weltlich eitle Lust,
Schier ist mir auch erstorben drin
Der Haß des Schlechten, sogar der Sinn
Für eigne wie für fremde Not —
Und in mir lebt nur noch der Tod!

Der Vorhang fällt, das Stück ist aus,
Und gähnend wandelt jetzt nach Haus
Mein liebes deutsches Publikum,
Die guten Leutchen sind nicht dumm,
Das speist jetzt ganz vergnügt zu Nacht,
Und trinkt sein Schöppchen, singt und lacht —
Er hatte recht, der edle Heros,
Der weiland sprach im Buch Homeros':
Der kleinste lebendige Philister
Zu Stukkert am Neckar, viel glücklicher ist er
Als ich, der Pelide, der tote Held,
Der Schattenfürst in der Unterwelt.

130

Sie erlischt

Der Vorhang fällt, das Stück ist aus,
Und Herrn und Damen gehn nach Haus.
Ob ihnen auch das Stück gefallen?
Ich glaub, ich hörte Beifall schallen.

Ein hochverehrtes Publikum
Beklatschte dankbar seinen Dichter.
Jetzt aber ist das Haus so stumm,
Und sind verschwunden Lust und Lichter.

Doch horch! ein schollernd schnöder Klang
Ertönt unfern der öden Bühne: —
Vielleicht daß eine Saite sprang
An einer alten Violine.
Verdrießlich rascheln im Parterr
Etwelche Ratten hin und her.
Und alles riecht nach ranzgem Öle.
Die letzte Lampe ächzt und zischt
Verzweiflungsvoll und sie erlischt.
Dar arme Licht war meine Seele.

131

Paris, den 30. Dezember 1855

Liebste, gute Mutter!

Das neue Jahr ist vor der Türe, und wenn das alte Jahr sich nicht bald fortmacht, so würde ich es herausschneiden; es ist eins der miserabelsten Jahre gewesen. Ich hoffe, daß das neue Jahr besser sein wird, und gratuliere Dir zu seiner Eröffnung. Möge Dir der Himmel viele freudige und glückliche Tage schenken. Ich umarme Dich herzlich. Meinem liebsten Lottchen und seinen Kindern gratuliere ich ebenfalls, und ich umarme sie in Gedanken. Hier ist alles still, und keine Maus regt sich. Meine Frau befindet sich wohl und hat mir die zärtlichsten Küsse für meine liebe Mutter aufgetragen. Mit meiner Gesundheit geht es wie gewöhnlich; ich hoffe immer auf Besserung, und die Jahre vergehen. Meine Augen gingen etwas leidlicher, aber ich gerate wieder in die Notwendigkeit, sie sehr schonen zu müssen. Und nun lebe wohl, meine innigst geliebte Mutter, und sei überzeugt, daß ich unaufhörlich Tag und Nacht, an Dich denke. Noch die vorige Nacht habe ich von Dir sehr lebhaft geträumt, und ich sah Dich ganz, wie Du in den frühesten Zeiten

ausgesehen, und ich hätte vor Kummer weinen können, als ich an die Gegenwart dachte. Du bist meine gute, liebe Mutter, und da wir beide unser ganzes Leben hindurch immer brav und redlich gehandelt haben, so haben wir nicht zu fürchten, daß wir in einer anderen Welt wieder voneinander getrennt leben müßten. Es tut mir unendlich weh, daß ich Dir meinen Neujahrswunsch nicht mündlich abstatten kann, und ich beneide meine Schwester und die Kinder, welche das Glück haben, ihre vortreffliche Großmutter mündlich zu küssen.

Dein getreuer Sohn
Harry Heine

132

Nachtgedanken

Denk ich an Deutschland in der Nacht,
Dann bin ich um den Schlaf gebracht,
Ich kann nicht mehr die Augen schließen,
Und meine heißen Tränen fließen.

Die Jahre kommen und vergehn!
Seit ich die Mutter nicht gesehn,
Zwölf Jahre sind schon hingegangen;
Es wächst mein Sehnen und Verlangen.

Mein Sehnen und Verlangen wächst.
Die alte Frau hat mich behext,
Ich denke immer an die alte,
Die alte Frau, die Gott erhalte!

Die alte Frau hat mich so lieb,
Und in den Briefen, die sie schrieb,
Seh ich, wie ihre Hand gezittert,
Wie tief das Mutterherz erschüttert.

Die Mutter liegt mir stets im Sinn.
Zwölf lange Jahre flossen hin,
Zwölf lange Jahre sind verflossen,
Seit ich sie nicht ans Herz geschlossen.

Deutschland hat ewigen Bestand,
Es ist ein kerngesundes Land,
Mit seinen Eichen, seinen Linden,
Werd ich es immer wiederfinden.

Nach Deutschland lechzt ich nicht so sehr,
Wenn nicht die Mutter dorten wär;
Das Vaterland wird nie verderben,
Jedoch die alte Frau kann sterben.

Seit ich das Land verlassen hab,
So viele sanken dort ins Grab,
Die ich geliebt — wenn ich sie zähle,
So will verbluten meine Seele.

Und zählen muß ich — Mit der Zahl
Schwillt immer höher meine Qual,
Mir ist, als wälzten sich die Leichen,
Auf meine Brust — Gottlob! sie weichen!

Gottlob! durch meine Fenster bricht
Französisch heitres Tageslicht;
Es kommt mein Weib, schön wie der Morgen,
Und lächelt fort die deutschen Sorgen.

133

Paris, den 24. Jänner 1856

Liebe gute Mutter!

Leider habe ich in diesem Augenblick keinen deutschen Sekretär, und ich muß Dir selbst mit Bleistift schreiben. Deshalb kann ich aber nur wenige Zeilen an Dich richten, um meine Augen zu schonen. Nur meinen Gesundheitszustand und dessen Unverschlimmerung will ich Dir anzeigen. Meine Krämpfe wollen nicht weichen. Meine Frau, die viel an Kopfschmerz leidet, grüßt herzlich. Ich umarme Lottchen und die lieben Kinder, denen ich für ihre Gratulation danke.

Und nun reiche mir die alte liebe Schnauze, daß ich Dich herzlich küsse

Dein gehorsamer Sohn
H. Heine.

134

Enfant perdu

Verlorner Posten in dem Freiheitskriege,
Hielt ich seit dreißig Jahren treulich aus.
Ich kämpfte ohne Hoffnung, daß ich siege,
Ich wußte, nie komm ich gesund nach Haus.

Ich wachte Tag und Nacht. — Ich konnt nicht schlafen,
Wie in dem Lagerzelt der Freude Schar —
(Auch hielt das laute Schnarchen dieser Braven
Mich wach, wenn ich ein bißchen schlummrig war).

In jenen Nächten hat Langweil ergriffen
Mich oft, auch Furcht — (nur Narren fürchten nichts) —
Sie zu verscheuchen, hab ich dann gepfiffen
Die frechen Reime eines Spottgedichts.

Ja, wachsam stand ich, das Gewehr im Arme,
Und nahte irgendein verdächtger Gauch,
So schoß ich gut und jagt ihm eine warme,
Brühwarme Kugel in den schnöden Bauch.

Mitunter freilich mocht es sich ereignen,
Daß solch ein schlechter Gauch gleichfalls sehr gut
Zu schießen wußte — ach, ich kanns nicht leugnen —
Die Wunden klaffen — es verströmt mein Blut.

Ein Posten ist vakant! — Die Wunden klaffen —
Der eine fällt, die andern rücken nach —
Doch fall ich' unbesiegt, und meine Waffen
Sind nicht gebrochen — Nur mein Herze brach.

135

... Wir glauben an Gott, welcher Vater und Mutter aller Menschen, den heiligen Leib, wir glauben an uns, welche wir zur Vollkommenheit bestimmt und zum Glück berechtigt sind. Wir suchen nicht den Schmerz, die Dunkelheit und die Einsamkeit; wir suchen die Freude, das Licht und die Gesellschaft. Wir ziehen uns nicht in uns selbst zurück; wir treten aus uns selbst hervor, wir lieben und wir hassen; denn der Haß ist ebenfalls göttlicher Natur, wenn der Hassende sich selbst aufopfert. Ein Christus des Hasses stirbt ebenso göttlich wie ein Christus der Liebe. Das Schwert ist ebenso heilig wie die Pflugschar, aber nur das Schwert, womit man um göttliche Dinge kämpft. Der bisherige Eroberungskrieg, das Soldatenspiel der großen und kleinen Cäsaren ist nur ein blödsinniger Brudermord. Wir sind keine Skeptiker, denn wir wissen. Wir sind religiös, denn was wir wissen, daran glauben wir auch. Wir sind moralisch, denn unsere Sitten sind im Einklang mit unserer Religion. Wir sind aber auch Patrioten, denn wir glauben an Deutschland, an das große, heilige Deutschland der Zukunft, an ein schönes, teures Vaterland, das in unseren Herzen hervorblüht. Nicht wo deutsche Eichen wachsen, ist Deutschland; Eichen sind nur große Holzklötze, worin im Sommer grüne Blätter hängen und Eicheln, läppisch kleine Früchte, allzu klein für einen so großen Baum und genießbar nur für Schweine. Das Deutschland der Vergangenheit mochte immerhin einen solchen Baum zu seinem Symbol wählen. Das neue Deutschland bedarf eines besseren Symbols.

136

Es ist alles still, wie in einer verschneiten Winternacht. Nur ein leiser monotoner Tropfenfall. Das sind die Zinsen, die fortlaufend hinabträufeln in die Kapitalien, welche beständig anschwellen; man hört ordentlich, wie sie wachsen, die Reichtümer der Reichen. Dazwischen das leise Schluchzen der Armut. Manchmal auch klirrt etwas wie ein Messer das gewetzt wird.

ANMERKUNGEN

A) WIDMUNGEN

1. aus: „Deutschland — Ein Wintermärchen“ (1844)
2. aus: „Neue Gedichte“ (1844)
   Entstanden anläßlich der Heirat seines Verlegers Julius Campe (1792—1867)

B) VORANGESTELLTES

I aus: „Einleitung zu: Kahldorf über den Adel in Briefen an den Grafen M. von Moltke“ (1831). Herausgegeben von Heinrich Heine.
Heines letzte Arbeit in der Heimat, bevor er am 20. Mai 1831 ins Exil nach Paris geht. Kahldorf — Pseudonym für den liberalen Publizisten Robert Wesselhöft.

II aus: „Vorrede zur Vorrede“ (geschrieben im Nov. 1832). Text ist unveröffentlicht, auf Anregung Campes als Separatdruck zur Vorrede zu „Französische Zustände“ entstanden. Beschreibt Heines „Nöte eines armen Schriftstellers“ (an Cotta [liberaler Verleger] am 1. 1. 1833), die ihn zeitlebens nicht mehr verlassen sollten, denn die reaktionären Elemente im deutschen Verlagswesen waren damals wie heute (Springer, Burda, Gruner, u. ä.) übermächtig. Heines Kampf mit der Zensur begann um dieses Zeit und ist auch einer der Gründe dafür, weshalb er ins Exil ging. Eine andere Textstelle aus „Vorrede zur Vorrede“ siehe Nr. 70.

III aus: „Buch der Lieder“ (1827). Entstanden 1823.
Heines wohl bekanntestes Gedicht aus der romantischen Epoche. Die Nazis ließen unter dieses Gedicht schreiben: „Dichter unbekannt“. Die Hamburger Heine-Sprecherin Edit Lanius betrachtet es nichts desto trotz als ein politisches Lied: Die Reichen oben, die verblendeten Armen unten. Das deutsche Volk von den Sirenenklängen eingelullt, geht schließlich unter.
Das „Buch der Lieder“ enthält Heines lyrische Produktion bis zu seinem dreißigsten Lebensjahr. Zumeist romantische oder kritisch-romantische Gedichte. Dieses Buch begründete Heines europäischen Ruhm. Es wurde allein zu seinen Lebzeiten 60 000 mal verkauft. Hochgerechnet auf unsere Zeit würde das eine Auflage von über 500 000 Exemplaren bedeuten. Für einen Lyrikband keine geringe Zahl.

IV aus: „Neue Gedichte“ (1844). Entstanden 1842.
Im „Vorwärts!“ (Herausgeber Karl Marx und andere) am 20. 7. 1844 erschienen. Heines bekanntestes Gedicht seiner politischen Texte. Marx und Heine waren beide Schüler Hegels. Die „Neuen Gedichte“ sind das zweite große Lyrikbuch Heines. Es erschien in Heines politisch klarster und radikalster Periode und bedeutete ein Novum in der Entwicklung der Lyrik: nicht mehr die „blaue Blume der Romantik“ war allein Gegenstand, sondern auch ganz konkrete gesellschaftliche Verhältnisse, die direkt beim Namen genannt wurden. Siehe Heines Einschätzung Nr. 66 und Nr. 82.

V aus: „Reise von München nach Genua“ (1830). Entstanden 1828.

C) Die Wahl-Esel. Ein satirisches Lesebuch.

1 aus: „Buch der Lieder“, Zyklus: Lyrisches Intermezzo (1822—23)
2 aus: Brief an Christian Sethe (1816). Sethe war ein Schulfreund.
3 aus: „B.d.L.“, Zyklus: Die Heimkehr (1823—24)
4 aus: ebenda, Z.: Lyr. Intermezzo
5 aus: „Neue Gedichte“, Z.: Neuer Frühling, entstanden 1830
6 aus: ebenda, entstanden 1827
7 aus: „B.d.L.“, Z.: Lyr. Intermezzo

8 aus: ebenda, Z.: Junge Leiden (1817—21)
9 aus: ebenda, Z.: Lyr. Intermezzo
10 aus: ebenda, Nachlese, 1830 ausgeschieden
11 aus: Brief an Friedrich von Beughem (1820). Studienfreund aus Bonn, wo August Wilhelm Schlegel (1767—1845) lehrte, dessen Poesievorlesungen der Jurastudent Heine mit Vorliebe besuchte und der Heine ermunterte sich dem Dichten intensiver zu widmen.
12 aus: „B.d.L.", Z.: Lyr. Intermezzo
13 aus: ebenda, Nachlese, 1826 ausgeschieden
14 aus: ebenda, Nachlese, 1823 ausgeschieden
15 aus: ebenda, Z.: Heimkehr (1826). Entstanden 1823
Immermann (1796—1840), mit Heine zeitlebens befreundet, hatte eine Kritik der Heineschen Gedichte geschrieben. Heines Briefantwort (10. 6. 1823): „Ich will Ihnen gern eingestehen den Hauptfehler meiner Poesien, durch dessen Vorwurf Sie mich wahrscheinlich zu verletzen glauben: — es ist eine große Einseitigkeit, die sich in meinen Dichtungen zeigt, indem sie alle nur Variationen desselben kleinen Themas sind ... In der Tragödie, die ich vielleicht in einigen Jahren liefere, mag es sich zeigen, ob ich, der ich bisher nur die Historie von Amor und Psyche in allerlei Gruppierungen gemalt habe, ebenso gut den trojanischen Krieg malen kann. —" Diese Problematik ist mit vielen Stellen in dieser Auswahl belegt.
16 Brief an Johann Wolfgang Goethe (1821)
Heine sandte Goethe 1822 die „Gedichte", seine erste Veröffentlichung, und suchte ihn am 2. Okt. 1824 in Weimar auf. Diese Begegnung, die das Ende seiner Wanderung durch den Harz (siehe „Harzreise") bildete, war für Heine enttäuschend, da er sich dem angebeteten Dichter wohl sehr linkisch gegenüber verhalten haben muß. Jedoch war Heine (neben Marx) einer der wenigen fortschrittlichen Denker, die Goethes Größe richtig einschätzten. Im Gegensatz zu Ludwig Börne (1786—1837) etwa. „Die Natur wollte wissen, wie sie aussieht und sie erschuf sich Goethe." (Heine) „Goethe ist nicht nur der größte deutsche Dichter, sondern auch der größte Deutsche, der bis heute gelebt hat." (Marx)
17 aus: „B.d.L.", Z.: Heimkehr, entstanden 1824
18 aus: ebenda, Z.: Junge Leiden, entstanden 1821
19 aus: „Briefe aus Berlin" (1827). Entstanden 1822.
Heine studierte von April 1821 bis Mai 1823 in Berlin. Er

hörte Hegel, war Gast im berühmten Salon der Rahel Varnhagen und Mitglied des „Vereins für Kultur und Wissenschaft der Juden". Er begegnete dort bedeutenden geistigen Größen: Eduard Gans, Moses Moser und Ludwig Marcus. Sein politisches Verständnis wächst. Er beschäftigt sich mit Goethes Werken. Gegen Ende seines Berlinaufenthalts ist sein Jugendwerk geformt: die Gedichte bis zum „Lyrischen Intermezzo" und die beiden Tragödien „Ratcliff" und „Almansor" (in dieser Auswahl nicht berücksichtigt).

20 Aus: „Neue Gedichte", Z.: Verschiedene, entstanden 1824

21 aus: ebenda, Z.: Neuer Frühling, entstanden in den 20er Jahren

22 aus: „Aus den Memoiren des Herren von Schnabelewopski". Zu Lebzeiten nicht veröffentlicht. Entstanden 1822—33. Fragment. Sollte ein Roman werden. Nach Scheitern nannte Heine es eine „Selbstbiographie". Der Text wurde von mir aus mehreren Seiten zusammengesetzt.

23 aus: „Gedichte 1853 und 1854" (1854)
Heine sagte über diese vierte große Gedichtsammlung (nach „Buch der Lieder" [1827], „Neue Gedichte" [1844] und „Romanzero" [1851]): „Die Poesien sind etwas ganz Neues und geben keine alten Stimmungen in alter Manier (gemeint sind die frühen romantischen Gedichte); aber zu ihrer Würdigung sind nur die ganz naiven Naturen und die ganz großen Kritiker berufen." (3. 8. 1854 an Campe)

24 aus: Romanzero" (1851), Z.: Erstes Buch: Historien. Entstanden 1846.
„Die Launen der Verliebten" und „Kleines Volk" stehen in dieser Auswahl, obwohl sie zeitlich später liegen, deshalb so früh, um zu zeigen, wie Heine romantische Stoffe in seinen späteren Jahren behandelt hat.

25 aus: B.d.L.", Z.: aus der Harzreise (1824)

26 aus: Brief an Moritz van Embden (1823)
M. v. E. war Ehemann von Heines Schwester Charlotte (1800 bis 1899), die er sehr liebte. Ihrem Mann, der Kaufmann war, stand er aus weltanschaulichen Gründen sehr distanziert gegenüber.

27 aus: Brief an Moses Moser (1823)
Heine lernte Moser (1796—1836) in Berlin kennen. Ihre enge Freundschaft hörte jedoch wegen Meinungsverschiedenheiten über die Emanzipation der Juden 1830 abrupt auf.

28 aus: „Die Harzreise" (1826)
1824 hielt sich Heine zum zweiten mal in Göttingen auf, nachdem er dort 1821 wegen eines Duells relegiert wurde und in Berlin weiterstudierte. Nach der Hektik in Berlin wollte Heine in Ruhe zu Ende studieren, was ihn allerdings nicht wenig langweilte. Im Oktober 1824, 14 Tage nachdem er durch den Harz wanderte, begann er mit der Niederschrift. Dieses Werk, in dem Heine erstmals auch politische Töne (siehe Nr. 25) anschlägt, begründet seinen dichterischen Ruhm. Am 28. 6. 1825 wird aus dem Juden Harry Heine in Heiligenstaedt bei Göttingen der Protestant Heinrich Heine („Die Taufe ist das Entrebillet zur europäischen Kultur."). Sie war nötig, um überhaupt eine Stelle als Jurist zu erhalten. Juden waren vom Staatsdienst ausgeschlossen. Am 20. 7. 1825 promovierte er zum Dr. jur. Er findet aber trotz alledem keine Anstellung. So schreibt er am 14. 10. 1826 am Immermann: „Ich verließ Göttingen, suchte in Hamburg ein Unterkommen, fand aber nichts als Feinde, Verklatschung und Ärger, gab aus Gegentrotz den ersten Teil der Reisebilder heraus." In Göttingen wurde die „Harzreise" durch die Polizeit verboten, was sich bei späteren Werken mit schöner Regelmäßigkeit in allen deutschen Gauen wiederholen sollte, bis hin zum generellen „Berufsverbot" 1836.

29 aus: „B.d.L.", Z.: Die Heimkehr
Dieses Gedicht ist aus inhaltlichen Gründen eingeschoben. „Was ist der Mensch? Frage die Göttinger philosophische Fakultät!" (Brief vom 25. 7. 1825)

30 aus: „Die Harzreise"

31 aus: Aus dem Nachlaß. Erstdruck: „Letzte Gedichte und Gedanken von Heinrich Heine". Hrsg. von A. Strodtmann 1869. Entstanden zwischen 1845 und 1854. Ebenfalls aus inhaltlichen Gründen eingeschoben.

32 aus: „Die Harzreise"

33 aus: „B.d.L.", Z.: Die Heimkehr
Heine mußte wegen verschiedener körperlicher Leiden (hauptsächlich Kopfschmerz) schon in jungen Jahren Seebäder (Helgoland und Norderney) aufsuchen. Auf Grund dieser Aufenthalte beschäftigte er sich auch dichterisch mit dem Meer. Er war der erste Dichter von Format, der das tat und begründete einen für damalige Zeiten rergelrechten „Nordseetourismusboom".

34 aus: „Neue Gedichte“, Z.: Seraphine
Dieses Gedicht galt in der zeitgenössischen Kritik als beliebtes Beispiel für Heines „Frivolität“, ein Vorwurf der ihn mit schöner Regelmäßigkeit sein ganzes Leben begleitete.

35 aus: ebenda

36 aus: „B.d.L.“, Z.: Die Nordsee (1825—26)

37 aus „Die Nordsee“ (1827)
Das Werk entstand auf Grund zweier Kuraufenthalte in Norderney Sommer 1825 und 26. Es ist sein zweites großes „Reisebild“ (nach der „Harzreise“), wobei das Neue hieran ist, daß er die Reise nur noch als äußeren Rahmen wählt, um dann die Sprache auf allgemeine Fragen der Zeit zu bringen: Literaturkritik, Kritik an Adel und Klerus, Emanzipation u. ä.

38 Hier taucht zum ersten Mal etwas auf, das man „Schnipsel“ (Tucholsky), „Ausschnitte“ oder ähnlich überschreiben könnte. Diese kurzen Prosaauszüge sind von mir nicht zeitlich, sondern inhaltlich geordnet und dienen ebenso zur Entspannung des Lesers wie zur Einstimmung in neue Themenkomplexe. Bei der Quellenangabe „Aufzeichnungen“ handelt es sich um verstreute Zettel und Blätter, die Ludwig Embden 1869 von Heines Frau Mathilde (1815—83), einer Schuhverkäuferin, die Heine 1834 kennenlernte und die er 1841 kurz vor einem Duell mit Salomon Strauß, um sie nicht ungeschützt und rechtlos zurückzulassen, heiratete, aufkaufte. Sie erschienen zum ersten Mal in „Letzte Gedichte und Gedanken“ 1869 unter dem Titel: „Gedanken und Einfälle“. Die Quellenangaben zu den „Ausschnitten“ sind in ihrer Reihenfolge aufgeführt.
„Jeder in dieser ...“ aus: Über die französische Bühne“
„Es ist mir ...“ aus: „Romantische Schule“
„Ich sah eine ...“ aus: „Ludwig Börne“
„Er lobt sich ...“ aus: Aufzeichnungen“

39 aus „Ideen. Das Buch Le Grand“ (1827)
Zusammen mit „Die Nordsee. Dritte Abteilung“ (Nr. 37) und „Briefe aus Berlin“ (Nr. 19) bildet dieses erste selbstbiographische Buch die „Reisebilder. Zweiter Teil“. (Die „Reisebilder. Erster Teil“ bestehen aus: „Die Harzreise“ und „Die Nordsee. Erste und zweite Abteilung.“ [Nordseegedichte].) Für alle fortschrittlichen Kräfte mußte der Einmarsch der Franzosen in die Rheinlande willkommen sein, da sie viele bürgerliche Freiheiten (z. B. Preßfreiheit) mit-

brachten, die in der französischen Revolution ein paar Jahre vorher erkämpft wurde. Besonders die Juden konnten aufatmen: Sie brauchten keine besondere Kleidung mehr zu tragen, sie brauchten nicht mehr im Ghetto zu leben und sie konnten im Staatsdienst arbeiten. Daher auch ein Teil der Napoleonverehrung Heines: „Das Buch wird viel Lärm machen, nicht durch Privatskandal, sondern durch die großen Weltinteressen, die es ausspricht, Napoleon und die französische Revolution stehen darin in Lebensgröße“ (an Friedrich Merckel am 10. 1. 1827). „Ich denke, der Legrand wird Dir gefallen haben. Ich habe durch dieses Buch einen ungeheuren Anhang und Popularität in Deutschland gewonnen; ich habe jetzt eine weitschallende Stimme. Du sollst sie noch oft hören, donnernd gegen Gedankenschergen und Unterdrücker heiligster Rechte. — Ich werde eine ganz extraordinäre Professur erlangen in der Universitas hoher Geister“ (an Moses Moser am 9. 6. 1827).

Das Buch wurde im Rheinland beschlagnahmt und verboten.

40 aus: ebenda

41 aus: ebenda

42 aus: Reise von München nach Genua“ (1830)

Die Texte 42—45 haben hier inhaltliche Bedeutung, um aufzuzeigen, wie sich Heines Napoleonbild ändert. Ja, wie er fähig ist, eine Meinung gegen eine bessere einzutauschen.

43 aus: „Über die französische Bühne“ (1840). Entstanden 1837

44 aus: „Reise von München nach Genua“

45 aus: Aus dem Nachlaß. Entstanden 1830

46 aus: „Neue Gedichte“, Z.: Zeitgeschichte. Entstanden 1844. Im „Vorwärts!“ am 24. 7. 1844 abgedruckt.

An dieser Stelle sei vermerkt, daß die Gedichte nicht mehr zeitlich, sondern oft auch (wie hier) inhaltlich geordnet sind. Nur bei den großen Prosawerken, die in dieser Auswahl bis auf wenige Ausnahmen (z. B. „Der Rabbi von Bacherach“) alle vertreten sind, ist eine rein zeitliche Abfolge eingehalten.

47 aus: Aus dem Nachlaß. Entstanden 1850.

48 aus: „Die Bäder von Lucca“ (1830). Entstanden 1828.

Mit der „Reise von München nach Genua“ bilden sie das Buch „Reisebilder. Dritter Teil.“

Von Beginn 1828 bis Mitte des Jahres lebte Heine in München und gab dort für den Baron Cotta die Zeitschrift „Neue allgemeine politische Annalen“ heraus. Er hoffte, nun endlich nach dem Hamburger Fehlschlag in München eine Staatsstelle angeboten zu bekommen. Diese Hoffnung zerschlug sich jedoch auf Grund reaktionärer klerikaler Kreise. („München ist eine Stadt, die ihren pfäffischen Charakter schon im Namen trägt: monacho monachorum.") Im Juli 1828 legt Heine sein Amt bei Cotta nieder und reist nach Italien. Heine bezeichnet diesen Aufenthalt als die glücklichste Zeit seines Lebens. Er muß überstürzt abreisen, als er erfährt, daß sein Vater im Sterben liegt.

49 „Es ist wahr ..." aus: „Aufzeichnungen"
„Bei keinem Volk ..." aus: ebenda
„Mögen die christlichen ..." aus: „Schnabelewopski"
„Für Menschen, denen ..." aus: „Romantische Schule"
„Religion und Heuchelei ..." aus: ebenda
„Man mag sagen ..." aus: Reise von München nach Genua"

50 aus: „Die Bäder von Lucca"

51 „Ich hörte einst ..." aus: „Reise von München ..."

52 aus: „Gedichte 1853 und 1854"

53 aus: „Englische Fragmente" (1831). Entstanden 1828.
Im Sommer 1827 (am Tag der Auslieferung seiner „Reisebilder. Zweiter Teil.") reist er aus Vorsicht (polizeiliche Verfolgung) nach London. Dort trifft er das erste Mal auf einen weitgehend entwickelten kapitalistischen Staat. Auf Grund der frühen Industrialisierung existierte in London schon ein „Lumpenproletariat". Heine sah also die Widersprüche des Kapitalismus mit eigenen Augen und so wurde auch der Ton dieses Buches noch schärfer, die Kritik direkter. „Was Sie mir schreiben oder schicken wollen, bitte ich bald zu schreiben oder zu schicken, denn in 14 Tagen verläßt ein neues Buch von mir die Presse, und ich kanns nicht genau wissen, ob ich alsdann nicht den Reisebündel schnüren muß. Ich habe in dieser bedenklichen Zeit, wo das Einschläferungsmittel von oben herab angewendet werden soll, um später umso sicherer zu reagieren, habe ich es für meine Pflicht gehalten, das Unumwundenste auszusprechen" (an J. H. Detmold am 30. 11. 1830). Am 26. 1. 1831 werden die „Englischen Fragmente" (sie bilden mit der „Stadt Lucca" die „Reisebilder. Vierter Teil.") in Preußen verboten, am 5. 4. 1831 in allen Provinzen mit der Begründung: Heine habe „das Heiligste verspottet, die Religion angegriffen, die Fürsten herabgesetzt, den Stand der Geistlichen entwürdigt und mit der Profanation der edelsten Gefühle schlüpfrige

Szenen und den Anstand verletzende Ausfälle verbunden." Einen Monat später geht Heine in sein 25 Jahre währendes Exil nach Paris.

54 aus: Aus dem Nachlaß. Erstdruck in „Deutscher Musenalmanach" 1857.

55 aus: Neue Ged.", Z.: Zeitgeschichte. Entstanden 1842. Am 24. 7. 1844 im „Vorwärts!" veröffentlicht.

56 aus: „Schlußwort" zu den „Reisebildern. Zweiter Teil." Mit „die große Woche von Paris" ist die Julirevolution gemeint.

57 aus: „Neue Ged.", Z.: Zeitgeschichte. Entstanden 1842.

58 aus: ebenda, entstanden 1844. Im „Vorwärts!" am 1. 6. 1844 veröffentlicht.

59 „Mit Stolz darf ..." aus: „Über die franz. Bühne"
„Wegen meines gebrochenen ..." aus: „Reise von München ..."
„Entschuldigen Sie diesen ..." aus: „Offenes Sendschreiben an Jakob Venedey"

60 aus: „Neue Ged.", Z.: Romanzen
Heine lebte ab 1829 bis zum Exil in Hamburg. Eine Abrechnung mit den Kaufleuten der Stadt. Heine selbst sollte auf Wunsch seines Onkels, des Bankiers Salomon Heine, eines der reichsten Männer Deutschlands, Kaufmann werden und leitete auch eine kurze Zeit einen Laden, der aber bald Konkurs anmelden mußte.

61 aus: Brief an Julius Campe (1843)

62 aus: „Ludwig Börne. Eine Denkschrift." (1840)
Am 1. Juli 1830 begann die Revolution in Frankreich, die sich gegen die Restauration, die sich nach der Französischen Revolution etabliert hatte, wandte. Sie erweckte große politische Hoffnungen in Heine.

63 aus: ebenda
Heine erfuhr erst am 10. August durch die Zeitungen von der Revolution.

64 aus: Neue Ged.", Z.: Zeitgeschichte. Entstanden 1839.

65 aus: ebenda. Entstanden 1841.
Fiel der Zensur zum Opfer. Wurde als „Fliegendes Blatt" gedruckt, ohne Titel, mit der Unterschrift: „(Gedichtet in diesem Jahr!) H. Heine". Am 25. 9. 1842 in der „Rheinischen Zeitung" veröffentlicht, die Karl Marx im Sept. 1842 bis zu ihrem Verbot am 31. 3. 1843 leitete. Danach mußte Marx (1818—83) die Heimat verlassen. Er ging mit seiner Frau

und seiner kleinen Tochter nach Paris ins Exil, wo seine enge Freundschaft mit Heine, der 20 Jahre älter war, begann. Als der „Vorwärts!", an dem Heine mitarbeitete, 1844 verboten wurde, ging Marx mit seiner Familie nach Brüssel. Er schrieb: „Lieber Freund!

Ich hoffe morgen noch Zeit zu haben, Sie zu sehen. Meine Abreise findet Montag statt. Der Buchhändler Leske war eben bei mir. Er gibt ein Vierteljahrbuch in Darmstadt zensurfrei heraus. Ich, Engels, Heß, Herwegh, Jung usw. arbeiten mit. Er hat mich gebeten, Sie um Ihre Mitwirkung — Poesie oder Prosa — anzusprechen. Sie schlagen das gewiß nicht ab, da wir jede Gelegenheit benutzen müssen, uns in Deutschland selbst anzusiedeln. Von allen, was ich hier an Menschen zurücklasse, ist mir die Heinesche Hinterlassenschaft am unangenehmsten. Ich möchte Sie gern mit einpacken. Grüßen Sie von mir und meiner Frau Ihre Frau Gemahlin.

1. Febr. 1845 Ihr K. Marx

66 aus: „Die romantische Schule"

67 „Vorrede" zu „Salon I" (1834). Entstanden 1833.

68 aus: „Romanzero", Z.: Historien. Entstanden 1847.

69 aus: Brief an Friedrich Merckel (1833)
Heine war mit dem literarisch interessierten Hamburger Kaufmann von 1826 bis 30 befreundet. Merckel (gest. 1846) sah Heines Manuskripte durch, las Korrektur und beriet ihn bei den Verhandlungen mit Campe.

70 aus: „Vorrede zur Vorrede" (1832). Zu Lebzeiten nicht veröffentlicht.
Sie ist eine von Campe angeregte Antwort auf die Verstümmelungen, die die Zensur an seiner „Vorrede" zu den „Französischen Zuständen" vornahm. Heines „Vorreden" sind keine bloßen „Vorworte", sondern meist sehr prononcierte und polemische politische Aufsätze.

71 aus: „Vorrede" zu „Franz. Zustände" (1832)
In den Jahren 1831/32 veröffentlicht Heine, der bis dahin aus Paris nur Berichte über den „Salon", eine Gemäldeausstellung (siehe Nr. 67) mit dem Titel „Französische Maler" geschrieben hatte, Korrespondenzartikel in der „Augsburger Allgemeinen Zeitung", die damals in ganz Europa gelesen wurde und von dem liberalen Baron Cotta verlegt wurde. Diese Artikel faßte Heine Ende 1832 zu einem Buch zusammen. Die politisch sehr brisante „Vorrede" legte

Campe der Zensur vor und sie wurde daraufhin stark verstümmelt.

72 aus: ebenda

73 aus: „Französische Zustände" (1832)

74 aus: ebenda

75 „Das junge Mädchen ..." aus: „Aufzeichnungen"
„Von Jakob Böhm ..." aus: „Geschichte der Religion und Philosophie"
„Auffenberg hab ich ..." aus: „Aufzeichnungen"
„Es ist erstaunlich ..." aus: ebenda
„Gutzkow-Er hat ..." aus: ebenda

76 aus: „Die romantische Schule" (1835). Entstanden 1833. Madame de Staël (1766—1817) hatte eine Schrift mit dem Titel „De l'Allemagne" veröffentlicht, die die reaktionären, alten Zöpfe in Deutschland verherrlichte und die den Franzosen ein falsches Deutschlandbild vermittelte. Heine wollte dem etwas entgegensetzen und das Bild korrigieren. Außerdem wollte er die Literatur nach Goethe aufarbeiten und ihr Wege in die Zukunft zeigen.

77 „Ich fürchte fast ..." aus: „Ludwig Börne"
„Der schönen Literatur ..." aus: „Geschichte der Rel ..."
„Lese das Buch ..." aus: „Aufzeichnungen"
„Ein Buch will ..." aus: ebenda
„Herr A. W. Schlegel ..." aus: „Rom. Schule"
„Die Regierung hätte ..." aus: „Reise von München ..."

78 „An die Hohe Bundesversammlung" (1836)
In mehreren deutschen Zeitungen im Februar 1836 abgedruckt. Das am 10. 12. 1835 ausgesprochene Verbot sämtlicher Schriften (auch der zukünftigen, noch nicht geschriebenen) von Gutzkow, Mundt, Laube, Wienbarg und Heine, zerstörte die materielle Existenz dieser Schriftsteller. Der Brief war keine persönliche Unterwerfung Heines, sondern als offener Brief verfaßt.

79 aus: „Über den Dennuzianten" (1837). Separat gedruckt. Separatdrucke wurden damals veranstaltet, wenn bestimmte kleinere Werke, Aufsätze usw. aus Zensurgründen nicht in Zeitungen oder Bücher aufgenommen werden konnten. Sie erschienen meist anonym, ohne Verlags- und Druckhausnennung. Alle Bücher unter 20 Bogen (ein Bogen = 16 Seiten) fielen unter die Zensur. Heine, der kein Freund der langen Bücher war, faßte daher immer mehrere Werke zusammen, um mehr als 20 Bogen zu erreichen.

Wolfgang Menzel (1798—1873) (der angesprochene Dennunziant), ein anfänglich oppositioneller Burschenschaftler, der mit der Zeit immer systemkonformere Töne anschlug, war mit seinen Artikeln über Heine und das „Junge Deutschland“, das auslösende Element für den Bundestagsbeschluß. Menzel war Schwabe. Wie viele reaktionäre Literaten der Zeit. Daher auch Heines ständige Mystifizierung der Schwaben.

80 aus: „Der Schwabenspiegel“ (1838). Entstanden Mai 38. Erstdruck im November 38 in „Jahrbuch der Literatur. 1. Jhrg.“ In diesen Jahren wurde der Druck der Zensur immer stärker und Heines literarische Freunde (Gutzkow vor allem) begannen sich diesem Druck zu beugen und von Heines Linie abzufallen. Er schlug daher eine neue Taktik der Zensur gegenüber ein: die Selbstzensur. Er vermied die direkten Angriffe, schied Anfechtbares aus, usw., ohne aber seine Position zu verlassen. Im Gegenteil, seine Schriften wurden immer klarer und unwiderlegbarer, da sie einen „höheren Geist atmeten“. Klassischer Fall für Selbstzensur: Préface „Lutèce“ (Nr. 122). Einerseits-andererseits ...

81 aus: „Rom. Schule“

82 aus: „Geständnisse“ (1854)
„Pleonasmus“ = Sinnverdoppelung, wie „weißer Schimmel“

83 aus: Aus dem Nachlaß. Entstanden 1841.

84 aus: „Neue Ged.“. Entstanden 1842.
Beispiel für Heines Selbstzensur: die ersten drei Strophen geben seine eindeutige Meinung wieder, während die vierte das Vorhergehende dem Zensor gegenüber relativiert und gleichzeitig die damals herrschende „Tendenzpoesie“ lächerlich macht.
„der letzte Dränger“: von der Zensur gewünschte Umschreibung für Tyrannei. Urspr.: „bis die Tyrannei entflieht“.

85 aus: Brief an Heinrich Laube (1842)
1833 lernt Heine Laube (1806—84) kennen. Sie befreundeten sich. 1844 Zerwürfnis, da Laube Heines Mitarbeit an den „Deutsch-Französischen Jahrbüchern“ (Herausgeber Karl Marx) negativ beurteilte. Heine versöhnte sich wieder mit Laube, der zeitweilig auch Direktor des Wiener Burgtheaters war, da dieser seine „Neuen Gedichte“ wohlwollend besprach. 1846 setzte er ihn in seinem Testament als Herausgeber der Gesamtausgabe ein. 1850 kam es zum endgülti-

gen Bruch wegen der reaktionären Tendenz in Laubes Buch „Das erste deutsche Parlament".

86 aus: „Briefe über Deutschland" (Titel von Strodtmann 1869 bei der Erstveröffentlichung gewählt). Entstanden 1844.

87 aus: „Ged. 1853 und 1854"
Behandelt die in Nr. 86 angedeutete Audienz, die Friedrich Wilhelm IV. im November 1842 Georg Herwegh (1817—75) gewährte. Heine hatte sie und die Folgen bereits 1843 im Gedicht „Georg Herwegh" geschildert; daher „alte Fabel".

88 aus: „Zur Geschichte der Religion und Philosophie in Deutschland" (1835)
Eines der „großen" Werke Heines, das unbedingt zur Gesamtlektüre zu empfehlen ist.
Heine gibt hier eine leichtverständliche Geschichte der deutschen Philosophie und Geistesgeschichte. Er versucht nachzuweisen, daß Luther die religiöse und Lessing die philosophische Revolution eingeleitet haben und daß die politische Revolution die logische Schlußfolgerung aus den beiden ersten ist.

89 aus: ebenda

90 aus: ebenda

91 aus: ebenda

92 aus: ebenda

93 aus: „Vorwort" zu A. Weill: „Sittengemälde aus dem elsässischen Volksleben" (1847)

94 „Luther erschütterte ..." aus: „Aufzeichnungen"
„Geflügel bekommen wir ..." aus: ebenda
„Ironie haben wir ..." aus: „Reise von München ..."
„Im warmen Nestchen ..." aus: „Aufzeichnungen"
„Wie die Spartaner ..." aus: „Ludwig Börne"
„Aber so sind ..." aus: „Romantische Schule"
„Es gibt Leute ..." aus: „Florentinische Nächte"
„Den deutschen Universitäten ..." aus: „Die Bäder von Lucca"
„Welch ein Unglück ..." aus: „Über die franz. Bühne"
„Er wußte, daß ..." aus: Ludwig Börne"
„Er hat es ..." aus: „Aufzeichnungen"
„Die Tiroler sind ..." aus: „Reise von München ..."
„Merkur hatte zu ..." aus: „Die Götter im Exil"

95 aus „Elementargeister" (1837)
Ein Buch aus der schwierigen Zeit, die auf sein Berufsverbot vom Dez. 1835 folgte. Heine wollte sich nicht der preußi-

schen Zensur unterwerfen und dennoch mußte er leben, zumal seine Liebe zu Eugenie Mirat, die er „Mathilde" nannte, in voller Blüte stand, was nicht unerhebliche Kosten verursachte. Auch der Bauch, der ihn zu dieser Zeit zierte und auf den er stolz war, wird ihm einige Kosten verursacht haben. Also schrieb er ein Buch über Elfen und Nixen und auch jenen aufrechten Herrn Kitzler, der die griechischen Heiden letzendlich doch höher stellte als ihre christlichen Leichenfledderer.

96 aus: „Ludwig Börne. Eine Denkschrift." (1840)

Dieses Buch (wieder eins, das man getrost ganz lesen sollte) stieß auf geradezu hysterischen Protest der „Patrioten". Einige Auszüge aus zeitgenössischen Kritiken seien daher mitgeteilt:

GUTZKOW (1840): „Herrn Heines letzte Schrift zeigt ihn uns vollkommen in einer moralischen Auflösung. Börne war kein Dichter und schrieb wie ein Prophet. Herr Heine affektiert, ein Dichter zu sein, schreibt wie ein Gassenjunge."

MAGDEBURGER ZEITUNG (1848): „Diese elende Besudelung eines edlen Toten, diese jämmerliche Bewitzelung eines der edelsten deutschen Charaktere ist unwürdig, und man kann diesem Heineschen Produkt, vielleicht gar dem Heineschen Ruhme, ein nahes Ende prophezeien."

J. KAUFMANN (1840): „Börne hat keinen Vers geschrieben, aber H. scheint nicht zu wissen, daß im Herzpochen B.'s mehr erhabene Melodie war, als in allen seinen Liedern. Jetzt magst Du hingehen, am Nordseestrande spazieren, und wimmern von Deiner Heimatlosigkeit, und wie Du so ausgestoßen und verkannt seist. Denn jetzt hast Du Deine Heimat verscherzt, die Du trotz all Deiner Sünden und Lieblosigkeiten noch in tausend reichen, warmen Herzen gehabt hast! — Das kann ich Dir im Namen der deutschen Jugend sagen."

MARX (1845): „Ich hätte Börne nie für so fad, kleinlich und abgeschwächt gehalten, als es da schwarz auf weiß zu lesen ist. Und welch elendes Gekohl nun gar der Nachtrag von Gutzkow, etc. Ich werde in einer deutschen Zeitschrift eine ausführliche Kritik ihres Buches über Börne schreiben. Eine tölpelhaftere Behandlung als dies Buch von den christlich-germanischen Eseln erfahren hat, ist kaum in irgend einer Literaturperiode aufzuweisen und doch fehlts keiner deutschen Periode an Tölpelei."

Heine sagt über sein Börne-Buch:
„Jetzt bin ich ganz ruhig, und ich glaube, mein „Börne" wird als das beste Werk, das ich geschrieben, anerkannt werden." (1840 an Campe)
„Ich habe auf die Gefahr hin, verkannt zu werden, alle eigene Doktrin im Buche ausgelassen, und mehr als die Regierungen werden die „Revolutionäre" über mich ungehalten sein, weil ich sie tadle ohne etwas Positives, die eignen Ideen, auszusprechen ... — Ich wiederhole Ihnen, daß ich bei der Abfassung des Buches Ihre Zensurnöte im Auge hatte, daß ich die Selbstzensur sehr gewissenhaft übte, und daß ich gar ängstlich bin des Guten zuviel getan zu haben." (an Campe 1840).

97 aus: ebenda

98 aus: ebenda

99 aus: ebenda

100 aus: Brief an Heinrich Laube (1833)

101 aus: Ungedruckter Korrespondenzartikel für die Augsburger Allgemeine Zeitung

102 aus: „Ged. 1853 und 1854"
Gemeint ist die Zeit der 48er Revolution.

103 aus: „Romanzero". Entstanden 1849.
Erstes satirisch-resignatives Nachmärz-Gedicht.

104 aus: Aus dem Nachlaß. Erstdruck: Deutschen Musenalmanach, 1857.
Gemeint ist der nationale Flügel der Frankfurter Nationalversammlung 1848.

105 „Friedliche Gesinnung ..." aus: „Aufzeichnungen"
„Warum die Rose ..." aus: ebenda
„Allerdings! Es liegt ..." aus: „Franz. Zustände"
„Höflichkeit: Wenn man ..." aus: „Aufzeichnungen"
„Für die Völker ..." aus: „Briefe über Deutschland"

106 aus: „Vorrede" zu „Atta Troll — Ein Sommernachtstraum" 1846). Entstanden 1841.
Der „Atta Troll" selber ist ein Werk, zu dem ich keinen Zugang habe. Es hat zum Thema die deutsche Tendenzpoesie.

107 aus: Aus dem Nachlaß. Erstdruck: Deutscher Musenalmanach, 1857. Entstanden 1852.
„So habe ich in der letzten Zeit, um meine Schmerzen zu beschwichtigen, eine Menge drolliger Tierfabeln versifiziert, wovon ich vielleicht eine nächstens unserem Kronprinzen,

dem jungen Cäsarowitsch Campe, meinem künftigen Verleger, zum Auswendiglernen schicken werde." (1852 an Campe) Der junge Campe erhielt das Gedicht 1855.

108 aus: „Neue Gedichte" (1851), Z.: Zur Ollea (Dieser Zyklus wurde erst in der 3. Auflage aufgenommen. Sein Name kommt von dem spanischen Nationalgericht Olla potrida, bestehend aus Fleisch, Wurst und Gemüse)
Die „Gudel" ist eine Hamburger Hure. Heine geißelt die bürgerliche Sexualmoral anhand einer in Adelskleider getauchten Geschichte.

109 aus: „Romanzero", Z.: Erstes Buch: Historien. Entstanden 1846.

110 aus: „Gedichte 1853 und 1854"
Im 19. Jhd. wurde das Sklavenproblem heftig diskutiert. Heine hatte soeben das 1852 erschienene Buch von Harriet Beecher-Stowe „Onkel Toms Hütte" gelesen. Jedoch nennt Heine den eigentlichen Kern des Problems: Der Mensch als Ware. Satirisch entlarvt er die unmenschliche Sprache des kommerziellen Profitdenkens, den religiösen Dünkel als ideologische Rechtfertigung der Versklavung und den wissenschaftlichen Zynismus beispielsweise des Schiffschirurgen. Siehe auch „Jammertal".

111 aus: Aus dem Nachlaß. Erstdruck: Letzte Gedichte und Gedanken. Entstanden 1855.

112 aus: „Romanzero", Z.: Lazarus
Lukas 19,26: „Ich sage euch aber: Wer da hat, dem wird gegeben werden; von dem aber, der nicht hat, wird auch das genommen werden, das er hat."

113 Entstanden im Juni 1844. Erstdruck im „Vorwärts!" am 10. 7. 1844 unter dem Titel „Die armen Weber" (in der 4strophigen Fassung). In dieser Fassung wurde das Gedicht als Flugblatt verbreitet (Okt. 44). Friedrich Engels übersetzte es ins Englische und druckte es in „The New Moral World" am 13. 12. 44 ab. Ende Aug. 44 lernte Engels Heine in Paris kennen. (Er begründete dort auch seine Freundschaft mit Marx.) Das Gedicht parodiert den Schlachtruf der Preußen von 1813 (Befreiungskriege): „Mit Gott für König und Vaterland". 1845 überarbeitet Heine das Gedicht in der jetzt vorliegenden 5strophigen Form. Der Weberaufstand begann am 4. 6. 1844. Die Verfolgung des Webergedichtes wurde durch das kgl. preußische Kammergericht angeordnet, als Berichte in Berlin anlangten, wonach ganze Pakete mit

dem Flugblattdruck (Auflage 50 000) in Schenken verteilt und die Verse verlesen wurden. Im Bericht des Innenministers Arnim an den König hieß es, das Gedicht sei „eine in aufrührerischen Ton gehaltene und mit verbrecherischen Äußerungen angefüllte Ansprache an die Armen im Volke.“

114 aus: „Ludwig Marcus. Denkworte.“ (1844)
„Wenn Sie diese Denkrede lesen, so lassen Sie sich vorher von Ihrer Frau ein Kissen geben und lesen Sie das Werk knieend, denn Sie werden nicht alle Tage Gelegenheit finden, einen so guten Stil anzubeten.“ (an Campe 1844)

115 „Hier können Sies ...“ aus: „L. Börne“
„Haben Sie schon ...“ aus: „Aufzeichnungen“
„In Revolutionzeiten bleibt ...“ aus: „L. Börne“
„Ich will prophezeien ...“ aus: „Aufzeichnungen“
„Der Hund, dem ...“ aus: ebenda
„Sie schimpfen auf ...“ aus: ebenda

116 aus: „Geständnisse“ (1854)
Dieses Buch ist von Heine als Einführung in nie geschriebene oder aber nach seinem Tode von den Erben aus Familienrücksichtigen vernichtete(?) „Memoiren“ gedacht gewesen.

117 aus: ebenda

118 aus: Aus dem Nachlaß. Erstdruck: Letzte Gedichte und Gedanken.

119 aus: „Briefe über Deutschland“

120 aus: Brief an Karl Varnhagen van Ense (1846)
Heine lernte den ehemaligen preußischen Diplomaten V.v.E. (1785—1858) während seiner Berliner Studienzeit kennen. V. war Heine bis zu dessen Tod freundschaftlich verbunden und war eine der wenigen einflußreichen Persönlichkeiten, die sich für Heine jederzeit verwandte.

121 aus: Brief an Jean Jaques Dubochet (1848)
Verleger, der in Paris den Vertrieb der Bücher Heines aus dem Hoffmann & Campe Verlag betrieb.

122 aus: Vorwort der franz. Ausgabe der „Lutetia“ (1855)

123 aus: „Nachwort“ zu „Romanzero“

124 aus: „Rom. Schule“

125 „Ich liege zusammen ...“ aus: Brief an Laube
„In dunklen Zeiten ...“ aus: „Aufzeichnungen“
„Die römische Kirche ...“ aus: ebenda
„Seit zwei Jahren ...“ aus: Brief an Betty Heine
„Ich möchte tot ...“ aus: ??? (Preisfrage an Heinekenner, um die 2. Auflage zu verbessern. Ich habe die Stelle nicht

mehr wiedergefunden. Aber: Originalton Heine.)
„Fortdauer nach dem ..." aus: „Aufzeichnungen"

126 aus: „Ged. 1853 u. 1854"

127 aus: Brief an Alexandre Dumas (1854)
Heine war nahezu allen großen französischen Dichtern der damaligen Zeit freundschaftlich verbunden.

128 aus: „Romanzero"

129 aus: Aus dem Nachlaß. Erstdruck: Letzte Ged ..."

130 aus: „Romanzero"

131 aus: Brief an Betty Heine (1855)
Heine verehrte seine Mutter Betty, geb. van Geldern (1771 bis 1859), sehr. Während seiner 25 Exiljahre sah er sie jedoch nur zweimal auf den beiden Deutschlandreisen (1843/44) wieder. Er bemühte sich bis zu seinem Tode, der Mutter seinen schlechten Gesundheitszustand zu verheimlichen.

132 aus: „Neue Ged.", Z.: Zeitgedichte. Entstanden 1843.

133 aus: Brief an Betty Heine (1856)
Knapp zwei Monate vor seinem Tod geschrieben, ist dies der letzte Brief an die Mutter.

134 aus: „Romanzero"

135 aus: „Zum Projekt ‚Deutsche Zeitung'" (1832)

136 aus: „Lutetia" (1854)
Dies ist der einzige Textauszug aus Heines wichtigstem Prosawerk. Ebenfalls nur ein einziger Text (Widmung) aus Heines wichtigstem lyrischen Werk „Deutschland — Ein Wintermärchen" ist in diesem Auswahlband enthalten, was dem aufmerksamen Heinekenner sicher nicht verborgen geblieben ist. Der Grund dafür besteht daran, daß diese beiden Werke als Ergänzungsband zu diesem Lesebuch in voller Länge im Sommer 1978 herausgegeben werden.

In einigen Texten wurden heute unverständliche Begriffe aus dem Französischen ins Deutsche übertragen.

BILDERNACHWEIS

Wir danken dem Heine-Institut Düsseldorf für die freundliche Unterstützung bei der Bereitstellung des Bildmaterials.

Isidor Popper, Öl auf Leinwand, 1843, Heine-Institut Düsseldorf
Eigenhändiges Manuskript, Reinschrift, 1838, HID
Wilhelm Hensel, Kreidezeichnung, 1829, Berlin-Nationalgalerie
Werkstatt des Pierre Jean David d'Angers, Bronze, 1834, HID
Samuel Diez, Lithographie, 1842, HID
Eigenhändiges Manuskript, 1855, HID
Zeitgenössisches Flugblatt, HID
Eigenhändiges Manuskript, Bleistift, HID
G. Desboutin, Bleistiftskizze, 1852, HID
E. B. Kietz, Öl auf Leinwand, vor 1848, HID
Rückseite: Unbekannter Künstler, Stahlstich, vor 1830, HID

HEINES WERKE

(nach dem Erscheinungsjahr der Buchveröffentlichung geordnet)

1821 „Gedichte“

1823 „Tragödien nebst einem lyrischen Intermezzo“ (enthält: „William Ratcliff“, „Almansor“, „Lyrisches Intermezzo“)

1826 „Reisebilder. Erster Teil“ (enthält: „Die Harzreise“, „Die Heimkehr“, „Die Nordsee. Erste Abteilung“ und einzelne Gedichte)

1827 „Reisebilder. Zweiter Teil“ (enthält: „Die Nordsee. Zweite und Dritte Abteilung“, „Ideen. Das Buch Le Grand“, „Briefe aus Berlin“), „Buch der Lieder“

1830 „Reisebilder. Dritter Teil“ (enthält: „Die Reise von München nach Genua“, „Die Bäder von Lucca“)

1831 „Reisebilder. Vierter Teil“ (enthält: „Die Stadt Lucca“, „Englische Fragmente“)
Einleitung zu „Kahldorf über den Adel“

1832 „Französische Zustände“

1834 „Der Salon. Erster Teil“ (enthält: Vorrede, „Französische Maler“, Gedichte, „Aus den Memoiren des Herrn von Schnabelewopski“)

1835 „Der Salon. Zweiter Teil“ (enthält: „Zur Geschichte der Religion und Philosophie in Deutschland“, Gedichte des Zyklus „Neuer Frühling“)

1836 „Die romantische Schule“

1837 Einleitung zu „Don Quixote“
„Der Salon. Dritter Teil“ (enthält: „Florentinische Nächte“, „Elementargeister“)
„Über den Denunzianten“

1838 „Der Schwabenspiegel"
1839 „Shakespeares Mädchen und Frauen"
„Schriftstellernöten"
1840 „Ludwig Börne. Eine Denkschrift"
„Der Salon. Vierter Teil" (enthält: „Der Rabbi von Bacherach", Gedichte, „Über die französische Bühne")
1844 „Neue Gedichte" (enthält: „Deutschland — Ein Wintermärchen", „Neue Gedichte")
1847 „Atta Troll — Ein Sommernachtstraum"
1851 „Romanzero"
„Der Doktor Faust"
1854 „Vermischte Schriften" (enthält: 1. Band: „Geständnisse", „Gedichte 1853 und 1854", „Die Götter im Exil", „Die Göttin Diana", „Ludwig Marcus"; 2. Band: „Lutetia. Berichte über Kunst, Politik und Volksleben. Erster Teil"; 3. Band: „Lutetia. Zweiter Teil")

GEDICHTE
(nach TITELN- und Gedichtanfängen)

ZEITTAFEL
(HEINRICH HEINE UND SEINE ZEIT)

Heinrich Heine . . .

1797 Am 13. Dez. als Sohn einer jüdischen Kaufmannsfamilie geboren. Sein Vater, Samson Heine, Tuchhändler, Sohn eines Textilkaufmanns und am 19. 8. 1764 in Hannover geboren, heiratete am 6. Januar 1798 Heines Mutter Elisabeth, genannt Betty van Geldern, Tochter eines Arztes und Gelehrten, geboren am 27. 11. 1770 in Düsseldorf.

1800 Schwester Charlotte geboren, sie heiratet 1822 den Kaufmann Moritz van Embden.

... und seine Zeit

1797 Deutschland hat 23 Millionen Einwohner, davon sind rund 1 % freie Lohnarbeiter. England hat 9 Millionen Einwohner, davon sind ungefähr 30 % freie Lohnarbeiter. London zählt über eine Million Einwohner, Berlin 150 000. England ist schon weitgehend industrialisiert. In Deutschland dagegen sind die wenigen Manufakturen meist noch patriarchalisch, das Handwerk ist noch zünftlerisch.
Im Rheinland, wo man auf dem Wege zur Industrialisierung in dem noch feudalistischen Deutschland am weitesten vorangeschritten war, begrüßte man die durch die Französische Revolution geschaffenen neuen gesellschaftlichen Zustände besonders lebhaft.
Düsseldorf mit rund 8000 Einwohnern, die Hauptstadt des infolge von Handel und Industrie besonders dicht besiedelten „Bergischen Landes", gehörte politisch zur Kurpfalz, die unter französischer Herrschaft stand. Seit 1795 war Düsseldorf von Truppen der Republik besetzt.

1801 Erste gewerkschaftliche Organisation der Arbeiter in Deutschland (Unterstützungskasse der Steinsetzer in Berlin).

1802 In Dresden rufen die Buchdrucker eine Verbandsunterstützungskasse ins Leben. Ähnliche Organisationen entstehen in der folgenden Zeit in großer Anzahl.
Letztes Todesurteil der spanischen Inquisition.

1807
bis
1814 Besuch des Düsseldorfer Lyceums.

1814 Heine besucht die Handelsschule in Düsseldorf.

1815 Volontär in Frankfurt bei Bankier Rindskopff, Kollege seine Onkels Salomon Heine (Bruder des Vaters), der 1797 ein Bankhaus in Hamburg gründete und im Begriffe ist, einer der reichsten Männer Deutschlands zu werden.

1816 Volontär im Bankhaus Salomon Heine in Hamburg.

1817 Erster lyrische Publikationen.

1818 Gründung der Firma „Harry Heine & Co." in Hamburg. Heine liest Byron.

1819 Immatrikulation als Jurastudent in Bonn. Hört vorwiegend: Geschichte und Geschichte der deutschen Sprache und Literatur. Begegnung mit A. W. Schlegel (Dozent) und Christian Sethe (Mitstudent).

1820 Wieder in Düsseldorf. Wandert zu Fuß nach Göttingen. 2. Universität.

1821 Wegen Duellaffäre von der Universität verwiesen. Im Sommersemester Studium in Berlin (Jura, Geschichte, Philosophie u. a.). Hört Vorlesungen Hegels. Verkehr im aufgeschlossenen Salon Rahel Levins und ihres Mannes Karl August Varnhagen von Enses und wird eifriges Mitglied im „Verein für Kultur und Wissenschast der Juden". Erster Gedichtband: „Gedichte von H. Heine" und „Briefe aus Berlin".

1822 Reise nach Posen

1823 Dramatische Versuche. Lüneburg (mittlerweile Sitz der Eltern), Cuxhaven, Hamburg. Erlebnis des Meeres.

1824 Wieder Studium in Göttingen. Ausflüge nach Berlin. Harzwanderung. Besuch bei Goethe.

1807 Der Amerikaner Fulton richtet die erste regelmäßige Dampfschiffahrt auf dem Hudson ein.

1808 In Preußen wird die Gewerbefreiheit eingeführt.
Die bayerische Regierung verbietet Lohnstreiks.
Goethes „Faust. 1. Teil" erscheint.

1811 Napoleon in Düsseldorf.
Höhepunkt der Maschinenstürmerbewegung („Ludditen-Bewegung") in England. Die Arbeiter erkennen noch nicht, daß ihre Not durch die kapitalistische Ausbeutung verursacht wird; sie zerstören die neu eingeführten Maschinen in der Meinung, daß diese ihr Hauptfeind seien.

1815 Die Herrscher Rußlands, Österreichs und Preußens schließen einen Bund gegen ihre Völker, die „Heilige Allianz". Ihr Ziel ist, jede Revolution wo immer sie auch auftreten sollte, zu unterdrücken.
In Wetter an der Ruhr wird eine Dampfmaschinenfabrik gegründet.
Die Facharbeiter stammen aus England.

1816 Metternich leitet in Österreich eine Politik der terroristischen Unterdrückung jeden Fortschritts ein.

1818 Karl Marx geboren (gest. 1883)

1819 Die „Karlsbader Beschlüsse" unterbinden auf Betreiben Metternichs die freie Meinungsäußerung: die immer stärker aufkommende nationale und freiheitliche Bewegung soll in Deutschland unterdrückt werden.

1821 Goethes Roman „Wilhelm Meisters Wanderjahre" erscheint.

1823 Beethoven komponiert die „IX. Symphonie".

1825 Übertritt zur protestantischen Religion. Aus Harry Heine wird Heinrich Heine. Promotion zum Dr. jur. Rückkehr nach Hamburg.

1826 „Reisebilder, Teil I" erscheinen, wie in der Folge alle seine Bücher, bei Julius Campe. Sommer in Norderney, wieder Lüneburg.

1827 „Reisebilder Teil II" und „Buch der Lieder" erscheinen. Englandreise. Übersiedlung nach München.

1828 Italienreise. Tod des Vaters am 2. Dez.

1829 „Reisebilder, Teil III".

1831 Heine verläßt Deutschland. Am 20. Mai Ankunft in Paris. Begegnung mit Berlioz, Börne, Chopin, Dumas, Humboldt und George Sand. Erste Beiträge als Auslandskorrespondent.

1832 „Französische Zustände". Heine schreibt für die „Augsburger Allgemeine Zeitung" des liberalen Verlegers Baron Cotta (verlegt Goethe). Erste Krankheitssymptome.

1833 Mitarbeit an der französischen Prersse. Verbot seiner Schriften in Preußen.

1834 „Zur Geschichte der Religion und Philosophie in Deutschland". „Der Salon". Lernt Creszentia Eugénie Mirat kennen, die er Mathilde nennt. Eine Schuhverkäuferin, die kein Wort Deutsch kann, nicht weiß, daß er ein berühmter Dichter ist, was Heine besonders schätzt, in der Hoffnung, um seiner selbst willen geliebt zu werden.

1835 Der deutsche Bundestag verbietet die Publikationen des „Jungen Deutschland", als deren Wortführer Heine herausgegriffen wird. In Preußen werden zusätzlich alle künftigen Schriften Heines verboten.

1836 „Romantische Schule" und „Florentinische Nächte". Erhält Unterstützungszahlungen der französischen Regierung bis 1848.

1837 Plan einer Zeitung. Zweite Auflage „Buch der Lieder". Ernsthafte Lähmungserscheinungen, die Augen drohen zu versagen.

1840 „Ludwig Börne".

1841 Er heiratet „Mathilde".

1825 In England fährt die erste Eisenbahn.
Regelmäßige Dampfschiffahrt auf dem Rhein.
In Leipzig wird der deutsche Buchhändler-Börsenverein gegründet.

1826 Hungerrevolte der Metallarbeiter in Solingen. In den Fabriken müssen Kinder bis zu 14 Stunden arbeiten.

1830 Nach dreitägigen Barrikadenkämpfen verjagen die Arbeiter, Kleinbürger und Studenten in Paris den Bourbonenkönig Karl X. Der Großbourgeoisie gelingt es jedoch, das Volk zu betrügen und den Herzog Louis-Philippe von Orleans (1773—1850) auf den französischen Thron (bis 1848) zu bringen.

1831 In Lyon erobern die Arbeiter für zehn Tage die Macht der Stadt. Der Aufstand wird mit großer Brutalität niedergeworfen.
Goethe vollendet den „Faust. Zweiter Teil".

1832 Mehr als 20 000 Menschen treten auf dem „Hambacher Fest" für die Einigung Deutschlands ein und fordern eine deutsche Republik. Auf Betreiben Metternichs werden die Wortführer von der Reaktion scharf verfolgt.
Johann Wolfgang Goethe gestorben (geb. 1749).

1835 Erste deutsche Eisenbahn zwischen Nürnberg und Fürth; sie fährt noch mit einer englischen Lokomotive.
Die revolutionäre Flugschrift „Der hessische Landbote" von Georg Büchner (1813—1837) erscheint.

1837 Der Amerikaner Morse erfindet den elektrischen Telegraph.
Der sozialkritische Roman „Oliver Twist" von Charles Dickens (1812—1870) erscheint.

1840 Justus Liebig erfindet die künstliche Düngung.

1841 Nach dem Erscheinen seiner freiheitlichen „Unpolitischen Lieder" wird Hoffmann von Fallersleben (1798—1874) seines Amtes als Literaturprofessor enthoben und erhält wie Heine Berufsverbot.
Karl Marx wird Chefredakteur der von radikaler rheinischer Bourgeoisie gegründeten oppositionellen „Rheinischen Zeitung", Friedrich Engels sein Mitarbeiter.

1843 „Atta Troll". Freundschaft mit Karl Marx, an dessen beiden Zeitschriften „Deusch-Französische Jahrbücher" und „Vorwärts!" (wurde damals noch mit Ausrufezeichen geschrieben) er mitarbeitete. 1. Reise nach Hamburg.

1844 2. Reise nach Hamburg, diesmal mit Mathilde, die aber frühzeitig abreiste. Für Heines Familie war sie doch wohl nicht standesgemäß genug. „Deutschland — Ein Wintermärchen". Verlagsvertrag mit Campe. Tod des Onkels.

1845 Entscheidende Verschlimmerung des Leidens. Kampf um Salomons Erbe, von dem sich Heine eine weitgehende materielle Unabhängigkeit versprach. Schließlich, nach äußersten Familienzwisten, erhielt er die spärliche Summe weitergezahlt, die der Onkel ihm schon zu Lebzeiten in knausriger Großzügigkeit „gewährte". (Heine über Salomon: „Das Beste an ihm ist, daß er meinen Namen trägt.")

1846 Ein Rezitator wird zu Gefängnis verurteilt, weil er die „Schlesischen Weber" vorgetragen hatte.

1848 Letzter Ausgang Heines. Beginn seiner extremen Leidenszeit in der „Matratzengruft". Er lag acht Jahre lang auf übereinandergeschichteten Matratzen, gelähmt, mit in sich verkrümmten Beinen, abgemagert, ein Gerippe. Eine offengehaltene Wunde am Hals, in die von Zeit zu Zeit Morphium gestreut wurde, um die ärgsten Schmerzen zu betäuben. Mit Nerven, die das Ticken einer Uhr zum Aufruhr brachte, mit gelähmten Augenlidern, die er in die Höhe schieben mußte, um etwas zu sehen.

1844 Großer Weberaufstand in Schlesien. Mehrere tausend Arbeiter nehmen daran teil.

1846 Große Hungersnot in Deutschland.

1847 Weltwirtschaftskrise; zahlreiche Industrieunternehmen in Europa machen bankrott. Auch Heine verliert dadurch sein geringes Vermögen in Eisenbahnaktien.
„Bund der Kommunisten" gegründet.

1848 Im Februar erscheint in London das „Manifest der kommunistischen Partei".
Der revolutionäre Zündstoff, der sich seit Jahren in vielen europäischen Ländern angesammelt hat, kommt zur Entladung.
Im Februar stürzen die Pariser Arbeiter den Thron des Bürgerkönigs Louis-Philippe. In London erheben die „Chartisten" weitgehende Forderungen. Durch die am 13. März ausbrechende Revolution in Wien wird der reaktionäre Kanzler Metternich verjagt. Am 18. März provoziert preußisches Militär eine Demonstration friedlicher Bürger auf dem Schloßplatz in Berlin. In den dadurch entstehenden Barrikadenkämpfen zwingt das Volk die gut ausgerüsteten 14 000 Soldaten zum Rückzug aus Berlin. In vielen Teilen Deutschlands erheben sich die Bauern. Sie erzwingen in einer Anzahl Kleinstaaten die Bildung von bürgerlich-liberalen Regierungen. Jedoch ist die Bewegung zu zersplittert, um einen vollen Erfolg zu erringen.
Im April treffen Marx und Engels in Deutschland ein und übernehmen die Leitung der„ Neuen Rheinischen Zeitung".
Am 18. Mai tritt in Frankfurt/a. M. die gesamtdeutsche Nationalversammlung zusammen, die Engels als „Versammlung alter Weiber" bezeichnete (siehe Heines „Wahl-Esel"). Aus Angst vor dem Wachstum und der Festigung der Arbeiterklasse verrät das Bürgertum die Revolution.
Am 31. Oktober stürmt Fürst Windisch-Grätz mit kroatischen Truppen Wien und metzelt die Demokraten nieder. Am 9. November ermöglicht die feige preußische Bourgeoisie die militärische Besetzung von Berlin. Die Reaktion hat die Zügel wieder fest in der Hand.
Der revolutionäre Demokrat Blum wird in Wien standrechtlich erschossen.

1851 „Romanzero“

1854 „Lutetia“

1856 Am 17. Februar stirbt Heine infolge Erstickung von Erbrochenem und wird am 20. auf dem Friedhof Montmartre begraben.

1849 Dresdner Maiaufstand; auch anderorts wehren sich die Volksmassen unter Führung der Arbeiterklasse gegen die Konterrevolution.
Die Nationalversammlung bietet dem preußischen König die deutsche Kaiserkrone an, der verächtlich ablehnt. Würtembergisches Militär löst die Nationalversammlung auf. Die „Neue Rheinische Zeitung“ wird verboten, die Reaktion triumphiert. Marx und Engels gehen nach England. Die „Achtundvierziger“ wandern aus.
In Preußen wird ein neues reaktionäres Wahlgesetz erlassen, das „Drei-Klassen-Wahlrecht“, das die Volksmassen entrechtet. Es gilt bis 1918.

1850 Ein Jahrzehnt des gewaltigen ökonomischen Aufschwungs beginnt. Deutschland verwandelt sich sozusagen aus einem landwirtschaftlichen Land in ein industrielles. Die Reaktion erläßt ein Gesetz gegen den Zusammenschluß von Handwerkern und Lohnarbeitern.

1851 Die Disconto-Gesellschaft wird gegründet. Damit beginnt in Deutschland die erste Periode der Bankgründungen, die die finanzielle Grundlage für die schnelle Entwicklung der Industrie legt.

1854 Die reaktionären Kräfte lösen durch einen Bundesratsbeschluß alle Arbeitervereine auf und erlassen ein Landarbeitergesetz, das Streik mit Gefängnis bestraft.

Schwarz ist nicht nur Trauerfarbe...
Schwarze & gräuliche Zeichnungen – über die man auch lachen kann von
EFFEM
Satire Verlag